O Signo de Três

Coleção Estudos
Dirigida por J. Guinsburg

Equipe de realização – Tradução: Silvana Garcia; Revisão de texto e técnica: Gita Guinsburg; Revisão de provas: Silvana Garcia e Ricardo W. Neves; Produção: Ricardo W. Neves e Raquel Fernandes Abranches.

Umberto Eco e Thomas A. Sebeok (orgs.)

O SIGNO DE TRÊS

Dupin, Holmes, Peirce

 PERSPECTIVA

Título do original inglês
The Sign of Three

Copyright © 1983 by Indiana University Press.

Dados Internacionais de Catalogação na Publicação (CIP)
(Câmara Brasileira do Livro, SP, Brasil)

Eco, Umberto, 1932- .
O signo de três / Umberto Eco, Thomas A. Sebeok ; [tradução Silvana Garcia]. — São Paulo : Perspectiva, 2004. — (Estudos ; 121 / dirigida por J. Guinsburg)

Título original: The sign of three.
1ª reimpr. da 1. ed. de 1991.
Bibliografia.
ISBN 85-273-0377-9

1. Doyle, Sir Arthur Conan, 1859-1930 - Personagens - Sherlock Holmes 2. Ficção policial e de mistério - História e crítica 3. Investigação criminal na literatura 4. Investigadores particulares na literatura 5. Lógica na literatura 6. Peirce, Charles Sanders, 1839-1914 7. Poe, Edgar Allan, 1809-1849- Personagens - Auguste Dupin 8. Semiótica I. Sebeok, Thomas Albert, 1920-. II.Guinsburg, J.. III. Título. IV. Série

04-6920 CDD-823.09

Índices para catálogo sistemático:
1. Ficção : Literatura inglesa : História e crítica
823.09

1ª edição – 1ª reimpressão

Direitos em língua portuguesa reservados à
EDITORA PERSPECTIVA S.A.
Av. Brigadeiro Luís Antônio, 3025
01401-000 – São Paulo – SP – Brasil
Telefax: (0--11) 3885-8388
www.editoraperspectiva.com.br
2004

Sumário

Prefácio – UMBERTO ECO e THOMAS A. SEBEOK   IX

Abreviações Empregadas no Texto – THOMAS A. SEBEOK   XIII

1. Um, Dois, Três, U B E R D A D E Desta Vez . .   1
   THOMAS A. SEBEOK

2. "Você Conhece Meu Método": Uma Justaposição de Charles S. Peirce e Sherlock Holmes   13
   THOMAS A. SEBEOK e JEAN UMIKER-SEBEOK

3. Sherlock Holmes: Psicólogo Social Aplicado   59
   MARCELLO TRUZZI

4. Chaves do Mistério: Morelli, Freud e Sherlock Holmes   89
   CARLO GINSBURG

5. Suposição: Sim ou Não? Eis a Questão   131
   MASSIMO A. BONFANTINI e GIAMPAOLO PRONI

6. Peirce, Holmes, Popper   149
   GIAN PAOLO CARETTINI

7. Sherlock Holmes em Confronto com a Lógica Moderna: Para Uma Teoria da Obtenção de Informação Através do Questionamento.................. 171
   JAAKKO HINTIKKA e MERRIL B. HINTIKKA

8. Sherlock Holmes Formalizado................ 189
   JAAKKO HINTIKKA

9. O Arcabouço do Modelo de Detetive: Charles S. Peirce e Edgar Alan Poe..................... 199
   NANCY HARROWITZ

10. Chifres, Cascos, Canelas: Algumas Hipóteses Acerca de Três Tipos de Abdução................... 219
    UMBERTO ECO

REFERÊNCIAS BIBLIOGRÁFICAS.............. 245

Prefácio

Os editores estão em acordo de que este livro não foi "programado", ou seja, não resulta de norma e caso ou, em outras palavras, da dedução. Peirce ensinava que não era absolutamente verdade que cada evento fosse "determinado por causas de acordo com uma lei", como, por exemplo, "se um homem e seu antípoda espirram ao mesmo tempo, isso é apenas o que chamamos coincidência" (I. 406). Considerem a seguinte seqüência peculiar de eventos:

1. Em 1978, Sebeok casualmente mencionou a Eco que ele e Jean Umiker-Sebeok estavam estudando o "método" de Sherlock Holmes à luz da lógica de Peirce. Eco respondeu que ele próprio estava, justamente, naquele momento, escrevendo uma conferência (que acabou proferindo, em novembro daquele ano, durante o Segundo Colóquio Internacional de Poética, organizado pelo Departamento de Filologia Francesa e Romana, na Universidade de Colúmbia), comparando o uso da metodologia abdutiva em *Zadig*, de Voltaire, com a de Sherlock. Uma vez que ambos os signatários eram incuravelmente devotados a Peirce, essa aparente coincidência não causou perplexidade.

2. Sebeok comentou, então, que ele tinha conhecimento de um ensaio, mais ou menos sobre o mesmo tópico, publicado alguns anos antes por Marcello Truzzi, sociólogo, praticamente desconhecido no meio da Semiótica e, sem dúvida, admirador de Sherlock. Truzzi, citando principalmente Popper e não Peirce, mostrava-se diretamente interessado pelo problema da abdução ou, em todo caso, pelos métodos hipotético-dedutivos.

3. Algumas semanas mais tarde, Sebeok descobriu que o eminente lógico finlandês Jaakko Hintikka havia escrito (à época) dois ensaios inéditos sobre Sherlock Holmes e a lógica moderna. Hintikka não fazia nenhuma referência explícita à abdução de Peirce, mas a questão era a mesma.

4. Por essa ocasião, Eco leu um trabalho, publicado em 1979, acerca do qual um seu colega da Universidade de Bolonha vinha falando já há mais de um ano. Esse trabalho relatava o emprego de modelos conjecturais, de Hipócrates e Tucídides à forma como foram utilizados por especialistas em arte no século XIX. O autor, o historiador Carlo Ginzburg, em suas reveladoras notas de rodapé, citava *Zadig*, Peirce e mesmo Sebeok. Desnecessário dizer que Sherlock Holmes era o principal protagonista desse estudo erudito, lado a lado com Freud e Morelli.

5. Em seguida, Sebeok e Umiker-Sebeok publicaram uma primeira versão de seu estudo – após o primeiro havê-lo pronunciado como conferência na Universidade de Brown, em outubro de 1978, no contexto de um encontro dedicado à "Metodologia em Semiótica" –, justapondo Peirce e Sherlock, enquanto Eco publicava sua conferência sobre *Zadig*. Em 1979, Eco organizou, então, um seminário de um semestre na Universidade de Bolonha sobre Peirce e as novelas de detetive. Quase simultaneamente, Sebeok – ignorando totalmente a atividade docente paralela de Eco – ofereceu um curso intitulado "Abordagens Semióticas de James Bond e Sherlock Holmes", dentro do programa de Literatura Comparada, na Universidade de Indiana (para o qual, inclusive, ele utilizou um estudo de Eco, de 1965, sobre as estruturas narrativas em Ian Fleming). Entre os resultados mais significativos do seminário de Eco estava o trabalho de dois de seus colaboradores, Bonfantini e Proni, agora incluído neste livro. Do curso de Sebeok resultou uma análise, feita em conjunto com uma de suas estudantes, Harriet Margolis, sobre a semiótica das janelas em Sherlock Holmes (publicado inicialmente em edição de 1982 de *Poetics Today*). Enquanto isso, Eco estava desenvolvendo pesquisas em História da Semiótica e defrontou-se com a teoria aristotélica da definição: seu trabalho neste volume é um resultado desse veio de investigação.

6. Entrementes, Eco e Sebeok decidiram reunir todos esses trabalhos e a Indiana University Press concordou, com muito entusiasmo, em unir-se a eles nessa aventura. Durante um de seus cursos de outono na Universidade de Yale, Eco entregou o material manuscrito coletado a Nancy Harrowitz, que redigiu para ele um texto definitivo sobre Peirce e Poe, pelo qual o método de Sherlock, seguindo uma sugestão enunciada no trabalho de Sebeok, torna-se um ponto de referência naturalmente obrigatório.

7. Um novo fato surpreendente veio à tona quando Eco descobriu que Gian Paolo Caprettini havia coordenado, por dois anos, na Universidade de Turim, um curso sobre Peirce e Sherlock. Caprettini é um conhecido discípulo de Peirce, mas foi essa a primeira vez que Eco e Caprettini se pronunciaram sobre Sherlock Holmes. Essa coincidência merecia, pelo menos, ser acompanhada e, conseqüentemente, também Caprettini foi convidado a colaborar neste livro.

Temos a impressão de que, se continuássemos a escarafunchar, certamente encontraríamos outras contribuições semelhantes. (Talvez o espírito da história expresso no *Zeitgeist* de nossa época não seja meramente um espectro hegeliano!) Tivemos, porém, de abandonar nossa busca, se não por outro motivo, pela falta de tempo. Lamentavelmente, fomos também obrigados a eliminar muitos outros textos interessantes que tratavam do "método" de Sherlock mas que não levavam em conta a lógica de abdução (cf. nossas consistentes Referências Bibliográficas, no final deste volume, e, para uma perspectiva mais geral, o incomparável trabalho de Ronald Burt de Waal, de 1974, *World Bibliography of Sherlock Holmes and Dr. Watson*). A literatura secundária referente a Sherlock Holmes alcança um rol verdadeiramente impressionante de itens, mas preferimos nos concentrar naqueles poucos, relativamente recentes, que concernem à história da metodologia abdutiva. No curso de nossa investigação, ambos concluímos que todo estudioso moderno, interessado na lógica de descoberta, dedicou pelo menos algumas linhas, quando não muitas, a Sherlock Holmes. Saul Kripke, por exemplo, escreveu a Sebeok uma carta, datada de 29 de dezembro de 1980, na qual dizia, em certo trecho: "De fato, tenho uma ou duas palestras não publicadas e uma série inteira de aulas também não publicada (meu curso sobre John Locke, em Oxford) acerca do discurso ficcional em nomes vazios*, no qual Sherlock aparece de modo ainda mais proeminente" do que na referência anterior que fez deles em seu "Considerações Semânticas sobre Lógica Modal" ou no Anexo a "Nomeação e Necessidade". Muitos trabalhos ainda estão vinculados à idéia de que o método de Sherlock pairaria em algum lugar nebuloso, a meio caminho entre dedução e indução. A idéia da hipótese, ou abdução, é mencionada, quando muito, apenas tangencialmente.

É óbvio que nem todas as contribuições, neste livro, chegam às mesmas conclusões. Os editores não pretendem confrontar, aqui, as diferenças de abordagem, mas permitir ao leitor avaliá-las e utilizá-las, cada qual de acordo com seus próprios interesses.

---

* No original, *empty names*. (N. da T.)

Houve a intenção de que o título deste livro reverberasse em duas direções. Há uma referência (*renvoi*) evidente à extensa crônica de Doyle "O Signo de Quatro" ou "O Signo dos Quatro", que apareceu originalmente na revista *Lippincott's* e, posteriormente, em 1819, sob a forma de livro. Em segundo lugar, admitimos nossa compulsão motriz de tentar remeter nossos leitores à casa de diversões das triplicidades extravagantes, tal como são discutidas no introdutório jogo do monte de três cartas, de Sebeok.

Na atualidade, a lógica da descoberta científica – a frase será reconhecida, evidentemente, em estreita associação com Karl R. Popper – tornou-se um tópico candente do interesse central pela teoria do conhecimento, adotado não apenas pelo próprio Popper mas também por seu colega, o falecido Imre Lakatos, e pelo antigo discípulo de Popper, posteriormente seu mais feroz crítico, Paul K. Feyerabend, entre muitos outros. O controvertido retrato que Popper faz da ciência enquanto terreno de "conjecturas e refutações" – ele afirma, entre outras idéias, que a indução é mítica, que a busca científica da exatidão é impossível e que todo conhecimento é, para todo sempre, falível – foi substancialmente antecipado por Peirce, a quem Popper casualmente considera como "um dos maiores filósofos de todos os tempos", embora a falsificação, enquanto uma técnica lógica entre outras não fosse absolutamente desconhecida, mesmo na Idade Média. Alguns críticos de Popper, como T. S. Kuhn e Anthony O'Hear, discordam dele sobre algumas dessas questões fundamentais. Estamos convencidos de que uma abordagem semiótica da abdução pode lançar uma nova luz sobre esse respeitável e permanente debate. Esperamos que esta coletânea de ensaios seja do interesse da multidão de fãs de Sherlock Holmes, mas também seja lida pelos adeptos tanto dos *Primeiros Analíticos* (sobre silogismo) quanto dos *Segundos Analíticos* (que trata das condições do conhecimento científico). Naturalmente, também pretendemos conquistar alguns interessados entre os que compõem o crescente grupo de aficionados em Peirce, espalhados pelo mundo todo. Nós somos apenas dois deles. De uma forma modesta, contudo, pensamos que o livro será também uma contribuição importante para a epistemologia e a filosofia da ciência.

Umberto Eco
Universidade de Bolonha

Thomas A. Sebeok
Universidade de Indiana

Abreviações Empregadas no Texto

Os títulos das histórias de Sherlock Holmes foram abreviadas de acordo com o trabalho realizado por Tracy (1977:XIX).

ABBE	*The Abbey Grange* (A Morada da Abadia)	CROO	*The Crooked Man* (O Corcunda)
BERY	*The Beryl Coronet* (A Coroa de Berilos)	DANC	*The Dancing Man* (O Dançarino)
BLAC	*Black Peter* (O Negro Peter)	DEVI	*The Devil's Root* (O Pé do Diabo)
BLAN	*The Blanched Soldier* (O Soldado Branqueado)	DYIN	*The Dying Detective* (O Detetive Agonizante)
BLUE	*The Blue Carbuncle* (O Carbúnculo Azul)	EMPT	*The Empty House* (A Casa Vazia)
BOSC	*The Boscombe Valley Mistery* (O Mistério do Vale Boscombe)	ENGR	*The Engineer's Thumb* (O Polegar do Mecânico)
BRUC	*The Bruce-Partington Plans* (Os Planos do Submarino Bruce-Partington)	FINA	*The Final Problem* (O Problema Final)
CARD	*The Cardboard Box* (A Caixa de Papelão)	FIVE	*The Five Orange Pips* (As Cinco Sementes de Laranja)
CHAS	*Charles Augustus Milverton*	GLOR	*The Gloria Scott* (O Caso de Glória Scott)
COPP	*The Copper Beeches* (As Faias Cor de Cobre)	GOLD	*The Golden Pince-Nez* (O Pince-Nez de Ouro)
CREE	*The Creeping Man* (O Rastejador)	GREE	*The Greek Interpreter* (O Intérprete Grego)

HOUN	*The Hound of the Baskervilles* (O Cão dos Baskervilles)	RETI	*The Retired Colourman* (O Colorista Aposentado)
IDEN	*A Case of Identity* (Um Caso de Identidade)	SCAN	*A Scandal in Bohemia* (Um Escândalo na Boemia)
ILLU	*The Illustrious Client* (O Cliente Ilustre)	SECO	*The Second Stain* (A Segunda Mancha)
LADY	*The Disappearance of Lady Frances Carfax* (Desaparecimento de Lady Frances Carfax)	SHOS	*Shoscombe Old Place* (O Velho Sítio de Shoscombe)
		SIGN	*The Sign of Four* (O Signo de Quatro)
LAST	*His Last Bow* (Seu Último Adeus)	SILV	*Silver Blaze*
		SIXN	*The Six Napoleons* (Os Seis Napoleões)
LION	*The Lion's Mane* (A Juba do Leão)	SPEC	*The Speckled Band* (A Faixa Malhada)
MAZA	*The Mazarin Stone* (A Pedra Azul)	STOC	*The Stockbroker's Clerk* (O Escrevente do Cambista)
MUSG	*The Musgrave Ritual* (O Ritual Musgrave)	STUD	*A Study in Scarlet* (Um Estudo em Vermelho)
NAVA	*The Naval Treaty* (O Tratado Naval)	SUSS	*The Sussex Vampire* (O Vampiro de Sussex)
NOBL	*The Noble Bachelor* (O Solteirão Nobre)	THOR	*The Problem of Thor Bridge* (O Problema da Ponte Thor)
NORW	*The Norwood Builder* (Construtor de Norwood)	3GAB	*The Three Gables* (As Três Arestas)
PRIO	*The Priory School* (A Escola do Priorado)	3STU	*The Three Students* (Os Três Estudantes)
REDC	*The Red Circle* (O Círculo Vermelho)	TWIS	*The Man With the Twisted Lip* (O Homem do Lábio Torcido)
REDH	*The Red-Deaded League* (A Liga dos "Cabeça Vermelha")	VALL	*The Valley of Fear* (O Vale do Medo)
REIG	*The Reigate Puzzle* (Os Magnatas de Reigate)	WIST	*Wisteria Lodge* (Vila Glicínia)
RESI	*The Resident Patient* (O Residente Internado)	YELL	*The Yellow Face* (A Face Amarela)

1. Um, Dois, Três, UBERDADE Desta Vez

(A TÍTULO DE INTRODUÇÃO)

THOMAS A. SEBEOK

Podemos apostar que, enquanto os especialistas em C. S. Peirce estavam todos pelo menos manuseando as crônicas de Arthur Conan Doyle sobre Sherlock Holmes, a grande massa de aficcionados do famoso detetive nunca tinha ouvido falar em Peirce. Uma questão central tratada, explícita ou implicitamente, pela maioria dos colaboradores deste volume concerne a se quaisquer justaposições do polímata americano com o grande detetive inglês – o primeiro uma pessoa suficientemente real e, além do mais, como registrou Willian James em 1895, possuidora de "um nome de misteriosa grandeza"; e o segundo, uma figura mítica e, mais ainda, aquele que, certamente, como observou Leslie Fiedler, "jamais irá morrer" – são passíveis de dar vazão à uberdade esperável. Uberdade esperável? A intuição etimológica nos faz supor que, em inglês, *esperable*, uma invenção – talvez cunhada pelo próprio Peirce mas, de todo modo, inexistente em qualquer dicionário moderno – deva significar "esperada" ou "presumida". *Uberty*, um vocábulo que quase desapareceu da língua inglesa moderna, foi testemunhado pela primeira vez, em 1412, em um obscuro trabalho pelo "Monge de Bury": no *Two Merchants*, de John Lydgate. Aparentemente equivale a "rico crescimento, fecundidade, fertilidade, prolixidade, abundância", ou, toscamente, àquilo que os italianos costumam chamar *ubertá*.

Em uma longa carta que Pierce escreveu, no outono de 1913, a Frederick Adams Wood, Doutor em Medicina e professor de Biologia do Massachusetts Institute of Technology, ele explicava que um dos dois objetivos dos lógicos deveria ser extrair a possível e esperável uberdade, ou "valor em produtividade", dos três tipos canônicos de raciocínio, a saber: dedução, indução e abdução (este último alternativamente batizado retrodução ou inferência hipotética). É a uberdade, isto é, a fertilidade deste último tipo de raciocínio que, segundo ele, aumenta na proporção em que diminui o nível de segurança, ou de aproximação da exatidão. Ele anuncia as diferenças, que proclama ter "sempre" (desde 1860) reconhecido: primeiro, a *dedução*, "que depende de nossa confiança em nossa habilidade de analisar o significado dos signos nos ou pelos quais pensamos; segundo, a *indução*, "que depende de nossa confiança em que o curso de algum tipo de experiência não será mudado ou interrompido sem qualquer indicação que anteceda a interrupção" e, terceiro, a *abdução*, "que depende de nossa esperança de, cedo ou tarde, supor as condições sob as quais um dado tipo de fenômeno se apresentará" (8.384-388). Progredindo da primeiridade, através da secundidade, para a terceiridade, a conexão entre segurança e uberdade é inversa, o que significa claramente que, assim como a certeza de qualquer critério suposto, seu mérito heurístico se eleva de modo correspondente.

"Números mágicos e sons persuasivos", na correta expressão de Congreve, especialmente o *três* e os números por ele divisíveis, atormentaram alguns dos mais brilhantes vitorianos e ainda assombram a muitos de nós. Trata-se de uma excentricidade estranhamente obsessiva, compartilhada, entre outros, por Nikola Tesla (1856-1943), o sérvio que muito contribuiu para a civilização eletrificada do século XX. Sempre que Tesla se aproximava da quadra na qual estava seu laboratório, ele se sentia compelido a percorrê-la por três vezes, e quando jantava no Hotel Waldorf-Astoria, usava 18, ou [(3 + 3) x 3], imaculados guardanapos de linho para limpar de germens, imaginários ou não, os já reluzentes talheres de prata e límpidos cristais. A aplicação extensiva do estilo numerológico de pensar há muito vem sendo categorizada e catalogada, pelo menos desde Pitágoras. Pietro Bonzo, em seu *De Numerorum Mysteria* (1618) e, antes dele, Cornelius Agrippa com *De Occulta Philosophia* (escrito em 1510 e publicado em 1531), perseguiam a magia das tríades com determinação maníaca, a começar pelo mais alto significado de *três*, ou seja, o nome triliteral de Deus em Sua própria língua, o hebraico, através da Trindade Cristã de Pai, Filho e Espírito Santo, até as triplicidades que brotam de qualquer aspecto imaginável do esquema mundial de tempos (uma fascinação que persiste até hoje nos signos zodiacais das Casas, empregados para a feitura do horóscopo; Butler 1970-68).

Conan Doyle incorporou números a oito títulos de histórias de Sherlock. O ordinal de dois e os cardinais quatro, cinco e seis aparecem apenas uma vez cada: *"The Second Stain"* (A Segunda Mancha), *"The Sign of (the) Four"* (O Signo de Quatro), *"The Five Oranges Pips"* (As Cinco Sementes de Laranja) e *"The Six Napoleons"* (Os Seis Napoleões).

Três é mencionado pelo menos três vezes ou, se revelamos um princípio oculto, quatro: "The Three Gables" (As Três Arestas), "The Three Garridebs" (Os Três Garridebs), "The Three Students" (Os Três Estudantes) e, talvez, "The Missing Three-Quarter'" (O Três-Quartos Desaparecido). Além disso, o *Chevalier* C. Auguste Dupin, aquele "colega bastante inferior", é a figura central em três (retiradas de quatro ou cinco, se contarmos entre eles "*Thou Art the Man*" (Tu És o Homem) da série tríptica de contos detetivescos de Edgar Allan Poe: "*The Murder in the Rue Morgue*" (Os Crimes da Rua Morgue), "*The Mystery of Marie Rogêt*" (O Mistério de Marie Rogêt) e "*The Purloined Letter*" (A Carta Roubada), juntos chamados por Jacques Derrida (1975) de a "trilogia Dupin" e decifrados por Jacques Lacan (1966:11-61) em termos de um conjunto de estruturas psicanalíticas repetitivas, estruturas de "*trois temps, ordonnant trois regards, supportés par trois sujets...*"*, constituindo um traçado como o que segue (p. 48):

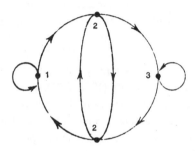

Além do mais, como observa Derrida (p. 108), "*Les locutions 'trio', 'triangles', 'triangle intersubjectif' surviennents très fréquemment...*"**, em uma reticulada *Wiederholungszwang****. (Dupin, é preciso lembrar, vivia em uma casa no número 33 da Rue Dunôt, "*au troisième*", no Faubourg St. Germain. (Sobre "Poe-etica" segundo Lacan e Derrida, ver também Johnson 1980, cap. 7).

O estudo de Butler (1970:94) mostra que, na história intelectual do Ocidente, "o pensamento numerológico foi utilizado com fins filosófico, cosmológico e teológico mais amplos". A tendência de Peirce de introduzir análises e classificações tricótomas é notória, uma vez que ele as conhecia bastante bem e em defesa das quais publicou, em 1910, esta ambígua apologia:

---

* "Três tempos, ordenando três olhares, sustentados por três sujeitos...". (N. da T.)
** "As locuções 'trio', 'triângulos', 'triângulo inter-subjetivo' ocorrem bastante freqüentemente..." (N. da T.)
*** Tradução literal: repetição compulsiva. (N. da T.)

> *Resposta do autor à suspeita prévia de que ele atribui uma importância supersticiosa ou fantasista ao número três e que força divisões no leito de Procusto da tricotomia.*
> Eu admito plenamente que haja uma obsessão, não de todo incomum pelas tricotomias. Não sei se os psiquiatras atribuiram um nome a isso. Se não o fizeram, deveriam... poderia chamar-se *triadomania*. Eu não sou dela propriamente um adepto, mas me vejo obrigado, em nome da verdade, a fazer um número tão grande de tricotomias que fico imaginando se meus leitores, principalmente aqueles que estão se dando conta de que essa é uma enfermidade bastante comum, não estariam suspeitando, ou mesmo opinando, que eu seja mais uma de suas vítimas.
> ... Eu não tenho nenhuma predileção particular pelas tricotomias em geral (1.568-569).

Não obstante essa defesa, seria acaso fantasioso lembrarmos aqui o fato de que uma parcela significante da carreira de Peirce a serviço do Coast and Geodetic Survey foi dedicada à tarefa de *triangulação* da costa do Maine e dos Estados do Golfo, e que, em 1979, uma estação de triangulação geodésica, convenientemente denominada "C. S. Peirce Station", foi instalada, em reconhecimento dessa circunstância biográfica, no jardim frontal de Arisbe (sua casa perco de Milford, na Pensilvania)?

Por volta de 1857, Pierce – seguindo a "Kant, o rei do pensamento moderno" (1.396), para não mencionar Hegel e a tese/antítese/síntese (Cf., em geral, a carta de Peirce a Lady Welby, de 12 de outubro de 1904, reproduzida no livro de Hardwick (1977:22-36), que contém uma extensa exposição sobre as três categorias universais, com referências específicas tanto a Kant quanto a Hegel) bem como Schiller e o trio de três "impulsos" (Sebeok 1981, cap. 1) –, com o genuíno propósito filosófico de buscar a generalidade e compreender o mundo, já se encontrava profundamente imerso no decoro das classificações triplas. O mais básico de suas categorias triádicas ontológicas foi o sistema pronominal de *It* – o mundo material dos sentidos, objetivo final da cosmologia; *Thou* – o mundo da mente, objeto da psicologia e da neurologia; e *I* – o mundo abstrato, assunto da esfera da teologia. Essas distinções básicas, familiares ao conhecimento de Peirce, são mais comumente chamadas, em ordem inversa, Primeiridade, Secundidade e Terceiridade, e as quais, por sua vez, encabeçam uma lista extremamente longa de outras tríades integrantes, sendo as mais conhecidas entre elas as que incluem Signo, Objeto, Interpretante; Ícone, Índice e Símbolo; Qualidade, Reação e Representação, e, naturalmente, Abdução, Indução e Dedução. Algumas são discutidas e muitas são demonstradas no Apêndice I do excelente estudo de Esposito (1980; Cf. Peirce 1982:XXVII-XXX) sobre a evolução da teoria das categorias de Peirce, embora esses tópicos sejam tão complexos que mereçam considerações muito mais extensas. Por exemplo, a afirmação de Peirce de que "Mente é Primeiro, Matéria é Segundo, Evolução é Terceiro" (6.32) – correspondendo aproximadamente aos diferentes modos de ser: possibilidade, existência e lei (1.23) – está em conformidade com a teoria em voga da emergência da cosmologia do *Big Bang*.

Nada podemos dizer, de essencial, sobre a existência do universo anterior a cerca de 20 bilhões de anos, salvo que, quando ele começou em uma singularidade – equivalente à Primeiridade de Peirce –, quando quaisquer dois pontos no universo observável foram arbitrariamente reunidos e a densidade da matéria era infinita, nós estávamos além da possibilidade, já no domínio da existência (aliás, Secundidade). No milésimo de segundo inaugural, o universo foi povoado de quarks primordiais. Essas partículas fundamentais, os tijolos básicos a partir dos quais todas as partículas elementares se constituiram, podem ser melhor apreendidas como signos, pois, como aprendemos com a física hoje, "os quarks nunca foram vistos... A maioria dos físicos acredita que os quarks jamais serão vistos..." (Pagels 1982:231). À medida que o universo se expandiu, as temperaturas cairam para algo em torno de 12^{27} graus Kelvin e a lei natural simples que prevalecia na infância do Cosmos desdobrou-se nas três interações agora conhecidas como gravitação, força de interação fraca, e força (hadriônica), de interação forte que aglutina as partículas do núcleo no átomo. A evolução – Terceiridade – dessas três forças em uma estrutura matemática única, como preconizado na Teoria da Grande Unificação, marca o aparecimento da "lei" de Peirce, o que explicaria a preferência universal pela matéria sobre a anti-matéria, bem como proveria uma solução para os assim chamados problema do horizonte (i.e., para a homogeneidade do Universo) e problema do achatamento (relacionado à densidade de massa do universo).

No cerne da matéria há um oceano cheio de signos simples – ou, se preferirem, de artifícios matemáticos. Os quarks, os quais o prêmio Nobel Murray Gell-Mann (e Yuval Ne'eman) discute sob o rótulo de "modo óctuplo", se constituem em uma família hadriônica de octetos, organizada em uma matriz de feição inconfundível, construída a partir de três quarks, que se apresentam com diversos "sabores". Eles são dotados de uma simetria postulada a qual, para um semiótico, se aproxima bastante do sistema vocálico turco, de Lotz (1962:13), de estrutura cubóide:

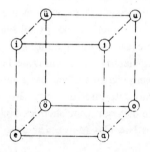

Este diagrama projeta oito fonemas em termos de três oposições binárias absolutas. Comparativamente, os quarks superior, inferior e estranho são denotados por *u, d* e *s*, respectivamente (bem como os antiquarks $\bar{u}$, $\bar{d}$ e $\bar{s}$), com regras bastante simples no que concerne a construção dos hadrions a partir dos quarks. A classificação ao modo óctuplo dos hadrions por um octeto pareceria, então, com a figura abaixo.

No que se refere a sua religião, Peirce cedo se converteu do unitarismo para o trinitarismo, permanecendo no contexto episcopal. Ele escreveu, em cerca ocasião: "Um Signo faz a mediação entre seu Objeto e seu Significado... o objeto, o pai; o signo, a mãe do significado" – sobre o que Fisch prontamente comentou: "...ele deveria ter acrescentado 'de seu filho, o Interpretante' " (Peirce 1982:XXXII).

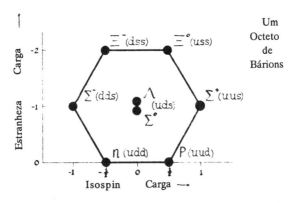

De *O Código Cósmico: Física Quântica como Linguagem da Natureza*. Copyright © 1982, Heinz R. Pagels. Com a permissão de Simon e Schuster, uma divisão da Gulf & Western Corporation.

A triadicidade radical de Freud, adumbrada recentemente por Larsen (1980), em comparação específica com a de Peirce, deveria encorajar, como também sublinhou Fisch (1982:128), outras investigações que explorassem em profundidade essa coincidente confluência de pontos de vista.Embora Freud provavelmente desconhecesse por completo a trindade *I, It* e *Thou*, de Peirce, a tripartição da mente em *Ego, Id* e *Superego*, que ele efetua em 1923 (ver em esp. Freud 1961:19:19-39) – constituindo-se no conceito-chave da psicopatologia –, notavelmente, encontra eco na estrutura generativa da *semiosis* de Peirce. Por exemplo, a noção de *Superego* emerge como a última das grandes repressões primais de suas duas categorias anteriores de repressão primária e secundária. (Casualmente, Freud convergiu com Sherlock Holmes em apenas uma novela, preparada por Nicholas Meyer, *The Seven Percent Solution* (A

Solução dos Sete por Cento), e na versão filmada, em colaboração com Herbert Ross).

O título em inglês deste ensaio introdutório*, como muitos leitores devem ter reconhecido, parodia o influente *One Two Three... Infinity*, de George Gamow (1947). Gamow, o celebrado teórico que pela primeira vez sugeriu a existência do código trigêmio na informação hereditária, foi, ele próprio, um seduzido pelos tercetos, como pode demonstrar, por exemplo, sua famosa carta acerca da origem química dos elementos, publicada em *Physical Review* (1948), cuja suposta autoria foi por ele atribuída, com humor, a Alpher, Bethe e Gamow, nesta ordem.

Peirce (corretamente) sustentou que os nomes eram substitutos dos pronomes, e não o contrário, contestando, assim, a visão convencional, tal como codificada na terminologia gramatical padrão do Ocidente. Algumas das implicações da tríade fundamental de Peirce para a lingüística necessitam o tipo de atenção de perito que o falecido John Lotz dedicou (1976) à análise estrutural dessa classe gramatical. Nesse estudo, publicado inicialmente na Hungria em 1967 e ao qual se tem pouco acesso, Lotz demonstrou que prevalecia, de fato, sete possibilidades, logicamente bastante diversas, entre os três pronomes não-agregados em questão, dos quais apenas um, no entanto, seria viável para a linguagem na qual ele estava interessado. Um relação é triangular:

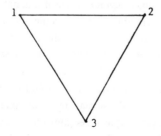

Três relações formam as assim chamadas estruturas em T:

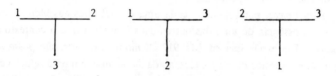

E três outras relações são lineares:

---

* O título original é *One, Two, Three Spells Uberty*, cuja tradução literal seria "Um, dois, três, forma (a palavra) uberdade". (N. da T.)

1	2	3

1	3	2

2	1	3

Posteriormente (1978), Ingram examinou as características tipológicas e universais dos pronomes pessoais em geral, proclamando a existência (com base em 71 línguas naturais) de sistemas variando de 4 a 15 pessoas, caso a singularidade estivesse combinada à agregação. De acordo com Ingram, o que ele chama de sistema inglês de cinco pessoas "é tremendamente atípico" (ibid. 215), o que, sendo verdadeiro, pode exigir, em primeira instância, uma revisão radical das três concepções fundamentais de Peirce e do enorme edifício construído sobre aquele triângulo aparentemente natural. Assim, na morfologia de uma determinada língua – o aimará, tal como falado na Bolívia –, estudada por um de nós (Sebeok 1951) há cerca de trinta anos, o número de pessoas gramaticais foi determinado como 3 x 3, cada qual compactando coações entre um par de possíveis interlocutores. Com alguma simplificação, as seguintes formas podem ocorrer: a primeira pessoa é um remetente incluído mas um destinatário excluído; a segunda é um destinatário incluído mas um remetente excluído; a terceira não é nem remetente nem destinatário incluídos, e a quarta é tanto remetente quanto destinatário incluídos. Essas formas, então, produzem nove categorias de possíveis inter-reações: 1 → 2, 1 → 3, 2 → 1, 2 → 3, 3 → 1, 3 → 2, 3 → 3, 3 → 4, e 4 → 3. É arrepiante imaginar o que teria sido o caráter da metafísica de Peirce fosse ele um falante nativo da língua Jaqi – um bizarro *Gedankenexperiment** para todos aqueles que acreditam no princípio da relatividade lingüística, ou naquilo que o lingüista sueco Esaias Tegnér, em 1880, chamou com mais propriedade *sprakets makt över tanken*, ou seja, "o poder da língua sobre o pensamento".

Para Peirce, naturalmente, cada uma das três pessoas elementares assume a essência de uma das outras duas à medida que o contexto se modifica. Ele expõe isso em Ms. 917: "Embora cada um não possa ser expresso em termos do outro, eles, ainda assim, mantém uma relação entre si, sendo que *THOU* é um *IT* no qual há um outro *I. I* parece interior, *IT* parece exterior, *THOU* coexiste". (Um outro assunto de interesse para os lingüistas, que exigiria um aprofundamento, mas que aqui só men-

---

* Literalmente "experimento mental". (N. do E.)

cionamos de passagem, refere-se à associação, de caráter complexo e enviezado, entre o princípio didático jakobsoniano, ou binarismo (e.g. Jakobson e Waugh 1979:20), *versus* a tese anterior de Peirce sobre a indecomponibilidade das relações triádicas, ou seja, que a trissecção de cada campo do discurso é inevitavelmente exaustiva, produzindo invarialvelmente uma trindade de classes mutuamente excludentes).

Para resumir e tornar mais concreto o que está exposto acima, tomemos como ilustração o famoso exemplo do saco de feijões, empregado por Peirce em 1878 (2.623):

Dedução
Regra   Todos os feijões deste saco são brancos.
Caso   Estes feijões provêm deste saco.
∴ *Resultado* estes feijões são brancos.

Indução
Caso   Estes feijões provêm deste saco.
Resultado Estes feijões são brancos.
∴ *Regra*   Todos os feijões deste saco são brancos.

Abdução
Regra   Todos os feijões deste saco são brancos.
Resultado Estes feijões são brancos.
∴ *Caso*   Estes feijões provêm deste saco.

É importante repetir que estas três figuras são irredutíveis. "Conseqüentemente, está provado que cada figura envolve o princípio da primeira figura, mas a segunda e a terceira contêm outros princípios adicionais" (2.807). Em resumo, uma abdução nos permite formular um prognóstico geral, mas sem garantia de um resultado bem sucedido; ao mesmo tempo, a abdução, enquanto um método de prognosticação, oferece "a única esperança possível de regular racionalmente nossa conduta futura" (2.270).

Notem que cada Argumento, manifestado, por exemplo, como um Silogismo, é ele mesmo um signo, "cujo interpretante representa seu objeto como sendo um signo ulterior através de uma lei, ou seja, a lei segundo a qual a passagem de tais premissas a tal conclusão tende à verdade" (2.263). Peirce chama qualquer Argumento de Legissigno Simbólico. Cada Argumento é composto por três proposições: Caso, Resultado e Regra, em três permutações, resultando respectivamente nas três figuras demonstradas nos exemplos do saco de feijões. Contudo, cada Proposição é também um signo, a saber, um signo "conectado a seu objeto por uma associação de idéias gerais" (2.262), um Símbolo Dicente que é, necessariamente, um Legissigno.

À medida que o Objeto e o Interpretante de qualquer signo são ambos, forçosamente, signos ulteriores, não é de surpreender que Peirce tenha chegado a afirmar "que todo este universo está polvilhado de signo", e a especular "se ele não estaria composto exclusivamente por signos" (ver Sebeok 1977, *passim*). Mesmo a alusão feita por Fisch acerca da constelação familiar triádica de pai, mãe e filho, subentendida em Peirce – com ecos sutis de "A infância revela o homem,/ Como a manhã revela o dia", de Milton, bem como de "A Criança é o pai do Homem", de Wordsworth –, encontrou seu esteio na ciência natural através da sofisticada explicação de Thom sobre a gênese dos signos: "Dans l'interaction 'Signifié-Signifiant' il est clair qu'entraîné par le flux universel, le Signifié émet, engendre le Signifiant en un buissonnement ramifiant ininterrompu. Mais le Signifiant réengendre le Signifié, chaque fois que nous interprétons le signe. Et comme le montre l'exemple des formes biologiques, le Signifiant (le descendant) peut redevenir le Signifié (le parent), il suffit pour cela du laps de temps d'une génération" (1980:264; Sebeok 1979:124)*.

Peirce, em uma passagem bastante polêmica, responde à questão "O que é o Homem?", categorizando-o como Símbolo (7.583). Do mesmo modo, ele encara o Universo como um Argumento. Na primavera de 1903, durante uma concorrida e memorável série de conferências, ele propôs que a realidade da Terceiridade é "operativa na Natureza" (5.93), concluindo: "O Universo, enquanto Argumento, é necessariamente uma grande obra de arte, um grande poema – pois todo bom argumento é um poema e uma sinfonia – na mesma medida em que todo verdadeiro poema é um perfeito argumento... O efeito global está além do nosso alcance, mas podemos apreciar, em certa medida, a resultante Qualidade de partes do todo – cujas Qualidades resultam da combinação de Qualidades elementares, que pertencem às premissas" (5.119). Em sua conferência seguinte, Peirce complementou esse pensamento com uma "série de asserções que poderão parecer selvagens" e com uma orgia de novas tripartições, surpreendentes em seu escopo, mas, mesmo assim, reconhecidas por Willian James (1907:5) por aquilo que eram: "lampejos de luz brilhante irrompendo na escuridão ciméria".

À época do centenário de Poe, em 1911, Sir Arthur Conan Doyle presidiu um jantar comemorativo, em Londres. Foi ele quem escolheu

---

* "Na interação 'Significado-Significante', fica claro que, levado pelo fluxo universal, o Significado formula, engendra o Significante em um brenhamento ramificante ininterrupto. Mas, o Significante reengendra o Significado a cada vez que interpretamos o signo. E como o demonstra o exemplo das formas biológicas, o Significante (o descendente) pode tornar-se o Significado (o genitor), basta para tanto o lapso de tempo de uma geração".

para Sherlock Holmes, dentre outras qualidades de Dupin, aquela habilidade de astúcia, aquela fascinante ilusão semiótica de decodificar e descortinar os pensamentos profundamente privados dos outros por meio da reencarnação, em signos verbais, dos diálogos interiores impronunciados. Doyle perguntou: "Onde estava a novela de detetive antes que Poe nela insuflasse o sopro de vida?" (Symons 1978:170). Em 1908, referindo-se a um comentário de Poe em "Os Crimes da Rua Morgue" ("Parece-me que este mistério é considerado insolúvel pela mesma razão que o faria ser encarado como de fácil solução. Refiro-me ao caráter *outré* de seus delineamentos"), Peirce disse que "aqueles problemas que, à primeira vista, parecem absolutamente insolúveis recebem, na própria circunstância..., suas chaves adequadas" (6.460; ver também Cap. 2 deste livro). Onde, então, – sentimo-nos no direito de perguntar – estavam as ciências da lógica e da física antes que Peirce instilasse nelas a lei da liberdade, que ele chamou, em uma cunhagem plena de uberdade, de *Play of Musement* (Jogo de Ruminação)?

2. Você Conhece Meu Método

UMA JUSTAPOSIÇÃO DE CHARLES S. PEIRCE E SHERLOCK HOLMES[1]

THOMAS A. SEBEOK E JEAN UMIKER-SEBEOK

> *Eu nunca faço suposições.*
> – Sherlock Holmes em
> *O Signo de Quatro*
>
> *Mas, precisamos conquistar a verdade pela conjectura, ou por nenhuma outra via.*
> – Charles S. Peirce, ms. 692[2]

C. S. PEIRCE – DETETIVE CONSULTOR[3]

Em uma quinta-feira, 20 de junho de 1879, Charles S. Peirce embarcou, em Boston, no vapor Bristol, da companhia Fall River Line, com

---

1. Os autores agradecem, com seus cumprimentos, as úteis observações feitas por Martin Gardner, Christian Kloesel, Edward C. Moore, Joseph Ransdell, David Savan e John Bennett Shaw, em resposta a uma versão preliminar deste ensaio. Nosso especial agradecimento a Max H. Fisch, ele mesmo um mestre detetive, por sua generosa e inestimável assistência no rastreio de correspondências e passagens em manuscritos não publicados de Peirce que concerniam a questões aqui discutidas, e por compartilhar conosco parte de seu fascinante e infindavelmente variado arquivo de informações relacionadas a Peirce. Os comentários detalhados de Fisch sobre esta obra estão incluídos em Sebeok 1981:17-21.

2. As referências ao *Collected Papers of Charles Sanders Peirce* (ver Peirce 1965-66) encontram-se abreviadas do modo usual por número de volume e parágrafo. As referências aos manuscritos de Peirce inclui o exemplar do catálogo de Robin 1967.

3. O relato completo da subseqüente história da investigação levada a cabo por Peirce, escrita em 1907, não foi publicada senão em 1929 em *The Hound and Horn*. Em uma carta a William James, de 16 de julho de 1907, Peirce escreve que, seguindo a sugestão de Ja-

destino a Nova York, onde deveria comparecer a uma conferência no dia seguinte. Chegando a Nova York, pela manhã, ele experimentou o que descreveu como uma "estranha e vaga sensação" que ele atribuiu ao ar viciado de sua cabine. Vestiu-se rapidamente e deixou o barco. Em sua pressa por respirar ar puro, ele, inadvertidamente, deixou para trás seu sobretudo e um valioso relógio Tiffany, que lhe fora ofertado pelo governo norte-americano por seu trabalho no Coast Survey. Dando-se conta em seguida de seu descuido, Peirce retornou rapidamente ao barco apenas para descobrir que suas coisas haviam desaparecido. Nesse momento, colocado diante do que seria "uma desgraça profissional para toda a vida", caso não conseguisse recuperar o relógio nas mesmas condições em que o havia recebido, ele nos conta que providenciou para que "todos os empregados que eram então de cor, não importando em que setor trabalhassem, subissem e se colocassem em fila...":

> Eu caminhei de uma ponta a outra da fila, conversando um pouco com cada um, da forma mais *dégagé* possível, procurando instigá-los com assuntos sobre os quais eles pudessem falar interessadamente, tratando de parecer tolo, de modo a ser capaz de suscitar qualquer sintoma que me indicasse o ladrão. Quando terminei de percorrer a fileira, voltei-me, afastei-me um pouco deles, e disse a mim mesmo: "Nem a menor centelha de luz que me permita prosseguir". Mas, imediatamente, meu outro eu (porque a comunicação é sempre em diálogo) me disse: "Entretanto, você simplesmente *precisa* pôr a mão nesse homem. Não importa que você não tenha razão, precisa dizer quem você pensa que é o ladrão". Completei uma pequena volta caminhando, o que não durou um minuto, e, quando voltei-me em direção a eles, qualquer sombra de dúvida tinha desaparecido. Não havia mais auto-crítica. Nada disto cabia, agora. (Peirce 1929:271).

Tomando o suspeito à parte, Peirce foi incapaz de persuadi-lo a devolver-lhe os seus pertencentes, fosse através da razão, da ameaça ou da promessa de cinqüenta dólares. Ele, então, "retornou ao cais e rumou de taxi para Pinkerton, o mais rápido possível". Foi levado à presença de uma tal senhor Bangs, responsável pelo escritório de Nova York de famosa agência de detetives, e cujo encontro ele relata da seguinte maneira:

"Sr. Bangs, um negro do barco da Fall River, cujo nome é tal e tal (dei-lhe o nome) roubou meu relógio, a corrente e um casaco. O relógio é da Charles

---

mes, ele havia relatado, em um artigo o qual havia submetido ao *Atlantic Monthly* em junho, a história de seu relógio perdido (ver as notas de Fisch 1964:31, n. 28, relacionada à correspondêndia entre Peirce e outros em relação a este artigo). Bliss Perry, editor daquela revista, rejeitou seu artigo. Uma versão bastante condensada do episódio, com uma narração do roubo meramente sintetizada em nota-de-rodapé, apareceu em 7.36-48.

O *Bristol* (Fall River Line). Reproduzido de Hilton 1968:28, com a permissão de Howell-North Books.

Frodsham e aqui está o número. Ele deverá deixar o barco a uma hora e ir imediatamente penhorar o relógio, o que lhe renderá cinqüenta dólares. Desejo que o senhor mande segui-lo e, tão logo ele tenha em mãos o recibo do penhor, faça com que seja preso". O Sr. Bangs replicou - "O que o faz pensar que foi ele quem roubou o seu relógio?". "Não tenho nenhum motivo", disse-lhe eu, "qualquer que seja, para pensar assim, mas estou inteiramente convencido de que é assim. Agora, se ele não for a nenhuma loja de penhores para se livrar do relógio, como estou seguro de que o fará, isso encerrará o assunto e o senhor não terá que tomar nenhuma providência. Mas, eu sei que ele o fará. Já lhe dei o número do relógio e aqui está meu cartão. O senhor tem minha garantia para prendê-lo" (1929:273).

Um homem de Pinkerton foi designado para o caso, mas com instruções de "atuar segundo suas próprias inferências", ao invés de seguir as suspeitas de Peirce acerca do possível culpado. O detetive, verificando o histórico de cada serviçal da Fall Rivers, começou a seguir um outro homem que não o suspeito de Peirce, deparando-se com uma pista falsa.

Quando o detetive, então, chegou ao términou de sua investigação, Peirce voltou a encontrar-se como Sr. Bangs e foi aconselhado por este a enviar cartões a todos os donos de casas de penhor de Fall River, Nova York e Boston, oferecendo uma recompensa pela recuperação do relógio. Os cartões foram expedidos em 23 de junho. No dia seguinte, Peirce e seu agente de Pinkerton receberam o relógio de um advogado de Nova York, que os encaminhou ao penhorista que havia respondido a sua oferta de recompensa. O próprio dono da loja de penhor "descreveu a pessoa que havia penhorado o relógio tão claramente que não poderia

Charles S. Peirce. (Fotografado provavelmente após sua eleição para a Academia Nacional de Ciências, em 1877.)

haver mais dúvidas de que se tratava do 'meu (i.e. Peirce) homem'" (1929:275).

Peirce e o detetive, então, se dirigiram até o alojamento do suspeito, com a intenção de reaver também a corrente e o sobretudo perdidos. Como o detetive relutasse em entrar no local sem um mandado, Peirce, aborrecido com a inépcia do agente, entrou sozinho, dizendo confidencialmente a seu par que retornaria em exatos doze minutos com todos os seus pertences. Ele descreve, então, a seguinte seqüência de fatos:

> Subi os três lanços de escada e golpeei a porta do apartamento. Uma mulher de tez amarela abriu a porta e havia uma outra, de mais ou menos a mesma compleição, sem chapéu, atrás dela. Eu entrei e disse: "Seu marido logo vai estar a caminho da prisão de Sing-Sing por haver roubado meu relógio. Eu soube que minha corrente e meu casaco, também roubados, estão aqui e eu vim pegá-los". Nisso, as duas mulheres começaram um tremendo tumulto e ameaçaram chamar imediatamente a polícia. Não me recordo exatamente do que falei, só sei que es-

George H. Bangs, gerente geral da Agência Nacional de Detetives de Pinkerton, 1865-1881. Reproduzido de Horan 1967:28, com a permissão de Pinkerton's, Inc.

tava totalmente calmo[4] e lhes disse que estariam cometendo um engano ao chamar a polícia pois isso apenas tornaria as coisas mais difíceis para o culpado. E, uma vez que eu sabia exatamente onde estavam minha corrente e meu sobretudo, deveria levá-los antes que a polícia chegasse... Não vi, no cômodo, nenhum

---

4. A notável serenidade de Peirce aparece com encantadora expressão em uma carta que ele enviou ao Superintendente C. P. Patterson, da Coast Survey, em 24 de junho: "Lamento informar que cheguei aqui sábado último e meu relógio, de propriedade da Survey, me foi roubado... no momento mesmo de minha chegada. Imediatamente comecei a trabalhar para encontrá-los e fui tão feliz em minha tentativa naquela tarde que espero, com segurança, capturar o ladrão amanhã pela manhã, antes das sete horas..."

local onde pudesse se encontrar minha corrente e me dirigi ao quarto vizinho. A cama de casal tinha, de um lado, um pequeno móvel e, de outro, um baú de madeira. Eu disse: "Então, minha corrente está no fundo do baú, sob as roupas, e vou pegá-la..." Pus-me de joelhos diante do baú e, felizmente, este não se encontrava trancado. Tendo retirado todas as peças de roupa... alcancei ... a minha corrente. Atarrachei-a a meu relógio e, ao fazer isso, percebi que a segunda mulher (a que não estava usando chapéu) havia desaparecido, apesar do imenso interesse que havia demonstrado por meus procedimentos iniciais. "Agora", disse eu, "só falta encontrar o meu casaco". A mulher estendeu seus braços, à esquerda e à direita, e falou: "Esteja à vontade para revistar todo o quarto". Eu disse: "Agradeço-lhe muitíssimo, Senhora, mas essa extraordinária alteração no seu tom de voz, que adotou quando comecei a remexer no baú, me indica que meu casaco não se encontra aqui..." Dito isso, deixei o apartamento e, então, me dei conta de que havia um outro apartamento no mesmo andar.

Embora não me recorde muito bem, é possível que estivesse convencido de que o desaparecimento da outra mulher estaria vinculado à plena certeza de que eu iria procurar meu sobretudo no apartamento do qual havia saído. Seguramente, tive a idéia de que a outra mulher moraria por ali. Então, para começar, bati à porta do apartamento em frente. Duas moças de tez amarelada apareceram. Olhei por cima de seus ombros e deparei-me com uma sala de estar bastante respeitável, com um belo piano. Mas, sobre o piano encontrava-se um caprichado pacote, de tamanho e forma exatos como para conter o meu sobretudo. Eu disse: "Eu vim porque há um pacote aqui que me pertence... ah! sim!, eu o vejo, e vou pegá-lo". Então, gentilmente afastei-as, peguei o embrulho, abri-o e encontrei meu casaco, que vesti. Desci para a rua e alcancei meu detetive cerca de quinze segundos antes que meu prazo de doze minutos se esgotasse (1929:275-277).

No dia seguinte, 25 de junho, Peirce escreveu para o Superintendente Patterson que "os dois negros que roubaram o relógio estão, hoje, sendo levados a julgamento. O ladrão é exatamente o homem do qual suspeitei, contrariamente ao que havia suposto o detetive"[5].

---

5. Discutindo seu papel nas formalidades legais envolvidas, Peirce prossegue dizendo: "Comuniquei-me com o Procurador do Distrito e tenho esperanças de que ele mantenha encarcerados os prisioneiros pelo máximo de tempo possível. Assim sendo, não vejo necessidade de pressioná-lo mais, tampouco fazer o que pretendia: cancelar a expedição a Paris." Em 1902, Peirce expressou ponto de vista ainda mais forte com relação ao crime e sua punição: "(Isso) está tão candente em meu coração que, se pudesse, aboliria quase todo tipo de punição a pessoas adultas e qualquer aprovação ou desaprovação judicial, exceto aquela dos próprios oficiais da Corte. Deixemos que a opinião pública se submeta à aprovação ou à desaprovação, até que a opinião pública aprenda melhor. Quanto à força pública, porém, deixemos que se restrinja a fazer aquilo que é necessário para o bem estar da sociedade. A punição, a punição severa, a bárbara punição de uma cela de prisão, infinitamente mais cruel que a morte, no mínimo, não é útil para o bem estar público ou privado. Quanto às classes criminais, eu as extirparia, não pelo método bárbaro que alguns desses monstros, produtos da economia, propõem, mas mantendo os criminosos confinados em luxo relativo,

> **PAWNBROKERS!**
> **Please Stop If Offered, or Notify If Received.**
>
> Plain Gold Hunting Case Lever Watch, No. 04555, Charles Frodsham, maker. Stolen from State Room of Fall River Steamboat "Bristol," Saturday, June 21st, 1879. $150. will be paid for its recovery.
>
> *Send information to*
> **ALLAN PINKERTON,**
> June 23, 1879.   **66 Exchange Place, New York.**

Um raro exemplar de cartazete, oferecendo uma recompensa pela devolução do relógio de Peirce. Reproduzido dos arquivos nacionais da Coast and Geodetic Survey.

Esta história de detecção foi considerada uma ilustração da teoria de Peirce "de porquê as pessoas fazem suposições corretas de modo tão freqüente", de acordo com a carta que ele escreveu posteriormente a seu amigo e discípulo William James (1842-1910), filósofo e psicólogo de Harvard. "Esse singular instinto de suposição" (1929:281), ou inclinação para cogitar de hipótese, à qual Peirce se refere mais comumente como *Abdução*[6] ou *Retrodução*, é descrita como uma "salada peculiar... cujos

---

tornando-os úteis e evitando a reprodução. Seria fácil convertê-los de fonte de enormes despesas e injúria perpétua à população em inofensivos e auto-suficientes tutelados do Estado. A única perda seria aquela de abdicar de nossa doce vingança sobre eles. Quanto aos criminosos esporádicos, responsáveis por desfalques, assassinos e semelhantes, eu os deportaria para uma ilha e os deixaria a seu próprio governo, tratando um com o outro. Para as violações insignificantes da ordem, seriam mantidas punições insignificantes" (2.164).

6. "A abdução, ao fim das contas, não é senão conjectura", escreveu ele em outra parte (7.219; cf. Ms. 692). Compare com os comentários explicativos de Chomsky (1979:71) com relação à abdução, no que concerne ao "filósofo de quem (ele se sentia) mais próximo": "Peirce argumentava que para contribuir para o incremento do conhecimento devemos assumir que 'a mente do homem tem um ajustamento natural para imaginar teorias corretas de certos tipos', certo princípio de 'abdução' o qual 'coloca um limite para a hipótese admissível', uma espécie de 'instinto', desenvolvido no curso da evolução. As idéias de Peirce sobre a abdução são bastante vagas e sua sugestão de que uma estrutura biologicamente da-

elementos-chave estão em sua falta de fundamento, sua ubiqüidade e sua confiabilidade (Ms. 692). Quanto à ubiqüidade, Peirce escreve:

> Olhando, através de minha janela, esta linda manhã de primavera, vejo uma azalea em plena floração. Não, não! Eu não vejo isso, embora seja essa a única maneira que eu tenho para descrever o que vejo. *Isso* é uma proposição, uma sentença, um fato; entretanto, o que percebo não é proposição, sentença, fato, mas apenas uma imagem, a qual torno parcialmente inteligível por meio de uma enunciação do fato. Essa enunciação é abstrata; o que vejo, porém, é concreto. Realizo uma abdução quando procuro expressar em uma sentença algo que vejo. A verdade é que todo o edifício do nosso conhecimento é uma estrutura emaranhada de puras hipóteses, confirmadas e refinadas pela indução. O conhecimento não pode avançar nem um pouco além do estágio do olhar que observa despreocupado se não se fizer, a cada passo, uma abdução (Ms. 692).

Se todo conhecimento depende da formação de uma hipótese, no entanto, "parece, a princípio, não haver nenhum espaço para a questão de como isso se sustentaria, uma vez que, de um fato real, apenas se infere um *pode ser* (*pode ser* e *pode não ser*). Há, porém, uma decisiva inclinação para o lado afirmativo e a freqüência com que isso resulta ser um fato verdadeiro é... quase o mais surpreendente de todos os prodígios do universo" (8.238). Comparando nossa capacidade de abdução com "os poderes musicais e aeronáuticos de um pássaro, isto é, aquela está para nós como aqueles estão para este: o mais elevado de nossos poderes meramente instintivos" (1929:282)[7], Peirce nota que "a retrodução se funda na confiança de que há suficiente afinidade entre a mente do raciocinador e a natureza para tornar a suposição algo afiançável, uma vez que cada suposição é confrontada com a observação através da comparação" (1.121).

---

da desempenha um papel básico na seleção de hipóteses científicas parece ter exercido muito pouca influência. Tanto quanto eu saiba, quase ninguém tentou levar essas idéias avante, embora noções similares têm sido desenvolvidas de modo independente em várias ocasiões. Peirce exerceu uma enorme influência, mas não por este motivo em particular." A monografia exemplar que trata desse aspecto negligenciado da contribuição de Peirce à filosofia da ciência é a tese (escrita em 1963) de Fann (1970), bastante suscinta embora consistente, da qual uma parte notável refere-se alusivamente a Sherlock Holmes. Os exemplos de Fann são apresentados para "mostrar que o método da ciência tem muito em comum com o método dos detetives" (*ibid*:58). Ver também Walsh (1972).

7. Peirce sustentou, em outra parte, que a habilidade de o pintinho ciscar a comida, "escolhendo enquanto cisca e bicando aquilo que almeja bicar", ao mesmo tempo "sem raciocinar, porque não o faz deliberadamente", é no entanto "em todos os aspectos exceto esse... exatamente como a inferência abdutiva". E, mais adiante, ele retorna pela trilha das ciências física e social até os instintos animais por, respectivamente, obter comida e se reproduzir (Ms. 692). A retrodução é um tipo de comportamento instintivo, do qual os dois

Um determinado objeto apresenta uma extraordinária combinação de características sobre as quais gostaríamos de obter uma explicação. Que haja qualquer explicação para elas é pura presunção; se houver, será algum único fato oculto que as explica, enquanto há, talvez, um milhão de outras possíveis maneiras de explicá-las, se não forem todas, infelizmente, falsas. Um homem é encontrado, apunhalado pelas costas, nas ruas de Nova York. O chefe da polícia pode abrir uma lista telefônica e colocar seu dedo sobre qualquer nome e supor que aquele é o nome do assassino. Que valor teria uma suposição como essa? Mas, o número de nomes na lista telefônica não se aproxima da multidão de possíveis leis da atração que poderiam justificar a lei do movimento planetário de Keppler (*sic*) e, antecipando-se à verificação por meio das predições de perturbações etc., deveriam dar conta delas à perfeição. Newton, você dirá, presumiu que a lei deveria ser simples. Mas o que era isso senão um empilhamento de suposição sobre suposição? Seguramente, na natureza, os fenômenos complexos são muitíssimo mais numerosos que os simples... Não há nenhuma garantia em fazer algo mais do que colocar (uma abdução) como uma interrogação (Ms. 692).

A abdução, ou seja, a retrodução – "uma denominação pobre", como o próprio Peirce confessou – é, segundo uma das formulações posteriores de Peirce e que, aparentemente, deve muito ao filósofo britânico George Berkeley (1685-1753), um meio de comunicação entre o homem e seu Criador, um "privilégio divino" que deve ser cultivado (Eisele 1976, vol. III:206). Para Peirce, "de acordo com a doutrina das possibilidades, seria praticamente impossível para qualquer ser supor a causa de qualquer fenômeno por puro acaso" e ele, portanto, suspeita que não possa "haver nenhuma dúvida razoável acerca do fato de que a mente do homem, tendo se desenvolvido sob a influência das leis da natureza, e por esse motivo, de certo modo, pensa naturalmente segundo o

---

exemplos clássicos são a migração dos tordos e o edifício-colméia das abelhas. Peirce chamou ao comportamento similarmente inteligente dos pequenos animais de *il lume naturale*, que ele considerava indispensável à retrodução. (Sobre a noção de *"lumière naturelle"*, ver Ayim 1974:43, n.4). Peirce falou em instinto racional, animal e vegetal; concordamos com a opinião de Ayim (*ibid*. 36) de que todos os níveis de atividade instintiva "têm esta característica em comum – a atividade provê a sobrevivência e o bem estar das espécies como um todo, habilitando os membros das espécies a reagir apropriadamente às condições ambientais"; isso vale, também, para o homem-enquanto-cientista. Ver adiante as interessantes observações de Norwood Russell Hanson (in Bernstein 1965:59) de que "Freqüentemente, a arremetida do comentário de Sherlock – 'Simples dedução, meu caro Watson' – deve-se ao fato de que o raciocínio em questão derivou-se da aceitação prévia daquilo que deveria ser esperado. Porém, de modo igualmente freqüente, o matemático e o cientista argumentarão invertendo o processo, de baixo para cima." Este é um dos procedimentos aos quais Peirce identifica como 'retrodução'. Procede de uma anomalia inesperada em direção à um conjunto de premissas, do qual uma grande parte já foi aceita. É desnecessário notar que, ao contrário da atribuição feita por Hanson, Sherlock nunca pronunciou as palavras citadas; Sherlock tampouco dizia com freqüência "Elementar, meu caro Watson".

padrão da natureza" (Peirce 1929:269). "É evidente", ele escreve, "que, a menos que o homem tenha tido uma luz interior que tornasse suas suposições... muito mais verdadeiras do que seriam por mero acaso, a raça humana teria há muito sido exterminada, devido a sua absoluta inépcia nas lutas pela existência..." (ms.692).

Como acréscimo ao princípio de que a mente humana, como resultado dos processos naturais de evolução, é predisposta a fazer suposições corretas sobre o mundo, Peirce propõe um segundo princípio conjectural para explicar parcialmente o fenômeno da suposição, isto é, que "nós freqüentemente retiramos da observação fortes sugestões de verdade, sem sermos capazes de especificar quais foram as circunstâncias por nós observadas que conduziram a essas sugestões" (1929:282). Retomando a história do relógio roubado, Peirce foi incapaz de determinar, a nível do consciente, qual dos atendentes do Fall River era o culpado. Mantendo-se "no estado mais passivo e receptivo" (1929:281) que pode durante sua breve entrevista com cada empregado, foi somente quando ele se forçou a fazer o que aparentemente seria uma suposição cega, que ele se deu conta de que o escroque, de fato, lhe havia fornecido um indício involuntário e que ele mesmo havia percebido esse sinal revelador de uma maneira, como ele diz, "auto-inconsciente", tendo feito "uma discriminação abaixo da superfície da consciência e não reconhecendo como um julgamento verdadeiro uma discriminação realmente genuína" (1929:280). Os processos pelos quais configuramos intuições sobre o mundo, na concepção de Peirce, dependem dos julgamentos perceptivos, os quais contém elementos genéricos que permitem que proposições universais possam ser deles deduzidas. Com base em seu trabalho experimental em psicologia da percepção, realizado na Universidade Johns Hopkins, juntamente com o renomado psicólogo Joseph Jastrow (1863-1944), então seu aluno (1929; 7.21-48), Peirce sustentou que esses julgamentos perceptivos são "o resultado de um processo, embora de um processo não suficientemente consciente para ser controlado, ou, colocando-o mais corretamente, não controlável e, portanto, não plenamente consciente" (5.181)[8]. Os diferentes elementos de uma hipótese estão em nossa mente antes que conscientemente cogitemos dela, "mas, é a idéia de reunir aquilo que nunca antes sonhamos reunir que faz brilhar a sugestão nova diante de nossa contemplação" (5.181). Peirce descreve a formação de uma hipótese como "um ato de introvisão", a "sugestão abdutiva" vindo até nós "como um relâmpago" (5.181). A única diferença

---

8. Para uma discussão detalhada do trabalho experimental sobre psicologia da percepção, realizado por Peirce e Joseph Jastrow, o qual Peirce apresenta como evidência que apóia sua teoria da suposição, ver Peirce 1929 e 7.21-48.

entre um julgamento perceptivo e uma inferência abdutiva é que a primeira, ao contrário da segunda, não está sujeita à análise lógica.

A inferência abdutiva se dilui no julgamento perceptivo sem qualquer linha de demarcação mais clara entre eles, ou, em outras palavras, nossas primeiras premissas, os julgamentos perceptivos, devem ser encaradas como um caso extremo de inferências abdutivas, das quais diferem por estar totalmente à margem da crítica (5.181; cf. 6.522, Ms. 316).

Abdução, ou "o primeiro degrau do raciocínio científico" (7.218)[9], bem como o "único tipo de argumento que inicia uma nova idéia" (2.97)[10], é um instinto que confia na percepção inconsciente das conexões entre os aspectos do mundo, ou usando um outro conjunto de termos, é a comunicação subliminar de mensagens. Está também associada, ou, melhor, produz, de acordo com Peirce, um certo tipo de emoção, que a coloca à parte tanto da indução quanto da dedução:

A hipótese substitui uma concepção simples por um complexo emaranhado de predicados vinculados a um sujeito. Mas, há uma sensação peculiar pertencente ao ato de pensar que cada um desses predicados impregna no sujeito. Na inferência hipotética, esse sentimento complexo, assim produzido, é substituído por um sentimento simples de maior intensidade, aquele que pertence ao ato de pensar a conclusão hipotética. Agora, quando nosso sistema nervoso é excitado de uma maneira complexa, havendo uma relação entre os elementos da excitação, o resultado é um distúrbio harmônico singular, o qual eu chamo de emoção. Deste modo, os vários sons produzidos pelos instrumentos de uma orquestra incidem sobre o ouvido e o resultado é uma emoção musical peculiar, inteiramente distinta dos próprios sons. Essa emoção é, essencialmente, o mesmo que uma inferência hipotética, e qualquer inferência hipotética implica a for-

---

9. No que concerne ao método científico, de acordo com Peirce, a abdução é "meramente preparatória" (7.218). Os outros "modos fundamentalmente diferentes de raciocínio" na ciência são a dedução e a indução (ver a questão em 1.65-68, 2.96-97, 5.145, 7.97, 7.202-07). Em resumo, o procedimento de adotar uma hipótese ou uma proposição que conduziria a uma predição daquilo que pareceriam ser fatos surpreendentes é chamado *abdução* (7.202). Ao procedimento pelo qual as conseqüências experenciais, prováveis e necessárias de nossa hipótese são investigadas chama-se *dedução* (7.203). *Indução* é o nome que Peirce atribui ao procedimento de testar experimentalmente a hipótese (7.206).

10. Peirce também nomeia a abdução como "Argumento Originário" uma vez que é, das três formas de raciocínio, a única que inaugura uma nova idéia (2.96) e, de fato "sua única justificativa é que, se pretendemos entender as coisas, seja como for, tem de ser por essa via" (5.145). Comparativamente, "nem a dedução nem a indução podem acrescentar o menor elemento que seja ao dado da percepção; e... simples perceptos não constituem qualquer conhecimento aplicável a qualquer uso prático ou teórico. Tudo que torna o conhecimento aplicável nos chega *via* abdução" (ms. 692).

mação de uma tal emoção. Podemos dizer, portanto, que a hipótese produz o elemento *sensual* do pensamento e a indução o elemento *habitual*. (2.643)

Este é o pronunciamento de confiança e de convicção de correção positivas que Peirce faz com relação a seu trabalho de detetive.

SHERLOCK HOLMES – CONSULTOR SEMIÓTICO

O relato de Peirce sobre o método por meio do qual ele logrou recuperar seu relógio roubado apresenta uma notável semelhança com as descrições de Dr. Watson sobre Sherlock Holmes em ação[11]. Há freqüentes alusões a Sherlock como sendo um cão de caça (e.g., STUD, DANC, BRUC e DEVI). Por exemplo, em BOSC, Watson escreve:

Sherlock Holmes se transformava quando estava diante de uma pista "quente" como essa. Quem conhecesse apenas o pensador e lógico sereno de Baker Street não conseguiria reconhecê-lo. Sua face enrubescia e assombreava-se. Sua fronte se contraia em duas profundas linhas negras, enquanto seus olhos, sob elas, luziam um brilho de aço. Seu rosto inclinava-se para baixo, ombros cur-

---

11. Não existe, tanto quanto saibamos, nenhuma evidência direta de que Peirce tenha lido qualquer das histórias de Sherlock ou que tenha se encontrado com *sir* Arthur Conan Doyle. É provável, no entanto, que Peirce tenha ouvido falar, pelo menos, das primeiras histórias de Sherlock. A primeira história que apareceu nos Estados Unidos foi *Um Estudo em Vermelho*, publicada já em 1888 por Ward, Lock, e em 1890 *O Signo de Quatro* apareceu no *Lippincott's Magazine*, o maior rival contemporâneo do *Atlantic Monthly*, do qual sabemos Peirce era leitor (ver n. 3). Além do mais, Conan Doyle já estava em voga nos Estados Unidos por volta de 1894, quando o celebrado escritor passou dois meses naquele país dando uma série de conferências e encontrando-se com seus parceiros americanos (Nordon 1966:39-40). Peirce cresceu em companhia de escritores de ficção e artistas, assim como de cientistas. Em carta a Victoria, Lady Welby, de 31 de janeiro de 1908, ele escreveu: "Meu pai era um homem liberal e nós tínhamos intimidade com personalidades da área literária também. O escultor William Story, Logfellow, James Lowell, Charles Norton, Wendell Holmes e, eventualmente, Emerson, estão entre as figuras de minha mais remota memória" (Hardwick 1977:113). Já adulto, Peirce parece ter-se mantido atualizado com os desenvolvimentos contemporâneos da arte literária, pois ele menciona freqüentemente autores de sua época, tanto europeus quanto americanos, em seus artigos em *The Nation* (Ketner e Cock 1975). Além do mais, Edgar Allan Poe (1809-49) parece ter sido um dos escritores favoritos de Peirce e aparece mencionado em 1.251, 6.460, Ms. 689, Ms. 1539. A julgar por suas referências ao livro "Os Crimes da Rua Morgue" de Poe, Peirce certamente gostava de histórias de detetives. Naturalmente, de modo geral, há um reconhecimento de que a personalidade de Sherlock Holmes é parcialmente moldada no *Chevalier* Dupin, de Poe (e.g. Messac 1929:596-602, Nordon 1966:212ff, all 1978:76; cf. mais adiante). Hitchings (1946:117), em seu artigo sobre Sherlock como lógico faz a acertada observação de que "em contraste com Dupin, que é obra original de um matemático e poeta, Sherlock Holmes, mesmo em seu nível

vados, lábios comprimidos e suas veias saltavam, formando estrias em seu longo e vigoroso pescoço. Suas narinas pareciam dilatar-se com a luxúria de um animal diante da caça e sua mente estava tão intensamente concentrada no material a sua frente que qualquer pergunta ou comentário passava despercebido a seus ouvidos ou, no máximo, provocava um resmungo seco, impaciente, como resposta.

Referindo-se a essa passagem, Pierre Nordon comenta: "Aqui nós temos, diante de nossos olhos, um homem transformado, instantaneamente, em um cão de caça, a ponto de parecer quase haver perdido sua capacidade de fala e ter que se expressar através de sons" 91966:217), entregue, na verdade, a seus poderes instintivos, não-verbais, de percepção e abdução.

É a partir desse ato intuitivo de congregar indícios que Holmes é capaz de formular suas hipóteses, embora ele tenda a colocar ambos os processos perceptivo e hipotético sob a rubrica de "Observação", como ocorre na seguinte passagem do capítulo intitulado "A Ciência da Dedução", em SIGN, na qual Sherlock e Watson estão discutindo sobre um detetive francês de nome François le Villard:

(Holmes): "Ele possui duas das três qualidades necessárias ao detetive ideal. Ele tem o poder da observação e o da dedução. Falta-lhe apenas conhecimento..."[12]

(Watson): "... Mas você falou, agora mesmo, de observação e dedução. Seguramente, de certo modo, um implica o outro."

(Holmes): "Ora, não necessariamente... Por exemplo, a observação me aponta que você esteve no Correio da rua Wigmore esta manhã, mas a dedução me faz saber que, lá, você despachou um telegrama."

(Watson): "Correto!... Confesso, porém, que não entendo como você chegou a isso."

(Holmes): "É a própria simplicidade... tão absurdamente simples que qualquer explicação seria supérflua, mas pode servir, ainda assim, para definir os li-

---

mais teórico, é fruto de um cérebro de médico, e sempre tem seus pés firmemente plantados na terra". Hitchings, por outro lado, comete um equívoco quando afirma que "a maior parte do raciocínio de Sherlock é causal", citando o comentário do próprio detetive de que "raciocinar do efeito em direção à causa é menos freqüente e portanto mais difícil do que raciocinar da causa para o efeito" (*ibid*:115-16).

12. Watson observa que o conhecimento de Sherlock sobre "literatura sensacionalista" (é) imensa (STUD). Sherlock, de fato, mantém um arquivo atualizado sobre casos criminais incomuns e interessantes de todas as partes do mundo, ao qual ele constantemente recorre de modo a resolver algum caso por analogia como, por exemplo, em IDEN ou NOBL. "Sou capaz de me guiar por milhares de outros casos semelhantes que me vêm à memória", diz ele para Watson em REDH. Peirce se refere à analogia como sendo uma combinação de abdução e indução (e.g. 1.65, 7.98).

mites da observação e da dedução. A observação me revela que você tem um pouco de terra avermelhada aderida à sola dos sapatos. Exatamente em frente ao correio de rua Wigmore, eles retiraram o pavimento e jogaram ali alguma terra, disposta de tal maneira que é difícil evitá-la ao se entrar no local. A terra tem essa coloração avermelhada que, tanto quanto eu saiba, não se encontra em qualquer outro ponto da vizinhança. Assim é a observação. O resto é dedução."

(Watson): "Como você, então, deduziu o telegrama?"

(Holmes): "Ora, evidentemente, sei que você não escreveu nenhuma carta porque estive sentado diante de você toda a manhã. Sei também que lá em sua escrivaninha, que está aberta, você tem uma folha de selos e um gordo pacote de cartões postais. Por que iria, portanto, até o posto de correios se não para mandar um telegrama? Elimine todos os outros fatores e o que resta deve ser a verdade."

Watson, então, apresenta a Sherlock uma tarefa ainda mais difícil e, quando o detetive é novamente bem sucedido, pede-lhe que explique seu processo de raciocínio. "Ah!", responde Sherlock, "é sorte. Eu poderia apenas dizer qual foi o peso das probabilidades. Eu não esperava ser tão exato". Quando Watson lhe pergunta, então, se "não teria sido mero exercício de suposição", ele lhe diz: "Não, não, eu nunca faço suposições. Esse é um hábito horrível, destruidor da faculdade lógica", e atribui a surpresa de seu companheiro ao fato de que "você não segue atentamente a seqüência de meu pensamento ou observa os pequenos fatos, dos quais podem depender as inferências mais amplas".

Apesar de tais objeções, os poderes de observação de Sherlock, seu "gênio extraordinário para os pormenores", como Watson aponta, bem como seus poderes de dedução são, na maioria dos casos, construídos a partir de uma série complicada daquilo que Peirce chamaria de suposições. Nesse episódio mencionado, por exemplo, Holmes pode apenas supor que Watson, de fato, entrou no posto de correio, ao invés de ter apenas passado diante dele. Além do mais, Watson poderia haver entrado no correio para encontrar um amigo e não para tratar de algum negócio, e assim por diante.

A convicção de Holmes sobre a importância de se estudar os detalhes para que uma investigação seja bem sucedida pode ser confirmada na seguinte passagem:

"Você parece ter visto nela uma série de coisas que permaneceram invisíveis para mim", foi meu comentário.

"Não invisíveis mas despercebidas, Watson. Você não sabia para onde olhar e porisso perdeu tudo que era importante. Eu nunca consigo fazer você perceber a importância das mangas das roupas, o caráter sugestivo das unhas dos polegares ou as grandes pistas que estão atadas aos cadarços de uma bota. Agora, o que você conseguiu perceber da aparência daquela mulher? Descreva."

"Bem, ela tinha um chapéu de palha de aba larga, de um azul-acinzentado, com uma pluma de cor vermelho-tijolo. Sua jaqueta era preta, bordada com contas negras e com uma franja de delicados ornamentos negros. Seu vestido era marrom, mais escuro do que cor de café, com detalhes em pelúcia púrpura na gola e nas mangas. Suas luvas eram acinzentadas e estavam gastas na ponta do dedo indicador direito. Não observei suas botas. Ela usava um pequeno pingente de ouro redondo nas orelhas e um certo ar de estar razoavelmente bem para ir levando uma vida vulgar, confortável, despreocupada."

Sherlock Holmes estalou as mãos em um aplauso suave e riu furtivamente.

"Palavra de honra, Watson, você está se saindo muito bem. Fez um ótimo trabalho de fato. É bem verdade que deixou escapar todas as coisas importantes, mas você acertou no método e, ademais, tem um olho clínico para as cores. Nunca confie nas impressões gerais, mas concentre-se nos pormenores, meu caro. Eu sempre lanço o olhar, primeiramente, nas mangas de uma mulher. Em um homem, talvez seja melhor considerar primeiro a parte dos joelhos das calças. Como você observou, a mulher tinha pelúcia em suas mangas, o que é um material muito útil para mostrar pistas. A linha dupla um pouco acima do punho no exato lugar que a datilógrafa pressiona contra a mesa, estava maravilhosamente definida. Uma máquina de costura, de tipo manual, deixa marca semelhante, mas apenas no braço esquerdo, e na parte que é mais distante do polegar, ao contrário desta marca que mostra o vinco em quase toda a extensão. Então, dei uma olhadela no seu rosto e, observando a mancha deixada por um *pince-nez* de ambos os lados do nariz, aventurei um comentário sobre vista curta e datilografia, o que a deixou surpresa."

"Isso também me surpreende!"

"Mas, certamente, era óbvio. Naquele momento, eu estava interessado em, observar que, embora as botas que ela estava usando não fossem muito diferentes, uma da outra, não pertenciam ao mesmo par: uma possuía uma biqueira levemente decorada, e a outra, lisa. Uma trazia atados apenas dois botões, os inferiores, de um total de cinco; a outra, o primeiro, o terceiro e o quinto botões. Ora, quando você vê uma jovem senhora, em tudo vestida com esmero, mas que saiu de casa com botas desemparelhadas, meio desabotoadas, não é grande dedução dizer que ela saiu às pressas."

"E, que mais?", perguntei...

"Notei, de passagem, que ela escreveu um bilhete antes de sair, mas só após estar totalmente vestida. Você observou bem que sua luva direita estava furada no dedo indicador mas, aparentemente, não percebeu que tanto a luva quanto o dedo estavam manchados de tinta violeta. Ela estava escrevendo com pressa e enfiou a caneta muito fundo no tinteiro. Isso deve ter sido esta manhã ou a mancha no dedo não estaria tão evidente. Tudo isto é divertido, mas extremamente elementar..." (CASE)

O que torna Sherlock Holmes tão bem sucedido em suas investigações não é o fato de que ele não faz suposições, mas que ele as faz excepcionalmente bem. De fato, involuntariamente, ele segue o conselho de Peirce de selecionar as melhores hipóteses (vide 7.220-320). Parafraseando a afirmação de Peirce, poderíamos dizer que a melhor hipótese é aquela mais simples e mais natural[13], a mais fácil e menos dispendiosa de ser checada e que, além do mais, contribui para uma compreensão do espectro mais amplo de fatos possível. No episódio dos correios, as suposições de Sherlock sobre as ações de Watson foram as mais razoáveis, naquelas circunstâncias.

Ademais, elas lhe permitem, com um mínimo de bagagem lógica, alcançar um ponto a partir do qual ele pode, por meio de novas observações, testar algumas das predições retiradas de sua hipótese e, assim, reduzir enormemente o número de conclusões possíveis. Em outras palavras, Sherlock não apenas seleciona as hipóteses mais simples e mais naturais mas, também, "fragmenta uma hipótese em seus menores componentes lógicos e apenas experimenta um de cada vez", sendo este procedimento último o que Peirce descreve como sendo o segredo do jogo das Vinte Questões (7.220; cf. 6.529)[14]. Tomando a hipótese de que Wat-

---

13. "É uma antiga máxima minha", declara Sherlock, "que quando você excluiu o impossível, aquilo que resta, mesmo improvável, deve ser a verdade" (BERY; cf. SIGN, BLAN, BRUC). Cf. máxima de Peirce de que "Fatos não podem ser explicados por uma hipótese de modo mais extraordinário do que os próprios fatos; e, de diversas hipóteses, deve ser adotada a menos extraordinária" (Ms. 696). Ver Gardner 1976:125, que descreve o processo como se segue: "Como o cientista tentando resolver um mistério da natureza, Sherlock, em primeiro lugar, reúne todas as evidências que pode e que são relevantes para seu problema. A cada tanto, ele executa experimentos para obter dados novos. Ele, então, inspeciona as evidências como um todo à luz de seu vasto conhecimento sobre crime e/ou ciências relevantes para o crime, até chegar à hipótese mais provável. Deduções são feitas a partir da hipótese; então, a teoria é posteriormente testada em contraponto com nova evidência, revista se necessário, até que, finalmente, a verdade emerge, com grande probabilidade de certeza."

14. Sebeok (1979, Cap. 5) discute as reflexões de Peirce sobre a conjectura no contexto de alguns jogos de criança, por um lado, e de certas ilusões de palco, por outro. O Jogo das Vinte Questões é o equivalente verbal completo do Jogo de Quente e Frio, no qual o palpite verbal é mínimo, como também o é no aparentado Jogo do Sim e do Não, tão vivamente descrito por Dickens (1843, *Stave Three*). Uma sugestão não-verbal, emitida involuntariamente, guia o atuante em certos tipos de atos mágicos (nos quais as sugestões verbais são totalmente excluídas) na direção do objeto procurado. Essa comunicação não-verbal, ou *feedback*, vale também, de modo similar, para certos fenômenos "ocultos" como o movimento de mesas "giratórias" ou "falantes"*, transporte de objetos e escrita automática, e é a base de inúmeros tipos de atos mentalistas, diversamente conhecidos no meio dos mágicos como "ler os músculos" ou "ler o pensamento". Em atos desse tipo, "o espectador acredita que está sendo conduzido pelo mágico, quando, na verdade, é o artista que permite que *o espectador o conduza* por meio de tensões musculares inconscientes" (Gardner 1957:109; cf. idem 1978:392-96, onde novas referências-chave são fornecidas). Os mais competentes mentalistas estão aptos a dispensar completamente qualquer contato físico, achando o que estão buscando apenas por meio da observação das reações dos espectadores na sala. Exemplos da atuação de Persi Diaconis e de um artista que usa o nome de Kreskin são fornecidos por

son foi ao correio para realizar alguma tarefa postal, Sherlock deduz (no sentido de Peirce) que tal tarefa poderia ser postar uma carta, adquirir selos e/ou postais, ou expedir um telegrama. Ele, então, testa sistematicamente cada uma dessas possibilidades, chegando rapidamente à que resulta ser a possibilidade correta. Quando várias explicações são possíveis, "tenta-se, teste após teste, até que uma ou outra delas tenha uma base consistente de sustentação" (BLAN).

Como já notamos, Peirce afirmava que uma hipótese deve sempre ser considerada como uma pergunta e, embora todo o conhecimento novo surja de conjecturas, elas são inúteis sem o teste de averiguação. Sherlock comenta com Watson, em SPEC, "como é perigoso raciocinar sempre a partir de dados insuficientes". O detetive também parece concordar com Peirce (2.635; 6.524; 7.202) que os preconceitos, ou hipóteses que relutamos em submeter ao teste da indução são o maior obstáculo a um raciocínio bem sucedido. Sherlock comenta, por exemplo, que "cheguei a um ponto de não ter mais preconceitos" (REIG; cf. ABBE, NAVA). A admiração de Peirce pelas grandes figuras da história da ciência, como Kepler, surge dessa extraordinária capacidade que eles têm de sustentar a cadeia suposição-teste-suposição.

É neste ponto, concernente à manutenção da objetividade relativa aos fatos de um caso, que Sherlock, assim como Peirce na história que abre este livro, encontra-se em vantagem frente aos representantes oficiais da polícia, ou, no caso de Peirce, frente aos profissionais de Pinkerton[15]. Em BOSC, por exemplo, Sherlock tenta apontar algumas pistas

---

Sebeok (*ibid*). Esses casos apresentam uma assombrosa semelhança com a história de Peirce (1929). Diaconis, além de ser um dos mais talentosos mágicos contemporâneos, é também um dos mais notáveis especialistas na sofisticada análise estatística da conjectura e das estratégias de jogo, bem como na aplicação de técnicas inéditas à pesquisa parapsicológica (embora até aqui com resultados totalmente negativos. Ver Diaconis, 1978:136). Também merece ser mencionada a observação de Scheglov (1976:63) acerca do crescimento da tensão e excitação em Sherlock, à medida que seu raciocínio lógico gradualmente "vai se aproximando do criminoso e levanta a beirada da cortina (temos aqui exatamente o mesmo efeito que ocorre no jogo infantil do "Quente ou Frio", no qual a área de busca vai diminuindo e se tornando "cada vez mais quente")". A "leitura muscular" que alcançou o auge de sua popularidade pública nos Estados Unidos, também tornou-se popular como jogo de salão sob o nome de *willing***.

* No original *Ouija board*, mesa na qual estão dispostas as letras do alfabeto e outros signos, passíveis de serem "lidos" por meio de um ponteiro que capta, formando frases, as mensagens do além. (N. da T.)

** Literalmente "estar pronto, disposto". (N. da T.)

15. Duas histórias de Sherlock, por sinal, dão destaques a detetives da Agência Nacional de Detetives Pinkerton: Young Leverton, que tem um pequeno papel em REDC, e Bir-

importantes para o detetive da Scotland Yard, Inspetor Lestrade, quem, como de hábito, não consegue ver a relação entre os pormenores descobertos por Sherlock e o crime que está sendo investigado. Quando ele responde "Temo que eu ainda seja cético", Sherlock replica, calmamente, "Trabalhe você com seu próprio método, eu trabalharei com o meu". Posteriormente, Sherlock descreve essa conversa a Watson como segue:

"Examinando o terreno, obtive os insignificantes detalhes que forneci ao imbecil do Lestrade, como sendo da personalidade do criminoso".
"Como você os obteve?"
"Você conhece meu método. Está baseado na observação de insignificâncias."

Nas histórias de Sherlock, o que freqüentemente descaminha a polícia no começo da investigação de um crime é que ela tende a adotar a hipótese que corresponde, aparentemente, a uns poucos fatos extraordinários, ignorando "insignificâncias", e, além do mais, recusando-se a considerar dados que não concorram para sua posição. "Não há nada mais decepcionante do que um fato óbvio", diz Sherlock em BOSC. A polícia também comete o "pecado capital" de teorizar antes de ter todas as evidências (STUD). O resultado é que, "insensivelmente", ela começa "a torcer os fatos para servir à teoria, ao invés de a teoria servir aos fatos" (SCAN)[16]. A desconfiança mútua que resulta dessa diferença máxima de metodologia perpassa todas as histórias de Sherlock. Em REIG, Watson comenta com um oficial do interior, Inspetor Forrester, que "acabei descobrindo que havia método em sua (de Sherlock) loucura", ao que replica o Inspetor: "Alguns companheiros diriam que havia loucura em seu método"[17].

Não somos os primeiros a apontar a importância da suposição no método de investigação de Sherlock Holmes. Régis Messac, por exemplo, referindo-se ao fato de Sherlock ler a mente de Watson em CARD (cf. a cena quase idêntica em algumas edições de RESI), nota que haveria milhões de coisas sobre as quais Watson poderia estar pensando en-

---

dy Edwards, aliás John ("Jack") McMurdo, aliás John ("Jack") Douglas, que foi quem, provavelmente, foi jogado ao mar do St. Helena pela gangue de Moriarty (na conclusão de VALL).

16. Veja o comentário de Castañeda acerca dessa passagem (1978:205), "que filósofos *in fieri* podem se beneficiar com os diversos princípios metodológicos que Sherlock Holmes formula e ilustra em suas diferentes aventuras..."

17. Um interessante paralelo encontra-se em *Zadig* (Cap. 3), de Voltaire, no qual a inteligente leitura das pistas feita por Zadig é responsável por sua prisão, julgamento e condenação.

quanto olhava para os retratos do General Gordon ou de Henry Ward Beecker, e que Sherlock, de fato, estava fazendo suposições (1929:599). Messac está certo em apontar que, embora Sherlock admita, ocasionalmente, que uma espécie de instinto de suposição esteja envolvido em seu trabalho (e.g., ele admite, em STUD, que seus "curiosos dons de instinto e observação" se devem a "uma espécie de intuição", – um sentimento que retoma em SIGN e THOR), ele, mesmo assim, "afirma a realidade da 'dedução'" (1929:601). Messac argumenta, também, que as deduções de Sherlock não são verdadeiramente deduções, bem como não são induções propriamente ditas, "mas, antes, raciocínios fundados na observação de um fato particular e que conduzem, através de imposturas mais ou menos complexas, a outro fato particular" (1929:602). E Nordon conclui que "é preciso dizer que, na prática, ele (Sherlock) obtém resultados muito mais conclusivos da observação que dos processos lógicos" (1966:245).

Marcello Truzzi, em um artigo especulativo (Cap. 3 deste livro) sobre o método de Sherlock, antecipou nosso presente trabalho ao apontar as semelhanças entre as assim chamadas deduções, ou induções, do detetive, e as abduções, ou conjecturas, de Peirce. Além do mais, de acordo com o sistema lógico de Peirce, as observações de Sherlock são, elas mesmas, uma forma de abdução, e abdução é um tipo tão legítimo de inferência lógica quanto a indução ou a dedução (Peirce 8.228). De fato, Peirce sustenta que:

> Nada tem contribuído mais para as atuais idéias caóticas ou errôneas da lógica da ciência do que a incapacidade em distinguir as características essencialmente diferentes dos diferentes elementos do raciocínio científico; e uma entre as piores dessas confusões, também uma das mais corriqueiras, consiste em juntar abdução e indução (freqüentemente misturadas também com dedução) como um argumento simples (8.228)[18].

Peirce admite que ele próprio "confundiu, de certo modo, Hipótese e Indução... em quase tudo que imprimiu antes do início deste século" (8.227), e atribui a confusão entre esses dois tipos de raciocínios ao caráter "estreito e formalista" da "concepção de inferência (como tendo ne-

---

18. Peirce admite que ele próprio "mais ou menos misturou Hipótese com Indução... em quase tudo que publicou antes do começo deste século" (8.227). No que concerne à história da confusão entre esses dois tipos de raciocínio, resultante do fato de lógicos possuírem "uma concepção bastante estreita e formalista da inferência (como necessariamente formulando julgamentos a partir de suas premissas)" (2.228), ver também 5.590-604, Ms. 475, Ms. 1146.

cessariamente que formular julgamentos a partir de suas premissas)", adotada pelos lógicos (2.228; cf. 5.590-604; Ms. 475; Ms. 1146).

Abdução e indução, naturalmente, "levam ambas à aceitação de uma hipótese, porque os fatos observados são exatamente os que resultariam, necessária ou provavelmente, como conseqüências daquela hipótese". Porém:

> A abudção se inicia a partir dos fatos, sem que, nesse começo, haja qualquer teoria particular em vista, embora seja motivada pelo sentimento de que a teoria é necessária para explicar os fatos surpreendentes. A indução se inicia de uma hipótese, que parece recomendar a si própria, sem que, nesse começo, hajam quaisquer fatos em particular à vista, embora sinta necessidade de fatos para sustentar a teoria. A abdução persegue uma teoria, a indução persegue fatos. Na abdução, a consideração dos fatos sugere a hipótese. Na indução, o estudo da hipótese sugere a experimentação que traz à luz os próprios fatos, para os quais a hipótese havia apontado. (7.218)

Tomando um exemplo, que poderia ter sido retirado de um dos casos de Sherlock, Peirce fornece a seguinte demonstração da diferença entre esses dois tipos de raciocínios:

> Uma certa mensagem anônima está escrita em um pedaço rasgado de papel. Suspeita-se que o autor seja uma determinada pessoa. Sua escrivaninha, à qual apenas ele tem acesso, é revistada e aí é encontrado um pedaço de papel cuja rasgadura encaixa-se perfeitamente, em todas as suas irregularidades, naquele pedaço em questão. Seria uma inferência hipotética justa concluir que o homem suspeito fosse, de fato, o autor. A base dessa inferência é o fato de que, evidentemente, dois pedaços rasgados de papel muito dificilmente poderiam encaixar-se por puro acaso. Por esse motivo, de um grande número de inferências desse tipo, apenas uma muito pequena percentagem resultaria equivocada. A analogia entre hipótese e indução é tão forte que alguns lógicos as confundem. A hipótese tem sido chamada de indução de caracteres (ou características). Um certo número de caracteres pertencentes a uma determinada classe são encontrados em um determinado objeto, de onde se infere que todos os caracteres daquela classe pertencem ao objeto em questão. Isto certamente envolve o mesmo princípio da indução, ainda que de uma maneira modificada. Em primeiro lugar, os caracteres não são susceptíveis de uma enumeração simples como os objetos; em segundo lugar, os caracteres se juntam por categoria. Quando formulamos uma hipótese como essa sobre o pedaço de papel, apenas examinamos uma única linha de caracteres, ou talvez duas ou três, e não tomamos nenhum espécime de todas as outras. Se a hipótese é apenas uma indução, tudo o que deveríamos justificar ao concluir, no exemplo acima, seria que os dois pedaços de papel que combinaram em tais irregularidades, como foi comprovado, deveriam casar-se em outras irregularidades, digamos, menores. A inferência que conduz da forma do papel a seu

proprietário é, precisamente, o que distingue a hipótese da indução, e a torna um passo mais arrojado e mais perigoso (2.632).

Sherlock reconhece, indiretamente, a natureza mais perigosa da hipótese quando defende o uso da "imaginação" (RETI, SILV), da "intuição" (SIGN), e da "especulação" (HOUN). Deve-se estar pronto para imaginar o que aconteceu e agir segundo tal conjectura, e isso nos conduz "a uma região onde pesamos as probabilidades e escolhemos a mais verossímel" (HOUND).

Sherlock era conhecido por oscilar entre a decisão quase desvairada do cão de caça na trilha de sua presa e uma espécie de devaneio letárgico, uma combinação que John G. Cawelti chama de "vitalização do estereótipo" (1976:II,58), uma síntese imaginativa dos tipos de figuras I.I. que Revzin apelidou de "fusão", também com referência específica à ficção detetivesca (1978:385-388). O esquema, nesse contexto, deriva, evidentemente, do ambíguo Dupin, de Poe. Watson demonstra, na passagem que segue, que esse último tipo de atividade era também importante para as investigações de Sherlock:

> Meu amigo era um músico entusiasmado, sendo não apenas um instrumentista capaz, mas também um compositor de mérito incomum. Todas as tardes, ele se sentava na poltrona, envolto na mais perfeita felicidade, balançando suavemente seus longos, finos dedos no ritmo da música, enquanto sua face gentilmente risonha e seus olhos lânguidos, sonhadores, em nada se assemelhavam aos de Sherlock, o cão de caça, do implacável, sagaz, hábil Sherlock, o agente criminal. No seu caráter singular, a natureza dual se firmava alternadamente, e suas extremas precisão e astúcia representavam, como pensei freqüentemente, a reação contra o estado poético e contemplativo que ocasionalmente predominava nele. A oscilação de sua natureza levava-o de um langor extremo a uma energia arrasadora e, como eu bem o sabia, ele nunca era tão verdadeiramente formidável como quando, por dias inteiros, deixava-se ficar em sua poltrona, entregue a suas improvisações e suas edições góticas. Isso indicava que, subitamente, a luxúria da caça tomaria conta dele e que seu brilhante poder de raciocínio ascenderia ao nível da intuição, fazendo com que aqueles que não tivessem familiaridade com seus métodos o fitassem com desconfiança, como a um homem cujos conhecimentos não fossem os de um comum dos mortais. Quando eu o vi, naquela tarde, tão enlevado pela música, no St. James Hall, percebi que se avizinhavam tempos terríveis para aqueles a quem Sherlock se havia disposto a caçar. (REDH)

Peirce também abordou o relacionamento entre tais atividades mentais e práticas mais corriqueiras. Ele escreve: "Há uma certa agradável ocupação da mente que... não tem nenhum outro propósito que o de afastar qualquer propósito sério" e à qual "estive, por vezes, meio inclinado a chamar... devaneio com alguma qualificação; porém, para um tal quadro da mente, tão oposto à vacância e à quimera, essa designação seria uma penosa impropriedade. Na verdade, ele é Puro Jogo" (6.458). A um tipo de Jogo Puro, "um vivaz exercício dos poderes de cada pessoa... sem regras, exceto a própria lei da liberdade", Peirce chama *Musement* (Ruminação), e o define como um processo pela qual a mente busca "alguma conexão entre dois dos três Universos da Experiência (i.e., das Idéias, da Realidade Bruta e dos Signos (6.455)), com especulação concernente a sua causa" (6.458). A Ruminação:

começa muito passivamente, embebendo-se na impressão de algum recesso em um dos três Universos. Mas, a impressão logo se torna observação atenta, a

Sherlock Holmes disfruta enlevado um concerto, em "A Liga dos 'Cabeça Vermelha' ". Ilustração de Sidney Paget para *The Strand Magazine*, agosto, 1891.

observação se transforma em meditação, meditação em intercâmbio de comunhão consigo mesmo. Se se permite que as observações e as reflexões se desenvolvam por si mesmas em profundidade, o Jogo se converterá em estudo científico... (6.459).

O crime, como nota Peirce, se presta particularmente à aplicação da Ruminação. Citando as observações de Dupin, referentes a "Os Crimes da Rua Morgue" (a saber: "Parece-me que este mistério é considerado insolúvel pela mesma razão que o faria ser encarado como de fácil solução. Refiro-me ao caráter *outré* de seus delineamentos"), Peirce nota que "aqueles problemas que, a primeira vista, parecem totalmente insolúveis recebem, na própria circunstância... suas chaves mais reveladoras. Isso o habilita, em particular, ao Jogo de Ruminação" (6.460; ver Sebeok 1981)[19].

Concordamos, então, embora por motivos diferentes, com a opinião de Nordon de que "como a criação de um médico que esteve embebido no pensamento racionalista do período[20], o ciclo Sherlockiano nos oferece, pela primeira vez, o espetáculo de um herói triunfando uma vez mais e sempre através do método lógico e científico. E a proeza do herói é tão maravilhosa quanto o poder da ciência, que, na esperança de muitas pessoas, e Conan Doyle em primeiro lugar, poderia conduzir a um aprimoramento material e espiritual da condição humana" (1966:247).

DOENÇA, CRIME E SEMIÓTICA

As raízes da semiótica estão fundadas em antigos tratados médicos (Sebeck 1976:4,125f., 181f.; 1979:Cap. I), ilustrando a argumentação de Peirce de que "falando de modo genérico e simplista, pode-se dizer que

---

19. Cf. os comentários de Sherlock de que "Tenho lhe explicado com freqüência que tudo aquilo que é fora do comum funciona normalmente mais como guia do que como obstáculo" (STUD); "A singularidade é, quase invariavelmente, uma pista" (BOSC); "Quanto mais *outré* e grotesco é um incidente, mais cuidadosamente ele merece ser examinado, e aquele determinado aspecto que parece complicar um caso torna-se, quando cuidadosamente considerado e cientificamente manipulado, o mais provável fator de elucidação do mesmo" (HOUN); e "É apenas o caso insípido, rotineiro, que não tem solução" (SHOS).

20. Além de seu treinamento médico especializado, Conan Doyle foi contaminado com o entusiasmo geral pela ciência que vigorava na Inglaterra de sua época. Pela metade do século dezenove, a ciência tornou-se parte integrante do pensamento inglês em todos os níveis, e havia, em geral, um "tom dominante de racionalidade positivista" (Messac 1929:612; cf. Nordon 1966:244). O próprio Conan Doyle comenta que "é preciso lembrar que aqueles foram os anos nos quais Huxley, Tyndall, Darwin, Herbert Spencer e John Stuart Mill eram nossos principais filósofos e que mesmo o homem da rua podia sentir a vi-

as ciências se desenvolveram a partir das artes utilitárias, ou a partir das artes supostamente úteis". Assim como a astronomia evoluiu da astrologia, e a química da alquimia, o mesmo ocorreu com a "fisiologia, tomando a medicina como parcialmente desenvolvida a partir da magia" (1.266). Peirce parece ter sido bastante versado na história e teoria da medicina. Sua família o considerava destinado a uma carreira em química e facilitou-lhe o acesso à biblioteca médica de seu falecido tio Charles, que fora clínico (Fisch: comunicação pessoal). Em pelo menos um lugar (2.11n1), Peirce arrolou alguns dos livros de história da medicina que havia consultado. Em 1933, em uma entrevista com Henry S. Leonard (um estudante graduado em filosofia por Harvard, que havia sido enviado à casa de Peirce em Milford, Pennsylvania, logo após a morte da viúva, Juliette Peirce, para recolher alguns manuscrito remanescentes), G. Alto Pobe, último médico a tratar de Peirce, proclamou que

> Peirce conhecia mais medicina do que eu próprio. Quando ia visitá-lo, costumava ficar entre meia e uma hora. Era agradável conversar com ele. Assim que eu chegava, ele se punha a falar de seus sintomas e do diagnóstico de sua enfermidade. Então, ele me fornecia a história completa do tratamento para aquela doença. Depois, me dizia o que deveria ser prescrito para aquele caso. Ele nunca se equivocou. Dizia-me que precisava me solicitar a prescrição da receita porque não tinha título de doutor em medicina (Notas de Max H. Fisch).

Peirce afirmava que, no que concernia a problemas estatícos relacionados a amostragem e indução, "os médicos... merecem menção especial devido ao fato de que desde Galeno, sempre tiveram uma tradição de lógica própria" e que, "em seu combate ao raciocínio '*post hoc, ergo propter hoc*' " reconhecem, "embora vagamente", a regra da indução, que estabelece que "precisamos primeiramente decidir por qual característica nos propomos a examinar a amostra e, só depois dessa decisão, examinar a amostra" (1.95-97). Por outro lado, Peirce reconhece que a medicina, essa "profissão materialista" (8.58) não adere facilmente a outra das máximas da indução, a qual requer que as amostras não sejam pequenas:

> É pela violação dessa máxima que as cifras são feitas para mentir. As estatísticas médicas, em particular, são, na maioria das vezes, desprezivelmente reduzidas, bem como dão margem à suspeita de serem escolhidas a dedo. Estou me

---

gorosa e radical corrente de seus pensamentos..." (1924:26). Hitchings (1946:115) compara explicitamente a lógica de Sherlock com a de Mill: "o método habitual (de Sherlock) de resolver esses difíceis problemas é por si mesmo uma versão ampliada do Método de Resíduos de Mill".

referindo, agora, a estatísticas de médicos reputados. É extremamente difícil coletar fatos numerosos relativos a algum ponto obscuro em medicina, e é ainda mais difícil tornar evidente que tais fatos são uma justa representação do andamento geral dos eventos. Isso contribui para o lento progresso da ciência médica, não obstante o imenso estudo que tem sido aí aplicado, e também para os grandes equívocos que, amiúde, serão acolhidos pelos médicos, através dos séculos. Por certo, não há ramo da ciência que seja tão difícil de todos os pontos de vista. É necessário, realmente, uma grande mente para se fazer uma indução médica. Isto é óbvio demais para exigir provas. Há tantas influências perturbadoras – idiossincrasias pessoais, misturas de tratamento, influências acidentais e desconhecidas, peculiaridades de clima, raça e estações – que seria particularmente importante que os fatos pudessem ser numerosos e pudessem ser examinados por olhos de lince para prever falhas. E, além do mais, é especialmente difícil recolher fatos em medicina. A experiência de cada homem pode, freqüentemente, ter um peso decisivo e nenhum homem pode julgar assuntos que estão além de seu conhecimento em medicina: ele precisa confiar no julgamento dos outros. Assim, embora uma prova deva ser recolhida nessa ciência com mais cuidado e mais extensivamente do que em qualquer outra, é nela, mais do que em qualquer outra, que os requisitos são difíceis de serem preenchidos.

Nada, portanto, manifesta de modo mais deplorável a frouxidão de raciocínio das pessoas em geral do que a prontidão de nove entre dez pessoas de se pronunciarem sobre os méritos de um medicamento aplicado em uma experiência a mais limitada, inexata e predisposta possível e considerá-la como experiência global. Qualquer velhota que tenha visto qualquer melhora de sintomas ocorrer em conseqüência de administração de um medicamento em doze casos sob qualquer aspecto semelhantes, não hesitará em anunciá-lo como cura infalível para qualquer caso semelhante a qualquer um dos doze, sob qualquer condição. Isso é chocante. E, o que é ainda pior, o tratamento será recomendado mesmo a partir de um conhecimento boateiro sobre um ou dois casos.

Observem, eu suplico, a combinação de falácias envolvidas em tal procedimento. Em primeiro lugar, nenhuma indução pode ser extraída com propriedade a menos que se tenha obtido uma amostra de alguma classe definida. No entanto, essas tolas criaturas – que acreditam que apenas por despender algum tempo na sala do enfermo as torna o próprio Galeno – são totalmente incapazes de definir a moléstia em questão. Suponhamos, por exemplo, que se trate de *diptheria (sic)*. Como podem saber que é difteria por uma dor de garganta? Suas amostras são, na realidade, amostras de classe nada definida.

Em segundo lugar, o número de suas ocorrências raramente é suficiente para a mais simples indução. Em terceiro lugar, as ocorrências são, muito provavelmente, derivadas de rumores. Ademais, além da inexatidão que se agrega a esse tipo de evidência, é mais provável que ouçamos falar dos casos extraordinários, no que concerne a sua freqüência, do que dos casos ordinários. De modo que, levar em conta tais ocorrências é pinçar amostras. Em quarto lugar, o predicado que pertence a todos os casos em comum é, no geral, extremamente vago. Em quinto lugar, usualmente, quando se faz uma dedução com respeito a um caso à mão, não se considera cuidadosamente se ele pertence, de fato, à categoria da qual a amostra foi retirada. Em sexto lugar, tende-se mais a considerar os predicados do caso que se tem à mão do que aqueles encontrados em exemplos prévios. Todas essas falácias são combinadas em uma espécie de argumento, de cuja instância não conseguimos passar nem mesmo uma semana sem ouvir falar a respeito (Ms. 696)[21].

À medida que a própria personagem Sherlock Holmes pratica os métodos da medicina[22], um elemento de arte e magia é mesclado à lógica da descoberta científica que ele persegue. Em nossa opinião, é isso que faz com que Sherlock se destaque, enquanto personagem, do método mais puramente lógico do detetive Dupin, de Edgar Allan Poe.

Agora, já é fato reconhecido que Conan Doyle, ele mesmo médico praticante até que as histórias de Sherlock o tornassem rico o suficiente para abdicar de sua profissão, moldou a personalidade de Sherlock Holmes a partir de seu professor, Dr. Joseph Bell, da Hospital Real de Edinburgh. A utilização parcial de um médico como modelo por Conan Doyle foi, no entanto, uma tentativa consciente de introduzir um método científico mais rigoroso do que até então tinha sido utilizado na investigação criminal. Messac observa corretamente que Doyle imitou a Bell no que concerne ao diagnóstico ampliado para a vida e para a personalidade global do paciente, e que diagnóstico "nunca é absolutamente rigoroso; implica irresoluções, erros". A investigação de um crime, como a medicina, é uma espécie de "pseudo-ciência" (1929:617)[23]. Escrevendo sobre a criação de STUD, Doyle afirmou:

21. Como Gould (1978:504) confirmou recentemente, "a trapaçaria, a adulteração e o ajeitamento (de dados), seja de modo inconsciente ou vagamente percebido, são excessivos, endêmicos e inevitáveis em uma profissão que conquista *status* e poder para a descoberta limpa e inequívoca". Em resumo, tal manipulação de dados pode ser uma norma científica. Cf. Gardner 1981:130.

22. Revisando o grande número de exemplos de diagnósticos médicos na história de Sherlock (em especial enfermidades do coração e doenças tropicais), Campbell (1935:13), ele mesmo um especialista em coração, conclui que, clinicamente falando, "Watson parece ter sido excelentemente informado." É interessante notar que, enquanto Watson emprega, com sucesso, o método lógico de diagnóstico no que se refere à patologia do corpo, ele é particularmente inepto na transferência desse método para a detecção do crime e se constitui um exemplo de alguém que é apenas parcialmente versado em *logica docens* (ver abaixo).

23. Com referência ao lado artístico da medicina, Messac observa corretamente que Conan Doyle seguiu Bell no que concerne à extensão do diagnóstico à personalidade e à vida integral do paciente e que o diagnóstico "n'a jamais une rigueur absolue; il comporte des flottements, des erreurs"*. A detecção do crime, como a medicina, é uma espécie de "pseudo-ciência" (1929:617). De acordo com Thomas (1983:32), "a medicina passou a ter uma tecnologia baseada em ciência genuína" por volta de 1937.

* O diagnóstico "não possui um rigor absoluto; comporta variações, erros". (N. da T.)

Gaboriau me atraiu principalmente pelo esmerado ensamblamento de suas tramas, e o magistral detetive de Poe, *Chevalier* Dupin, foi um dos meus heróis desde os meus tempos de garoto. Poderia ser capaz, porém, de acrescentar-lhes algo de meu? Pensei em meu antigo professor, Joe Bell, em sua fisionomia de águia, em seus modos curiosos, em suas misteriosas artimanhas repletas de detalhes excitantes. Se ele fosse um detetive, certamente converteria esse negócio fascinante mas desordenado em algo próximo de uma ciência exata (1924:69).

Doyle estava impressionado com a excepcional habilidade de Bell quanto a diagnósticos, "não apenas de doença, mas de ocupação e caráter". Ele era encarregado dos pacientes externos de Bell, o que significava que ele "ordenava os assuntos dos pacientes externos, fazia anotações simples de seus casos e, então, os apresentava, um por um, na ampla sala na qual se encontrava Bell sentado, em grande estilo, cercado por seus assistentes e pupilos." (1924:20). Desse modo, o jovem estudante de medicina "teve amplas oportunidades de estudar seus (Bell) métodos e perceber que ele ficava sabendo mais sobre o paciente por meio de umas poucas miradas" (*ibid*.) do que através das séries de inquirições feitas pelo próprio Doyle, que precediam a entrevista com o doutor.

Ocasionalmente, os resultados eram bastante dramáticos, embora houvesse vezes em que ele se equivocava. Em um de seus melhores casos, ele disse a um paciente civil:
"Bem, meu homem, você esteve no Exército."
"Sim, senhor."
"Não faz muito que deu baixa."
"Não, senhor."
"Um regimento nas montanhas?"
"Sim, senhor."
"Sargento?"
"Sim, senhor."
"Aquartelado em Barbados?"
"Sim, senhor."
"Vejam, senhores", ele explicaria, "o homem aparentava ser uma pessoa de respeito, e, no entanto, não tirara o chapéu. Eles não o fazem, no Exército, e, por outro lado, ele teria aprendido modos civis se tivesse dado baixa há muito tempo. Ele possuía um ar de autoridade e trata-se, obviamente, de um escocês. Quanto a Barbados, sua enfermidade é elefantíase, que é das Índias Ocidentais e não britânicas."

Para sua audiência de Watsons tudo parecera quase milagroso até que fora explicado e, então, se tornara extremamente simples. Não é de admirar que após o estudo de tal caráter, eu tenha usado e amplificado seus métodos quando, mais tarde, tentei construir um detetive científico que resolvesse casos por seus próprios méritos e não por, e apesar dos, desatinos do criminoso (1924:20-21).

Um retrato quando jovem do Dr. Joseph Bell, de Edinburgo, sob cuja inspiração Conan Doyle construiu sua personagem. Note-se o perfil caracteristicamente sherlockiano. Reproduzido de Haycraft 1941:48.

Enquanto que o diálogo de Barbados foi o único exemplo da perícia de Bell em observação e dedução registrado pelo próprio Doyle, diversos outros relatos de atuações memoráveis de Bell, anotados por médicos que eram estudantes, como Doyle, em Edinburgh, ou amigos do Doutor Bell e sua esposa, foram publicados e são revistos por Trevor Hall (1978:80-83). William S. Baring-Gould reproduziu um dos episódios menos conhecidos (tirado de *Lancet*, 1º de agosto, 1956):

> Uma mulher com uma criança pequena foi introduzida na sala. Joe Bell disse-lhe bom dia e ela respondeu, bom dia.
> "Que tal foi a viagem de Burntisland até aqui?"
> "Eu vim com um guia."
> "E o guia a trouxe pela Alameda Inverleith?"

"Sim."
"E o que você fez com a outra criança?"
"Eu a deixei com minha irmã em Leith."
"E você continua trabalhando na fábrica de linóleo?"
"Sim, continuo."*

"Como vêem, senhores, quando ela disse bom dia, notei seu sotaque da região de Fife e, como todos sabem, a cidade de Fife mais próxima daqui é Burntisland. Vocês devem ter notado as marcas de barro vermelho que ela trazia na sola do sapato, e tal tipo de terra, num raio de vinte milhas de Edinburgh, só se encontra no Jardim Botânico. A Alameda Inverleith margeia o jardim e é, para quem vem de Leith, o caminho mais curto para se chegar até aqui. Vocês terão observado que o casaco que trazia sobre o braço era muito grande para a criança que estava com ela e, por conseguinte, deve ter saído de casa com duas crianças. Finalmente, ela tinha dermatite nos dedos da mão direita, o que é característico dos trabalhadores da fábrica de linóleo de Burntisland" (1967: vol. I,7).

Ou consideremos o seguinte relato de uma entrevista com Doyle, em junho de 1892, publicado originalmente em forma de artigo por Harry How sob o título "Um dia com Conan Doyle", que apareceu no *Strand Magazine* em agosto do mesmo ano e foi reeditado por Hall (1978:82-83):

(Em Edinburgh) eu encontrei o homem que me inspirou Sherlock Holmes... seus poderes intuitivos eram simplesmente maravilhosos. O cliente n° 1 havia se aproximado. "Já sei", disse o Sr. Bell, você está sofrendo por causa da bebida. Até leva um pequeno frasco no bolso interno de seu casaco". Em seguida, viria outro cliente. "Vejo que é sapateiro." Ele, então, voltou-se para os estudantes e apontou-lhes a parte lateral interna da calça à altura dos joelhos que estava gasta. Era o lugar onde estaria apoiada a pedra utilizada para bater o couro – peculiaridade encontrada apenas no ofício de sapateiro.

Hall (1978:78) também observa que Doyle reconhece seu débito para com Bell no verso da primeira página de *As Aventuras de Sherlock Holmes* (1892), onde ele dedica o livro a seu antigo professor. Mais adiante, Hall relata que, em uma carta a Bell, de 4 de maio de 1892, Doyle escreveria:

É mais do que certo que devo Sherlock Holmes ao senhor e, embora eu tenha tido a prerrogativa de ser capaz de colocar (o detetive) em todas as espécies de situações dramáticas nas histórias, não penso que o trabalho analítico dele se-

---

* Neste diálogo, o Dr. Bell adota o mesmo linguajar da mulher, algo intraduzível para o português. (N. da T.)

ja, de modo algum, uma exageração de alguns dos efeitos que vi o senhor produzir na ala dos pacientes externos. Em torno do eixo de dedução e inferência e observação, o qual eu o ouvi inúmeras vezes enfatizar, tentei construir um homem que levasse a coisa até o extremo possível – e, ocasionalmente, até mais longe – e estou muito feliz de que os resultados o tenham agradado, ao senhor que é o crítico com maior direito de ser severo (1978:78).

Certamente, a passagem que se segue reproduz de modo estupendo um dos episódios envolvendo Joseph Bell. Sherlock e seu irmão Mycroft estão sentados junto à janela encurvada (cf. Sebeok 1981: Cap. 3) do Clube Diogenes, quando Mycroft diz:

"Para alguém que deseja estudar a espécie humana, temos aqui uma excelente oportunidade... Veja que tipos magníficos! Veja, por exemplo, esses dois homens que estão vindo nesta direção."

"O marcador de bilhar e o outro?"

"Exatamente. O que você me diz do outro?"

Os dois homens estavam parados do outro lado da janela. Algumas marcas de giz no bolso do colete eram os únicos sinais de bilhar que eu (Watson) pude notar em um deles. O outro era um indivíduo pequeno, sombrio, com o chapéu colocado para trás e diversos embrulhos sob o braço.

"Um velho soldado, eu percebo", disse Sherlock.

"E que deu baixa há pouco", comentou o irmão.

"Vejo que serviu na Índia".

"Um oficial subalterno."

"Artilharia Real, imagino", disse Sherlock.

"E viúvo".

"Mas com um filho".

"Filhos, meu caro rapaz, filhos."

"Vamos", disse eu (i.e. Watson), rindo, "isso é um pouco demais".

"Certamente", respondeu Sherlock, "não é muito difícil perceber que um homem com esse porte, com essa expressão de autoridade e com a pele marcada pelo sol seja um soldado, mais que um soldado raso e até há pouco na Índia."

"Que ele não deixou há muito o serviço militar pode ser comprovado pelo fato de que ainda está usando suas botas de campanha", observou Mycroft.

"Ele não tem o modo de andar da Cavalaria, todavia, usa seu chapéu tombado para um dos lados, como demonstra a pele mais clara daquele lado da testa. Seu peso não convém à tarefa de sapador. Ele pertence à artilharia."

"E, naturalmente, seu luto fechado indica que ele perdeu alguém muito querido. O fato de que está fazendo suas próprias compras leva a crer que se trata de sua mulher. Ele esteve comprando coisas para crianças, nota-se. Há um chocalho, o que indica que uma delas é muito pequena. A mulher, provavelmente, morreu ao dar a luz. O fato de que leva um livro de gravuras sob o braço revela que há uma outra crianças com quem ele deve se preocupar." (GREE)

Retrato de Mycroft Holmes. Ilustração de Sidney Paget para "O Intérprete Grego", *The Strand Magazine*, setembro, 1893.

O próprio Bell apresenta a semelhança entre crime e doença na seguinte passagem, escrita em 1893 e mencionada por Starrett (1971:25-26):

> Procurem aprender as características de uma doença ou de um ferimento, senhores, tão precisamente quanto conhecem o aspecto, o modo de andar, as peculiaridades de comportamento de seu mais íntimo amigo. A este, vocês podem reconhecê-lo de imediato, mesmo no meio de uma multidão. Pode-se tratar de uma multidão de homens todos vestidos de modo semelhante e cada um dotado de todos os seus complementos de olhos, nariz, cabelos e membros. Naquilo que é essencial, eles se assemelham um ao outro; diferem apenas nos pequenos detalhes – e, contudo, conhecendo bem esses detalhes, você efetua o reconhecimento

ou o diagnóstico facilmente. *O mesmo ocorre com as moléstias da mente ou do corpo ou morais*[24]. Peculiaridades raciais, traços de conduta hereditários, sotaque, ocupação ou a falta dela, educação, circunstâncias de qualquer espécie, por suas pequenas impressões triviais, moldam ou entalham o indivíduo e deixam marcas digitais ou sulcos de formão que podem ser detectados por um perito. As características de natureza mais ampla que, à primeira vista, podem ser reconhecidas como indicativas de enfermidades ou definhamento do coração, alcoolismo crônico ou prolongada perda de sangue são domínio comum até para o mais acanhado principiante em medicina, enquanto que para os mestres de sua arte há miríades de signos eloqüentes e instrutivos, os quais, no entanto, exigem olhar educado para descobrir... *A importância do infinitamente pequeno é incalculável.* Envenene um poço em Meca com o bacilo do cólera e a água sagrada que os peregrinos transportam em garrafas infetará um continente. Os trapos de uma vítima da peste aterrorizará cada porto marítimo do reino cristão. (Grifos do autor)

Essa maneira de encarar os sintomas como traços distintivos da identidade de uma doença, que é, então, tratada como uma entidade concreta, recorda-nos uma passagem de um dos manuscritos inéditos de Peirce (Ms. 316) no qual, explicando que "nosso conhecimento da maioria dos conceitos gerais ocorre de uma maneira completamente análoga a nosso conhecimento de uma pessoa individual", ele critica o dito do fisiologista francês, Claude Bernard (1813-1878), segundo o qual "A doença não é uma entidade; nada mais é que um conjunto de sintomas". Peirce sustenta que, mais do que de uma doutrina fisiológica, trata-se de uma falsa lógica. "Porém, à luz das descobertas positivas de Pasteur e Koch, consideradas em conexão com as teorias de Weissmann (sic), vemos que, no que concerne às doenças zimóticas (i.e. infecciosas), elas são tão-somente uma coisa, como um oceano é uma coisa... (Um) conjunto de sintomas não (é) apenas uma entidade mas, necessariamente, uma coisa concreta..." Houvesse Bernard compreendido isso, prossegue Peirce, e

---

24. Sherlock, como Peirce, estava mais interessado em seu método do que no objeto em particular ao qual ele era aplicado. Ele e Watson, por exemplo, discutiam sobre o modo como este último havia relatado os casos do primeiro, e Sherlock critica Watson dizendo: "Você talvez tenha cometido um erro ao dar cor e vida a cada uma de suas afirmações, ao invés de limitar-se à tarefa de fazer o registro desse rigoroso modo de raciocinar da causa para o efeito que é, de fato, o único aspecto notável de tudo isso". Quando, em resposta, Watson argumenta que o criticismo de Sherlock tem por base o egotismo, o detetive replica: "Não, isso não tem a ver com egoísmo ou vaidade... Se reivindico total justiça para minha arte, isso é porque se trata de algo impessoal – algo além de mim mesmo. O crime é comum; a lógica é rara. Conseqüentemente, é antes à lógica mais que ao crime que você deve dar destaque. Você reduziu aquilo que deveria ter sido uma série de conferências a uma coletânea de fábulas" (COPP).

"ele teria se posto a trabalhar de modo mais frutífero para obter algum conhecimento a mais sobre essa coisa".

Sherlock Holmes pratica de fato o que prega Bell. Ele constrói um "diagnóstico", ou seja, uma identificação de uma patologia criminal, através de uma série de percepções diminutas, reunidas por hipótese e, além disso, acaba por tratar um caso passado como um velho amigo da família. Considerem, por exemplo, o seguinte relato, freqüentemente citado, de Sherlock lendo a mente de Watson (sobre "leitura de pensamento" cf. *n*. 14):

> Entendendo que Sherlock estava muito absorto para uma conversa, joguei para o lado o jornal enfadonho e, recostando-me em minha poltrona, entreguei-me a meus devaneios. Subitamente, a voz de meu companheiro interrompeu os meus pensamentos.
>
> "Você está certo, Watson", disse ele. "Trata-se, de fato, de um modo completamente desproposital de estabelecer uma disputa".
>
> "Muitíssimo desproposital!" exclamei, e então, dando-me subitamente conta de como ele havia feito eco aos mais íntimos pensamentos de minha alma, endireitei-me na poltrona e o encarei com divertida estupefação.
>
> "O que é isto, Sherlock?", proclamei. "Vai além de toda minha imaginação!... Eu estava calmamente sentado em minha poltrona. Que pistas posso ter-lhe oferecido?"
>
> "Você está sendo injusto consigo próprio. As feições foram dadas ao homem para que ele possa expressar suas emoções e as suas se ajustam à tarefa com perfeição."
>
> "Está me dizendo que pode ler o fluxo de meus pensamentos pelas minhas expressões?"
>
> "Tuas expressões e, especialmente, teu olhar. Talvez você não possa se lembrar de como começou teu próprio devaneio."
>
> "Não, não lembro."
>
> "Então, eu te contarei. Após jogar o jornal, ação que me atraiu a atenção, você permaneceu sentado por meio minuto com uma expressão vaga. Então, teu olhar fixou-se no retrato recém-emoldurado do General Gordon e eu percebi, pelas alterações em teu semblante, que um fluxo de pensamento se havia iniciado. Ele, porém, não foi muito longe. Teu olhar voltou-se para o retrato sem moldura de Henry Ward Beecher, que se encontra sobre a pilha de livros. Em seguida, você percorreu com o olhar a parede e o curso de teu raciocínio era óbvio. Pensava que, se o retrato estivesse emoldurado, poderia cobrir com ele aquele espaço vago, fazendo uma composição com o quadro de Gordon."
>
> "Você acompanhou meu pensamento de modo estupendo!", exclamei.
>
> "Até então, havia pouca chance de que me equivocasse. Na seqüência, porém, teus pensamentos retornaram para Beecher e você o observou atentamente, como se estivesse estudando-lhe o caráter através das feições. Então, teu olhar se descontraiu, embora permanecesse fixo sobre o retrato, e teu semblante tornou-se pensativo. Estava rememorando os incidentes da carreira de Beecher.

Eu estava certo de que você não poderia fazê-lo sem pensar na missão que ele havia desempenhado a serviço do Norte durante a Guerra Civil e isso porque me recordo de você expressando uma indignação apaixonada pelo modo como ele foi recebido por nosso povo mais turbulento. Você mostrou-se tão chocado com isso que permitiu-me, agora, a certeza de que não poderia estar pensando em Beecher sem se remeter àquele episódio. Quando, um momento mais tarde, notei que teu olhar se dispersava do retrato, suspeitei que teu pensamento se havia voltado, agora, para a Guerra Civil. E, quando percebi que teus lábios se fecharam, os olhos brilharam e as mãos se apertaram, tive certeza de que você estava pensando na galantaria demonstrada por ambos os lados naquela luta desesperada. De novo, porém, tua expressão tornou-se triste; você balançou a cabeça. Estava ponderando sobre a tristeza, o horror e a inutilidade de tal desperdício de vidas. Tua mão pousou sobre teu próprio velho ferimento e um sorriso brincou em teus lábios, o que me demonstrou que tua mente se detinha no aspecto ridículo desse método de decidir questões internacionais. Nesse ponto, concordei com você de que se tratava de verdadeiro despropósito e fiquei feliz por descobrir que todas minhas deduções estavam corretas."

"Completamente!", disse eu. "E, agora que você me forneceu tuas explicações, confesso que continuo tão estupefato quanto antes." (RESI; cf. CARD).

"... entreguei-me a meus devaneios." Ilustração de Sidney Paget para "A Caixa de Papelão", *The Strand Magazine*, janeiro, 1893.

Testar uma hipótese, bem como a identidade de uma pessoa, através de um conjunto de pistas a partir da aparência física do indivíduo, dos padrões de fala e coisas semelhantes, sempre envolve uma certa dose de adivinhação, razão pela qual Peirce chamou a isso *indução abdutória* (ou, em outras ocasiões, *modelação especulativa*):

> Suponhamos que, durante uma viagem de trem, alguém chame minha atenção para um homem próximo de nós, perguntando-me se ele não seria algo aparentado com um padre católico. Imediatamente, eu começo a repassar em minha mente as características observáveis de padres católicos comuns, de modo a comprovar em que medida esse homem se parece àqueles. Características não são passíveis de serem contadas ou mensuradas; sua significância relativa com referência à questão dada pode apenas ser vagamente estimada. Entretanto, a própria questão admite uma resposta imprecisa. Sem embargo, se o estilo de se vestir do homem – botas, calças, casaco e chapéu – se assemelha ao da maioria dos padres católicos americanos, se seus movimentos lembram os que são característicos naqueles, revelando um estado de nervos semelhante, e se a expressão de recolhimento, resultado de uma certamente longa disciplina, também é uma característica atribuída aos padres, mesmo havendo uma única circunstância pouco verossímil, qual seja o fato de ele estar usando um emblema maçônico, eu poderia dizer que, se ele não é um padre, talvez tenha sido ou esteja próximo de se tornar um. A essa espécie de indução vaga eu chamo de *indução abdutória*. (Ms. 692; cf. 6.526).

E, desta feita, passando de padre para freira:

> As ruas são famosos *laboratórios* para a modelação especulativa. Vagando por elas, sem qualquer negócio de que se ocupar, podemos estudar as outras pessoas e elaborar biografias que lhes sirvam. Vejo uma mulher de cerca de quarenta anos. Seu semblante, quase beirando a insanidade, é tão sinistro quanto distoante da maioria, embora ostente uma máscara de amabilidade que poucos, mesmo entre as de mesmo sexo, são suficientemente treinados para expressar: – além disso, aquelas duas linhas desagradáveis, à direita e à esquerda dos lábios comprimidos, revelam anos de disciplina severa. Compõe uma expressão de servilidade e hipocrisia, embora excessivamente abjecta para uma criada; evidencia-se uma certa educação, rasteira embora não de todo vulgar, juntamente com um certo gosto no vestir, nem grosseiro nem impudico, mas ainda assim de modo algum elevado, que revela proximidade com algo superior, além de qualquer mero contato entre patrão e empregada. O conjunto, embora não seja impressionante à primeira vista, pode ser classificado após uma inspeção mais pormenorizada como bastante inusual. Aqui, nossa teoria exige uma explicação; e não é preciso muito para adivinhar que aquela mulher é uma ex-freira (7.196).

Nos exemplos precedentes, cada questão colocada por Peirce é em si uma hipótese, semelhante em alguns aspectos à inferência relatada em uma passagem autobiográfica em outro texto de Peirce, onde ele escreve:

Certa ocasião, desembarquei em um porto numa província da Turquia. Quando caminhava em direção à casa que deveria visitar, encontrei-me com um homem a cavalo, cercado por quatro cavaleiros que sustentavam sobre ele um dossel. Como imaginei que a única personalidade que poderia receber tal honraria fosse o governador da província, concluí que se tratava do próprio. Isso era uma hipótese (2.625).

Os exemplos que se seguem ilustram aquilo a que Sherlock Holmes denomina "raciocinando para trás" (cf. a *retro-dução* de Peirce) uma habilidade que, embora semelhante em vários aspectos ao tipo de pensamento com o qual o homem comum se vê envolvido em sua vida cotidiana exige, no entanto, um certo treinamento especializado:

"Para resolver um problema dessa espécie, o aspecto principal é estar apto a raciocinar retrospectivamente". Esse é um procedimento muito útil, e até bastante fácil, mas as pessoas não o praticam muito. Nas questões cotidianas da vida é muito mais comum raciocinar para frente e, assim, o outro procedimento se vê negligenciado. Há cinqüenta pessoas capazes de raciocinar sinteticamente para apenas uma que pode raciocinar analiticamente."
"Confesso que não alcanço acompanhá-lo", disse eu (i.e. Watson).
"Não esperava que pudesse fazê-lo. Deixe-me tentar esclarecê-lo. Muitas pessoas, se você lhes descreve uma série de eventos, conseguem dizer-lhe qual será o resultado. Elas conseguem organizar os eventos em suas mentes e concluir deles algo que se irá passar. Há poucas pessoas, porém, às quais se oferece um resultado e que se mostram capazes de descobrir, a partir de seu foro íntimo, quais etapas conduziram a esse resultado. É a esse poder que me refiro quando falo de raciocinar para trás, ou analiticamente." (STUD)

De fato, Sherlock freqüentemente comenta com Watson que vê apenas o que todos vêem, sendo a única diferença o fato de que ele treinou a si mesmo para aplicar seu método de modo a determinar o inteiro significado de suas percepções. Por exemplo, Sherlock pede a Watson que examine um chapéu de modo a encontrar uma pista que o conduza à identidade do homem que o usava. "Não vejo nada", responde Watson, ao que Sherlock replica: "Ao contrário, Watson, você vê tudo. Falha, no entanto, ao raciocinar sobre o que vê. É demasiado tímido ao extrair inferências" (BLUE). Em outra situação, quando Watson diz: "Você, evidentemente, vê mais nesses quartos do que é visível para mim", Sherlock contesta: "Não, mas imagino que eu possa haver deduzido um pouco mais. Creio que eu vi o mesmo que você" (SPEC).

O próprio Peirce estabelecia uma distinção entre o que ele chamava *logica utens*, ou um senso rudimentar de lógica-em-uso, que se trata de um certo método geral através do qual cada um chega à verdade sem, no entanto, estar consciente de fazê-lo e sem estar apto a especificar em que

Sir Arthur Conan Doyle em sua escrivaninha em Southsea, 1886, supostamente escrevendo "Um Estudo em Vermelho". Reproduzido de Nordon 1966:36.

consiste tal método, e um senso de lógica mais sofisticado, ou *logica docens*, praticado por lógicos e cientistas (mas também por certos detetives e médicos), que se trata de uma lógica que pode ser ensinada de modo auto-consciente e que, portanto, é um método de descoberta da verdade teoricamente desenvolvido (Ms. 692; cf. Randsdell 1977:165). O cientista ou lógico, entretanto, não inventa sua *logica docens*, mas, antes, estuda e desenvolve a lógica natural que ele e todos usam já no seu dia-a-dia. Sherlock Holmes aparentemente compartilha dessa opinião, a julgar por sua conversa com Watson na qual comenta: "Não ousaríamos conceber as coisas que são realmente lugares-comuns da existência... Pode contar com isso, não há nada mais anti-natural do que o lugar-comum" (IDEN). Sherlock afirma, além disso, que seus métodos não são nada senão "senso comum sistematizado" (BLAN).

Esta é uma descrição de Sherlock do modelo que ele procura seguir:

O raciocinador ideal... sempre que apresentado a um simples fato com todas as suas implicações, deveria deduzir dele não apenas a cadeia de eventos que o determinou, mas também todas as conseqüências que poderiam decorrer daí. Assim como Cuvier é capaz de descrever corretamente um animal inteiro a partir da contemplação de um único osso, assim também o observador que compreendeu integralmente um elo numa série de incidentes deveria estar apto a enunciar corretamente todos os outros, tantos os precedentes quanto os posteriores. (FIVE)

Não há muitas dúvidas quanto ao fato de que a *logica docens* de Sherlock Holmes origina-se, em grande parte, do treinamento científico de seu criador, Conan Doyle. O professor de Doyle, Bell, escreveu, de fato, que "a formação de Conan Doyle como estudante de medicina ensinou-o a observar, e sua prática, tanto como clínico geral quanto como especialista, representou um treinamento excepcional para um homem como ele, dotado de olhos, memória e imaginação" (Bell 1893, citado em Nordon 1966: 213). Parece que, em especial, a capacidade de atenção controladora exibida por Sherlock deve-se muito a sua dedicação à química[25]. Enquanto "a fachada da pesquisa química, nunca muito sólida, foi se tornando com o passar do tempo cada vez menos bem preservada, até ruir integralmente", a faceta química de Sherlock serviu para "mantê-lo em contato prático com uma ciência exata na qual causa e efeito, ação e reação seguem-se um ao outro com uma capacidade de prognóstico que vai além do poder de alcance da menos precisa 'ciência da detecção', não importa quão duramente ele se esforce por ser exato em sua escolhida profissão" (Trevor Hall 1978:36-37). Como proclama Sherlock: "Como todas as outras Artes, a Ciência da Dedução e Análise também só pode ser adquirida através de longo e paciente estudo, sem que a vida seja suficientemente longa para permitir a qualquer mortal alcançar o mais alto nível de perfeição com respeito a ela" (STUD).

Também Peirce dedicou toda uma vida à química. Ele escreveu em 1909:

Desde cedo, com curiosidade infantil, tornei-me interessado em dinâmica e física e, sendo o irmão de meu pai um químico, teria eu cerca de doze anos quando montei meu próprio laboratório químico e comecei a trabalhar com as centenas de frascos de análise qualitativa de Leibig, fazendo coisas como cinabre, tanto pelo processo seco quanto pelo molhado, e repetindo um grande número de conhecidos processos de química (Ms. 619).

---

25. Ao descrever o conhecimento de Sherlock sobre vários assuntos, Watson refere-se a apenas um – química – como "profundo" (STUD). Acerca de Sherlock como "químico frustrado", ver Cooper 1976.

"Sherlock estava... bastante concentrado em seu experimento químico". Ilustração de Sidney Paget para "O Tratado Naval", *The Strand Magazine*, outubro, 1893.

A química foi a profissão para a qual Peirce foi especialmente educado e era a ciência com a qual ele mais trabalhou e cujo procedimento de raciocínio mais admirava (Ms. 453; cf. Hardwick 1977:114).

Para uma pessoa inexperiente em lógica teórica, uma demonstração de habilidades de raciocínio de um perito lhe parecerá algo próximo da magia, caso ela não seja instruída por aquele sobre as etapas lógicas que seguiu. Nordon aponta que "as deduções levaram Sherlock a fazer revelações que pareciam quase mágicas" (1966:222).

Dr. Watson, como todos sabem, é constantemente subjugado pelas deduções de Sherlock. Esse efeito é agravado pelo "notável gosto (de Sherlock) por arranjos teatrais e efeitos dramáticos" (Starrett 1971:29), uma inclinação que ele compartilha com Peirce, a julgar pela forma dramática com que este último relatou a história do relógio roubado, bem como pelo fato de que a ele se atribuía grande interesse e talento para o teatro desde os tempos de garoto[26].

"O palco perdeu um esmerado ator", escreve Watson acerca de Sherlock, "assim como a ciência um acurado raciocinador, quando ele se tornou um especialista em crimes" (SCAN). Em certa medida, o modo dramático pelo qual Sherlock demonstra suas operações lógicas é semelhante à maneira pela qual alguns médicos procuram impressionar seus pacientes com seus poderes de diagnóstico aparentemente mágicos, desenvolvendo, desse modo, um sentimento de confiança da parte do paciente que contribuirá para o processo de cura[27].

O próprio Joseph Bell se refere a esse tipo de manipulação psicológica da seguinte maneira:

O reconhecimento (da enfermidade) depende, em grande parte, da apreciação rápida e acurada de pequenos pontos pelos quais a doença difere do esta-

---

26. Por gerações a família de Peirce demonstrou interesse por teatro e ópera, promovendo, inclusive, apresentações em sua casa. Quando era criança, conta-se que Peirce se distinguia como orador, tanto pela leitura de obras tais como "O Corvo", de Poe, quanto como membro da sociedade de debates de seu colégio. (Informação pessoal dada por Max H. Fisch). Como estudante em Harvard Peirce continuou a cultivar o interesse pela elocução, retórica e representação teatral. Tornou-se membro, ainda quando calouro, da W.T.K. (Wen Tchang Koun, sigla chinesa para "salão de prática literária"), especializado em debates, orações, julgamentos simulados e leituras de ensaios, poemas e peças dramáticas. Em seu ano de veterano, em 1858, foi um dos membros fundadores da *O.K. Society of Harvard College*, que enfocava as artes da elocução e da retórica, relacionadas com trabalhos literários. (Informação pessoal dada por Christian Kloesel; ver também Kloesel 1979 no que se refere à Peirce e à *O. K. Society* em particular.) Sabe-se que Peirce, já adulto, costumava fazer leituras de "Rei Lear", de Shakespeare, para um grupo de amigos, reunidos na casa de seu irmão mais velho "Jem", em Cambridge, e para colegas membros do Clube Century, em Nova York. Em sua estadia em Paris, Peirce freqüentava o teatro e a ópera, e sua segunda mulher, Juliette, era uma atriz. Ele e Juliette mantiveram contato com amigos do meio teatral, tais como Steele e Mary Mackave e até mesmo, ocasionalmente, tomaram parte em eventos teatrais, tal como a representação de "Medeia", de Legougé, que Peirce traduziu para o inglês. (Informação pessoal dada por Max H. Fisch).

27. O ritual da dissimulação na prática clínica constitui o ingrediente essencial do efeito placebo e são discutidos com mais detalhes em Sebeok 1979, Cap. 5 e 10. Pensa-se que o placebo é eficaz porque o paciente acredita que ele o será, uma crença que é reforçada pelas afirmações sugestivas feitas pelo médico e pelo pessoal de atendimento, bem como condicionada pelo contexto no qual o placebo é administrado. Para um interessante relato popular, feito por um cirurgião sobre a manipulação do efeito placebo por "curadores", e sobre o poder de sugestão, incluindo eventualmente a hipnose, ver Nolen 1974. Alguns psicólogos, tais como Scheibe (1978:872-75) empregam o termo "acume" para o modo de predição exibido por Sherlock, constituindo "uma habilidade empática combinada com precisão analítica". Scheibe observa: "Se alguém se acredita em desvantagem face aos terríveis mas bem controlados poderes de observação e inferência do... detetive, ... então, ele terá de

"Eu nunca resisto a um toque dramático", diz Sherlock, devolvendo os documentos roubados em "O Tratado Naval". Ilustração de Sidney Paget para *The Strand Magazine*, novembro, 1893.

do sadio. De fato, o estudante precisa aprender a observar. Para interessá-lo nesse tipo de tarefa, nós professores reputamos útil mostrar aos estudantes quanto o uso treinado da observação pode descobrir em matérias corriqueiras como a história prévia, nacionalidade e profissão de um paciente. *O próprio paciente se deixará impressionar por sua habilidade de curá-lo no futuro se ele perceber que você, de um golpe de vista, conhece bastante de seu passado. E o truque todo é muito mais fácil do que aparenta a princípio.* (Trevor Hall 1978:83; grifo do autor deste artigo).

Holmes freqüentemente abre sua primeira entrevista com algum cliente em potencial com uma formidável série de "deduções", no estilo das que Bell descreve, e essas "pequenas deduções espertas... em geral

---

fato atribuído autoridade a um superior e não tem chance de dominar os eventos... À medida que... o detetive é considerado pelo público em geral como possuindo poderes especiais de penetração, os poderes de acume desses praticantes serão acentuados. Do mesmo modo, à medida que qualquer jogador seja hábil na exploração da ingenuidade ou credulidade de outro jogador acerca da inocência da intenção, o segundo jogador se encontra efetivamente sob controle do primeiro. Este é o princípio básico do jogo de confiança." Ver também Scheibe 1979.

não têm nada a ver com a matéria em questão, mas impressionam o leitor com um senso geral de poder. O mesmo efeito é obtido por suas repentinas alusões a outros casos" (1924:101-102)[28].

E quem de nós não se sentiu intimidado por uma técnica de entrevista dessa natureza, aplicada por nosso médico, quando ele nos propõe uma série de questões aparentemente desconexas (do tipo "Você tem fumado muito ultimamente? A dor aumenta à noite? Sua mãe sofria de dores de cabeça semelhantes?"), ao término da qual ele repentinamente nos anuncia o diagnóstico, um pronunciamento que, para nós, incapazes de julgar o significado de cada pista independente e, mais ainda, o caráter lógico da seqüência de questões, nos parece, no mínimo, iluminação divina. Se o médico já chegou a um diagnóstico, mas não o enunciou ao paciente, as perguntas que ele usa para testar sua hipótese parecerão ao paciente quase um exercício de percepção extra-sensorial (por exemplo: "Você tem essa sensação apenas uma hora e meia depois de ter comido e ela vem acompanhada por uma dor latejante em seu braço direito". – "Oras, sim. Como você sabe?"). Enquanto a conjectura é uma parte importante de toda operação lógica, como nos ensina Peirce, supõe-se que o paciente típico perderia a confiança em seu médico se tomasse conhecimento da parcela de suposições que acompanha o diagnóstico e o tratamento médicos, de modo que os clínicos são mais ou menos obrigados a esconder esse aspecto de suas práticas, tanto quanto o faz Sherlock para construir sua reputação como mestre detetive. Como no exemplo há pouco discutido, os médicos fazem isso iludindo, por assim dizer, o paciente, através do obscurecimento do processo de raciocínio, fazendo com que as perguntas pareçam deduções, agindo como se o diagnóstico tivesse sido obtido através de dedução e indução, sem a precedente abdução, ou parecendo entender nossos pensamentos e sentimentos mais íntimos sem a intermediação dos sinais fornecidos pelo paciente.

A importância de tais artifícios para a reputação de Sherlock aparece na seguinte passagem na qual o detetive está entrevistando um certo Sr. Jabez Wilson. Sherlock pronuncia sua brilhante e acurada conclusão acerca dos antecedentes e do estilo de vida do sr. Wilson, a ponto de este último, "erguendo-se de sua cadeira", perguntar: "Como, em nome dos Céus, pode saber tudo isso, sr. Sherlock?"

"Como sabe, por exemplo, que realizei trabalho manual? Isso é tão verdade quanto Deus existe, pois comecei minha vida como carpinteiro de barco."

---

28. Hall (1978:38) observa que os experimentos químicos de Sherlock também "ajudam a iludir Watson" (cf. Nordon 1966:222).

"Tuas mãos, prezado senhor. Tua mão direita é bem maior que a esquerda. Você trabalhou com ela e os músculos são mais desenvolvidos."

"Bem, e quanto ao rapé, então? E a franco-maçonaria?"

"Não irei insultar sua inteligência dizendo-lhe como me dei conta disso, principalmente porque, contrariando todas as normas estritas de sua ordem, o senhor usa um alfinete de lapela com o arco e o compasso."

"Claro! Havia me esquecido disso. E quanto ao ofício de escrever?"

"Que outro ofício poderia ter, considerando o punho direito do casaco, puído em toda sua extensão inferior, e essa manga esquerda, com um remendo polido próximo do cotovelo, no exato ponto onde o senhor descansa o braço sobre a escrivaninha?"

Impressionar o cliente desde o início, eis a jogada favorita de Sherlock. Aqui, ele desvenda o anonimato de Mr. Grant Munro, em "A Face Amarela", lendo-lhe o nome na borda interior do chapéu. Ilustração de Sidney Paget para *The Strand Magazine*, fevereiro, 1893.

"Está bem, mas e a China?"

"O peixe que o senhor tem tatuado sobre a munheca direita só poderia ter sido feito na China. Eu efetuei um pequeno estudo sobre marcas de tatuagens e até dei uma modesta contribuição à literatura sobre o assunto. Essa maneira de colorir as escamas dos peixes com um cor-de-rosa delicado é bastante peculiar da China. E se, além do mais, vejo uma moeda chinesa pendurada na corrente de seu relógio, então tudo se torna ainda mais simples."

O sr. Jabez Wilson riu gostosamente. "Inacreditável", disse ele. "Pensei, num primeiro momento, que o senhor havia realizado uma proeza engenhosa, mas vejo agora que não era nada disso."

"Começo a acreditar, Watson", disse Sherlock, "que cometi um erro ao me explicar. 'Omne ignotum pro magnifico', você sabe, e minha pobre e modesta reputação, tal como é, sofrerá um naufrágio se me faço assim tão cândido." (REDH)

Em outra ocasião, Sherlock novamente comenta que "vejo que acabo por me trair sempre que dou explicações... Resultados sem causas são muito mais impressionantes" (STOC). Sherlock não é nem um pouco cândido quando diz a um cliente: "Temo que minha explicação possa desiludi-lo, mas sempre tem sido um hábito meu não esconder nenhum de meus métodos, nem de meu amigo Watson nem de quem quer que tenha neles um interesse inteligente (REIG)[29].

TAUMATURGIA EM FATO E FICÇÃO

A justaposição do método de Charles Peirce, detetive, com o método de Sherlock Holmes, semiótico, que começou como um *jeu d'esprit*, termina por lançar uma luz inesperada em ambas as figuras, a histórica e a ficcional. Da perspectiva do grande lógico e polímata, a Ciência de

---

29. Um jogo similar de confiança é efetuado, naturalmente, entre o autor de uma história de detetive e seu público. Conan Doyle admite isso tanto indiretamente, através da personagem Sherlock Holmes, quanto diretamente, em sua autobiografia. Sherlock, por exemplo, diz a Watson que "é uma dessas ocasiões nas quais o indivíduo em seu raciocínio pode produzir um efeito que parece extraordinário em seu vizinho porque este último deixou escapar aquele pequeno detalhe que é a base da dedução. O mesmo pode ser dito, caro colega, sobre o efeito de alguns de seus curtos relatos, que são totalmente impudicos, dependendo de como você retém em suas próprias mãos alguns aspectos do problema que não são nunca compartilhados com o leitor" (CROO). Em sua autobiografia, Conan Doyle (1924:101), falando sobre a composição de uma história de detetive, escreve que "a primeira coisa é ter a sua idéia. Tendo achado essa chave, a próxima tarefa é ocultá-la e dar ênfase a tudo que possa conduzir a uma explicação diferenciada". O próprio Sherlock se diverte confundindo os detetives oficiais, fornecendo-lhes deliberadamente as pistas sem indicação de sua significância (BOSC, CARD, SIGN, SILV).

Dedução e Análise de Sherlock, demonstrada de modo compreensível em seu "O Livro da Vida" (STUD), no qual "o escritor clamava por uma expressão momentânea, uma contração de músculos ou um brilho no olhar para penetrar nos pensamentos mais íntimos de um homem", está longe da "tagarelice inefável" ou da "tolice" que Watson, a princípio, pensou que fosse. As teorias que Sherlock expressou no artigo, que pareceu a seu biógrafo amigo "tão quiméricas, são na verdade extremamente práticas", e seu programado manual em um volume "tudo sobre a arte da investigação" (ABBE), para o qual ele planejou "devotar os (seus) anos de declínio", assume uma razão lógica contextual na história das idéias, baseado, em parte como é, em parte como poderia ter sido, em uma "mistura de imaginação e realidade" (THOR) e no criterioso exercício da especulação como "uso científico da imaginação" (HOUN).

Sherlock foi um brilhante médico para o corpo político, cuja doença é o crime. Ele fala de seus casos "com o ar de um patologista que apresenta um espécime raro" (CREE). Agradava a Sherlock o fato de Watson ter escolhido para compor sua crônica esses incidentes que davam margem à dedução e à síntese lógica. Enquanto ele sustentava (STUD) que "toda a vida é uma grande corrente, cuja natureza é conhecida sempre que nos mostram dela um simples elo", ele também afirmava que suas conclusões de um para o outro "eram tão infalíveis quanto muitas das proposições de Euclides. Tão brilhantes pareceriam seus resultados aos olhos de leigos que, enquanto não aprendessem o processo pelo qual ele havia chegado até aí, poderiam bem considerá-lo como necromante."

Peirce foi, a seu modo, tão grande necromante quanto Sherlock e é por isso que seus escritos e os detalhes de sua biografia nos encantam. Segundo a caracterização tão respeitável quanto acurada de Charles Morris (1971:337), ele foi "herdeiro de toda a análise histórico-filosófica dos signos...". Peirce representa o cume mais alto até agora na cadeia de montanhas que começa a ascender na Grécia antiga com a semiótica clínica de Hipócrates, que se desenvolve mais plena e explicitamente com Galeno (Sebeok 1979; Cap. I), e continua com o médico Locke, cuja *semiotiké* Peirce "claramente avaliou e devidamente considerou" e que com certeza contribuiu com "uma outra espécie de *Logick* e *Critick* que aquela com que, até então, estávamos habituados" (Locke 1975:721).

Uma coisa é proclamar – como temos feito – a continuidade e o efeito cumulativo desse panorama, estendendo-se dos diagnósticos e prognósticos médicos arcaicos às modernas expressões da doutrina dos signos de Peirce e, de outro lado, da parte de virtuosos modernos tais como o biólogo báltico Jakob von Uexküll (1864-1944) e o matemático francês René Thom (nascido em 1923); documentá-los é uma outra coisa totalmente diferente. A prova tomará pelo menos mais uma geração de esforço concentrado por equipes de competentes especialistas na labiríntica história da ciência do signo (cf. Pelc 1977), da qual apenas o mais genérico esboço foi até agora delineado por aqueles poucos exploradores os quais estão equipados para seguir as pistas expostas por Peirce, de longe o mais arrojado pioneiro, ou desbravador, nesta grande aventura.

3. Sherlock Holmes

PSICÓLOGO SOCIAL APLICADO[1]

Marcelo Truzzi

Sir Arthur Conan Doyle (1859-1930), mais lembrado como o criador do detetive ficcional Sherlock Holmes, teria preferido ser recordado por suas muitas outras obras, em especial seus escritos históricos e sua defesa do espiritualismo[2]. Ele chegou a tentar interromper as aventuras de Sherlock, fazendo-o morrer nobremente em FINA (publicado por Doyle em 1893); no entanto, o público clamou pelo herói e o autor entendeu que isso era incentivo suficiente para trazer Sherlock de volta à vida em 1904 e dar continuidade à saga[3]. A imagem de Sherlock como epítome da aplicação da racionalidade e do método científico ao comportamento humano é, certamente, um fator fundamental do talento do detetive para conquistar a imaginação do mundo.

1. Este artigo foi especialmente preparado por Truzzi 1973:93-126. Copyright 1971 por Marcello Truzzi.

2. As maiores obras de Doyle, à parte as histórias de Sherlock, incluem *The Captain of the "Polestar"* (1887); *The Mystery of the Cloomber* (1888); *Micah Clark* (1889); *The White Company* (1891); *Rodney Stone* (1896); *Sir Nigel* (1906); *The Lost World* (1912); *The British Campaigns in Europe* (1928); *The Great Boer War* (1900); e *History of Spiritualism* (1926). Com referência ao papel de Doyle como um espiritualista, pode-se consultar um simpático relato em Yellen 1965.

3. Para uma abordagem de uma perspectiva mais geral de Sherlock com relação ao método científico ver Kejci-Graf (1967).

REALIDADE E RELEVÂNCIA DE SHERLOCK HOLMES

Em seu admirável estudo sobre a história da novela detetivesca, Alma Elizabeth Murch observou que:

> Há na literatura certos personagens que passaram a possuir uma identidade independente e inconfundível, cujos nomes e qualidades pessoais são familiares a milhares de pessoas que podem não ter nem mesmo lido qualquer das obras nas quais essas personagens aparecem. Entre estas deve se incluir Sherlock Holmes, que adquiriu, na mente de incontáveis leitores de todas as nacionalidades, o *status* de um ser humano real, aceito por muitos nos primeiros anos do século vinte como um contemporâneo vivente, e que ainda sobrevive, cinqüenta anos depois, com todo o fascínio de uma tradição estabelecida e incontestável, como o mais convincente, o mais brilhante, o mais congenial e benquisto de todos os detetives de ficção (Murch 1958:167).

Tem-se dito que, de toda a literatura inglesa, apenas outros três nomes ficcionais poderiam ser considerados igualmente familiares ao "homem da rua": Romeu, Shylock e Robinson Crusoé (Pearson 1943:86).

Embora a saga de Holmes consista em apenas sessenta narrativas[4]

---

4. A lenda inteiramente aceita de Sherlock aparece em quatro novelas completas e em cinqüenta e seis histórias curtas. Embora haja um grande número de edições dessas obras, a versão mais recente e mais gabaritada encontra-se esplendidamente editada e prefaciada por Willian S. Baring-Gould sob o título *The Annotated Sherlock Holmes*, em dois volumes, (1967).

Além das mencionadas obras (chamadas "cânon" ou "escritos sagrados" pelos estudiosos de Sherlock), atribui-se ao detetive uma participação proeminente em duas outras histórias de Arthur Conan Doyle (*"The Man With the Watches"* e *"The Lost Special"*), disponíveis em *The Sherlockian Doyle* (1968). Encontra-se também publicado um manuscrito descoberto postumamente, que pensou-se ter sido escrito por Doyle, sob o título *"The Case of the Man Who Was Wanted"* (1948). Desde então, a autenticidade da obra tem sido contestada, chegando-se a uma conclusão de consenso de que a história teria sido escrita por um tal de Arthur Wittaker, que a teria vendido para Conan Doyle em 1913. Para maiores detalhes acerca do episódio ver Brown 1969.

Nas sessenta narrativas que compõem o cânon, encontram-se menções a pelo menos cinqüenta e cinco outros casos (para uma listagem dos mesmos consultar Starrett 1971:90-92). Um pequeno número de sherlockianos estaria, no entanto, inclinado a incluir doze outras histórias entre os escritos consagrados e que teriam sido escritas pelo filho e pelo biógrafo oficial de Sir Arthur, Adrian Conan Doyle e John Dickson Carr (1954).

Além do cânon, das obras apócrifas e de referências secundárias que Doyle faz a Sherlock (principalmente em diversas de suas peças baseadas nas histórias), há uma vasta literatura baseada diretamente no cânon, incluindo-se aí mais de vinte e uma peças, um musical da Broadway, centenas de produções de rádio e televisão e pelo menos 123 filmes para o cinema. Isso sem contar as centenas de livros e artigos referentes a Sherlock ou as centenas

escritas por Sir Arthur Conan Doyle[5], que apareceram inicialmente entre 1887 e 1927[6], a posição ganha por Sherlock Holmes na imaginação popular logo tornou-se equivalente à daquelas outras personagens acima mencionadas. A profundidade do impacto de suas histórias não se encontra demonstrada em nenhum outro lugar de modo mais convincente do que na "crença, alimentada por muitos, durante décadas, de que (Sherlock) era, de fato, um ser humano vivente – circunstância essa que se constitue no mais surpreendente capítulo da história literária" (Haycreft 1941:57-58–. Conseqüentemente, além das incontáveis cartas de possíveis clientes em dificuldades endereçadas a "Mr. Sherlock Holmes, 221 B Baker Street, London" (um endereço também inexistente) e muitas outras enviadas a ele aos cuidados da Scotland Yard, o anúncio do afastamento de Sherlock da ativa para dedicar-se à criação de abelhas, em uma história de 1904, resultou em duas ofertas de trabalho de candidatos a patrão (uma como caseiro e a outra como apicultor). Doyle recebeu diversas cartas de senhoras que contemplavam a possibilidade de casamento com Sherlock (Lamond 1931:54-55) e houve mesmo um cidadão (um tal Stephen Sharp) que acreditava ser ele o próprio Sherlock e que realizou diversas tentativas de visitar Doyle a partir de 1905 (relatado por Nordon 1967:205).

---

de pastiches e paródias do cânon, os melhores dos quais foram publicados em antologia por Ellery Queen (1944).

5. Naturalmente, de acordo com os sherlockianos, Doyle não é o autor das histórias mas apenas um conhecido do parceiro de Sherlock, Dr. John Watson, quem teria escrito (ou narrado) cinqüenta e seis das sessenta aventuras do cânon. BLAN e LION teriam sido, aparentemente, escritas pelo próprio Sherlock, e MAZA e LAST por uma ou mais pessoas desconhecidas. Os sherlockianos têm especulado sobre a autoria dessas duas últimas narrativas, cada qual sugerindo para elas a possível autoria de Mary Watson, Inspetor Lestrade, um parente distante de Sherlock de nome Dr. Verner e até o próprio Dr. Watson, pretensamente escrevendo na terceira pessoa. Uma sugestão até mesmo mais extrema foi feita, em primeiro lugar, pelo grande estudioso de Sherlock, Edgar W. Smith, de que essas duas histórias teriam sido escritas por um amigo de Watson, Sir Arthur Conan Doyle. Para maiores detalhes acerca dessa controvérsia ver Baring-Gould 1967, II:748-50.

Para trabalhos biográficos sobre Sir Arthur Conan Doyle ver Carr 1949; Nordon 1967; Pearson 1943; Lamond 1931, e Michael e Mollie Hardwick 1964. Ver também a autobiografia de Doyle (1924). Referente aos escritos de Doyle ver H. Locke 1928; Nordon 1967:347-51, e Carr 1949:285-95.

6. As próprias aventuras têm sido cronologizadas diferentemente por numerosos sherlockianos; Baring-Gould, porém, as localiza entre 1874 a 1914. Para uma controvérsia ainda maior, em sua biografia sobre o detetive, Baring-Gould (1962) calculou o nascimento de Sherlock no ano de 1854 e estabeleceu sua morte no ano de 1957. Para outras cronologias ver Bell 1932; Blackney 1932; Christ 1947; Brend 1951; Zeisler 1953; Baring-Gould 1955 e Folsom 1964.

À parte aqueles que ingenuamente acreditaram na lenda de Sherlock, houve, no entanto, o fato, muito mais significativo sociologicamente, de que "a lenda da realidade de Sherlock foi incrementada por outros leitores entusiastas e até mais sofisticados, que sabiam perfeitamente que seu herói nunca havia existido em carne e osso, mas que gostavam de manter essa farsa" (Haycraft 1941:58). Certamente, escreveu-se mais *sobre* a personagem de Sherlock do que sobre qualquer outra criação em ficção e é notável que tenha sido Sherlock e não Sir Arthur Conan Doyle o objeto de tal atenção. Desse modo, Sherlock foi assunto de biografias[7], trabalhos enciclopédicos[8], estudos críticos[9] e existem em todo o mundo diversas organizações honrando e pesquisando a personalidade de Sherlock[10]. Diversos movimentos foram iniciados visando a construção de uma estátua de Sherlock em local próximo de sua alegada residência em Baker Street[11]. Como diz a frase, freqüentemente atribuída a Christopher Morley: "Nunca, nunca tanto foi escrito por tantos acerca de tão pouco".

Independentemente dos deliciosos jogos dos sherlockianos e suas mitologias jocosas, no entanto, a personalidade de Sherlock Holmes e suas façanhas alcançam uma realidade mais profunda, pois, como foi observado, "sua lenda preenche uma necessidade que se encontra mais além dos domínios da literatura" (Nordon 1967:205). Como apontou

---

7. E. g., Baring-Gould 1967 e Brend 1951. Para um estudo biográfico do Dr. Watson ver Roberts 1931.

8. E. g., Park 1962 e Michael e Mollie Hardwick 1962. Existem ainda muitas outras obras de referência ao cânon, incluindo Harrison 1958; Christ 1947; Bigelow 1959; Petersen 1956; Smith 1940, e Wolff 1952 e 1955.

9. Entre os muitos excelentes livros e coleções da saga sherlockiana deve-se incluir Bell 1934, Starrett 1940 e 1971; Smith 1944, e Holroyd 1967. Uma grande variedade de tais estudos aparece nas diversas publicações sherlockianas. Além do renomado *The Baker Street Journal*, publicado em Nova York, e do *The Sherlock Holmes Journal*, publicado em Londres, há diversos outros jornais e publicações editadas por particulares, produzidos por grupos sherlockianos em todos os Estados Unidos, incluindo *The Vermissa Herald, Devon County Chronicle, Shades of Sherlock* e o *Pontine Dossier*, este editado anualmente. Para uma bibliografia crítica extensiva ver Baring-Gould 1967, II:807-24.

10. A mais conhecida organização nos Estados Unidos é a Baker Street Irregulars, criada em 1933 na coluna *"Bowling Green"*, conduzida por Christopher Morley na *Saturday Review of Literature*. Para uma breve história da B.S.I. ver Starrett 1960:128-36. A B.S.I. possui seções (Scion Societies) em todo mundo, incluindo Oriente. Com referência às organizações sherlockianas ver Baring-Gould 1967, I:37-42, e Starrett 1971:128-36.

11. Embora esses movimentos tenham fracassado, inúmeros outros memoriais foram erigidos a Sherlock Holmes, incluindo placas em Picadilly, no Hospital St. Bartholomew, no Rosslei Inn, em Meiringen, na Suíça e até em Reichenbach Falls. Para maiores informações ver Baring-Gould 1967,I:43-46.

Pearson (1943:86), embora Sherlock simbolize o esportista e o caçador, um moderno Galahad sempre "quente" na pista de alguma trilha sangrenta, a personalidade de Sherlock ainda mais claramente sintetiza a tentativa de aplicação da mais elevada faculdade humana – sua racionalidade – na solução de situações problemáticas da vida do dia-a-dia. A maioria das tramas das histórias procede de eventos da vida real, coletados por Doyle entre as notícias de jornal dos anos de 1890 (Nordon 1967:236) e, surpreendentemente, poucos enredos tratam de violência ou assassinatos sangrentos. De fato, como nota Pratt (1955), no total de um quarto das histórias, não acontece nenhum crime legal. O caráter essencialmente mundano da maioria das tramas demonstra com clareza a observação de que "o ciclo pode ser considerado um épico de eventos cotidianos" (Nordon 1967:247). É esse contexto cotidiano das aplicações da "ciência" e da racionalidade de Sherlock que surpreende e gratifica tão intensamente o leitor. E não é tanto a habilidade superior de Sherlock em obter notáveis introvisões e inferências de simples observações que mais impressiona o leitor, mas antes o caráter razoável e a obviedade de seu "método", depois de esclarecido ao leitor. Pode-se acreditar (pelo menos enquanto nos encontramos sob o fascínio da narrativa) que a nova ciência aplicada de Sherlock é acessível ao atento estudante de seus "métodos". Como foi apontado:

> O mundo fictício ao qual pertence Sherlock Holmes espera dele aquilo que o mundo real do cotidiano espera de seus cientistas: mais luz e mais justiça. Enquanto criação de um médico que foi embebido com o pensamento racionalista da época, o ciclo Sherlockiano nos oferece, pela primeira vez, o espetáculo de um herói triunfando, sempre e mais, por meio da lógica e do método científico. (Nordon 1967:247)

A fascinação com a possibilidade da aplicação mundana dos métodos científicos ao mundo interpessoal capturou não apenas a imaginação dos leitores da saga de Sherlock. Produziu também um considerável efeito sobre criminologistas e todos aqueles preocupados com os problemas da vida real que encontram paralelo com os protagonizados ficcionalmente por Sherlock Holmes. Assim sendo, um representante dos Laboratórios Científicos Marseilles, pertencentes à Polícia, observou que "muitos dos métodos inventados por Conan Doyle são hoje empregados em laboratórios científicos" (Aston-Wolfe 1932:328). Do mesmo modo, o diretor dos Laboratórios Científicos de Detetives e presidente do Instituto de Criminologia Científica declarou que "os escritos de Conan Doyle contribuíram mais do que quaisquer outros para o estímulo de um interesse ativo na investigação científica e analítica do crime" (May 1936:x); e, mais recentemente, um especialista em armamento argumentou que

Sherlock deveria ser chamado o "pai da investigação criminal científica" (Berg 1970). Muitos criminalistas, famosos, incluindo Alphonse Bertillon e Edmond Locard, consideram Sherlock como professor e fonte de inspiração, e as técnicas de observação e inferência de Sherlock estão ainda presentes como modelo adequado para o investigador criminal (Hogan e Schwartz 1964)[12].

Em acréscimo às conseqüências verdadeiramente práticas da influência de Sherlock Holmes sobre a moderna criminologia, a realidade de seu "método" é ainda melhor demonstrada através da compreensão de suas origens. Em sua autobiografia, *Memories and Adventures* (1924), Doyle declara abertamente que a personalidade de Sherlock Holmes foi construída a partir das lembranças que ele guardava de seu tempo de estudante de medicina em Edinburgh, da atuação de seu professor de cirurgia, Dr. Joseph Bell, a quem Doyle evocava como capaz de realizar o tipo de observação e inferência tão característicos em Sherlock. A notável habilidade de Bell aparece bem exemplificada no caso relatado por Doyle, reproduzido no Cap. 2. É provável, no entanto, que Sherlock tenha sido apenas parcialmente calcado no Dr. Bell e que, na verdade, seja uma composição de diversas pessoas[13]. No final das contas, entretanto, "não há dúvidas de que o Sherlock real fosse o próprio Conan Doyle" (Starrett 1960:102). Como Michael e Mollie Hardwick demonstraram em seu memorável estudo *The Man Who Was Sherlock Holmes* (1964), os paralelos com a vida de Doyle, incluindo a solução exitosa de diversos mistérios verídicos e o empenho de Doyle a favor da justiça (como comprova o fato de ele ter obtido a libertação e esclarecido os célebres casos de George Edalji e Oscar Slater, dois homens falsamente acusados de assassinato)[14], claramente demonstra as raízes do caráter essencial e dos métodos de Sherlock em seu próprio criador. Dr. Edmond Locard, chefe dos Laboratórios da Polícia de Segurança de Lyon, afirmou que "Conan

---

12. Para uma visão algo mais crítica das atividades de Sherlock como criminologista ver Anderson 1903.

13. Nordon (1967:214) argumenta que a descrição que Doyle faz de Bell "é muito semelhante a Holmes para ser verdadeira" e que o modelo para o detetive teria sido "inventado" por Doyle *a posteriori*, de modo a compor uma imagem adequada de homem da ciência. Pearson (1943), por sua vez, sugeriu que Sherlock teria sido devidamente moldado a partir da pessoa de um certo Dr. George Budd, um excêntrico médico parceiro de Doyle com quem este teria clinicado por um breve período em Plymouth. Mais recentemente, tem-se afirmado com insistência que Sherlock, na verdade, teria sido moldado a partir de um detetive consultor particular de nome Wendel Shere (Harrison 1971).

14. Comentou sobre ele *The Spectator*: "As batalhas que ele empreendeu pelas vítimas da justiça deturpada se equipariam à campanha de Voltaire por Jean Calas e à intensa defesa de Dreyfus levada por Emile Zola" (citado em Anônimo 1959:67).

Doyle era um investigador científico absolutamente admirável", e o criminologista Albert Ullman adotou a convicção de que "Conan Doyle foi um criminologista muito mais extraordinário do que sua criação Sherlock Holmes" (citado em Anônimo 1959:69).

O ponto importante a ser destacado aqui são os sucessos do Dr. Bell e de Sir Arthur Conan Doyle que demonstram o fato de os métodos de análise científica exemplificados e dramatizados por Sherlock Holmes em suas aventuras terem suas contrapartidas no mundo real. O renomado detetive americano William Burns expõe isso da seguinte maneira: "Freqüentemente me perguntam se os princípios delineados por Conan Doyle, nas histórias de Sherlock Holmes, podem ser aplicados ao trabalho real de um detetive e minha resposta a essa indagação é decididamente 'sim' " (citado em Anônimo 1959:68).

Qual é, então, exatamente, o "método" de Sherlock Holmes e quais são suas limitações e implicações para a moderna psicologia social aplicada? Voltamo-nos, agora, para um exame dos pontos de vista de Sherlock sobre a ciência, o homem e a sociedade e para as suas prescrições acerca daaplicação da primeira sobre as últimas, de acordo com o modo pelo qual estão esboçadas no cânon.

O MÉTODO DE SHERLOCK HOLMES

Infelizmente, embora o método de Sherlock seja um ponto central de sua personagem e responsável por sua popularidade universal, não há, no cânon, nenhuma afirmação sistemática a esse respeito. É também de surpreender o fato de que haja tão poucas considerações acerca de suas técnicas de "dedução" na massiva bibliografia Sherlockiana. A maioria dos sherlockianos tem estado mais preocupada com sua própria aplicação das técnicas de Sherlock às pistas disponíveis no cânon do que com o exame dos métodos em si. Por esse motivo, dedicamo-nos a reunir as inúmeras, embora dispersas, explicações sobre o método enunciadas por Sherlock ao longo de suas aventuras.

A "Ciência de Dedução e Análise" de Sherlock

Diz-se, freqüentemente, que a ciência não é senão um refinado senso comum. Sherlock por certo concordaria com essa afirmação pois ele declara que sua abordagem é "uma simples arte, que é apenas o senso comum sistematizado" (BLAN). Seu ponto de vista, no entanto, não é uma visão simples e mecânica do processo, uma vez que, em outra passagem, ele observa que "a base de minha arte é... uma mistura de imaginação e realidade" (THOR). Embora Sherlock enfatize um empiricismo cru, a um nível que nos remete ao arqui-inducionista Francis Bacon, ele não negligencia a importância da imaginação criativa. "Trata-se, eu admito, de pura imaginação", declara Sherlock, "mas, quantas vezes a imaginação não é a mãe da verdade?" (VALL). "Se pretendemos interpretar a natureza, nossas idéias devem ser tão generosamente amplas quanto a natureza" (STUD), observa ele, e "amplitude de visão... é uma das essências de nossa profissão. A interação de idéias e os usos oblíquos do conhecimento são, freqüentemente, de extraordinário interesse" (VALL).

Embora Sir Arthur Conan Doyle viesse a se tornar um grande promotor do espiritualismo, Sherlock, em uma postura de positivismo e ceticismo científico verdadeiramente comtiano, se recusa a levar a sério hipóteses de causalidade sobrenatural. Reconhecendo que "os agentes do mal são de carne e osso", antes de considerar a possibilidade de que "estejamos lidando com forças que extrapolam as leis ordinárias da natureza", ele argumenta que "estamos determinados a exaurir todas as outras hipóteses antes de nos rendermos a essa" (HOUN). Sherlock fala de si mesmo que "esta Agência tem os pés firmemente plantados na terra e aí deve permanecer. O mundo é suficientemente grande para nós. Não há necessidade de que os fantasmas se candidatem" (SUSS).

As concepções filosóficas gerais de Sherlock sobre o universo não são muito claras. Embora ele aparentemente acredite em um universo propositado[15] e aspire à bondade da Providência[16], ele também professa uma opinião mais cínica quando pergunta a Watson: "Mas, não é a vida patética e fútil?... nós buscamos. Nós escavamos. E o que nos resta nas mãos, ao final de tudo? Uma sombra. Ou, pior que uma sombra... a miséria" (RETI). Essa visão de todo o conhecimento como "sombras", à parte aqui seu contexto depressivo, está mais de acordo com a visão científica moderna e essencialmente pragmática do homem como um

---

15. " 'Qual é o sentido disto, Watson?', disse solenemente Sherlock, enquanto abandonava o jornal. 'A que finalidade serve este círculo de miséria e violência e medo? Deve cumprir algum propósito ou, então, o universo seria regido pelo acaso, o que é impensável. Mas, que propósito? Eis o imenso, perene, imutável problema para o qual a mente humana ainda se encontra muito distante de dar solução' " (CARD).

16. "Nossa mais elevada garantia da bondade da Providência reside, a meu ver, nas flores. Todas as outras coisas, nossos poderes, nossos desejos, nosso alimento são de fato em primeira instância necessários para nossa existência. Esta rosa, porém, é algo de extraordinário. Seu perfume e sua cor são um embelezamento da vida, não uma condição dela. É apenas a bondade divina que nos presenteia com o extraordinário e porisso eu repito que devemos esperar muito das flores" (NAVA).

criador de "mapas cognitivos" e de "realidades" ou "conjecturas" teóricas, do que como descobridor de verdades e leis objetivas.

Sherlock também resume a orientação basicamente determinista da maioria da ciência social moderna. Como ele comenta:

> O raciocinador ideal..., sempre que apresentado a um simples fato com todas as suas implicações, deveria deduzir dele não apenas a cadeia de eventos que o determinou mas também todas as conseqüências que poderiam decorrer daí. Assim como Cuvier é capaz de descrever corretamente um animal inteiro a partir da contemplação de um único osso, assim também o observador que compreendeu integralmente um elo numa série de incidentes deveria estar apto a enunciar corretamente todos os outros, tanto os precedentes quanto os posteriores(FIVE).

Ou, como expõe Sherlock em seu fecundo artigo *"The Book of Life"* (em uma revista da qual, infelizmente, o Dr. Watson omite o nome):

> De uma gota de água... um lógico pode inferir a possibilidade de um Oceano Atlântico ou de um Niágara, sem mesmo ter visto ou ouvido falar de um ou de outro. Assim toda a vida é uma grande cadeia, cuja natureza é revelada sempre que se nos apresentam dela um simples elo. Como todas as outras artes, a Ciência da Dedução e da Análise também só pode ser adquirida por um longo e paciente estudo, sem que a vida seja suficientemente longa para permitir a qualquer mortal alcançar o mais alto nível de perfeição com respeito a ela (STUD).

Esse determinismo é visto como presente em todos os níveis da vida, mas Sherlock se alinha ao lado da sociologia contra muitos psicólogos quando afirma que

enquanto o homem individual é um quebra-cabeça insolúvel, no conjunto ele adquire uma exatidão matemática. Você não pode, por exemplo, predizer o que um homem qualquer vai fazer, mas pode prever, com precisão, o que um integrante da média será capaz de fazer. Os indivíduos variam, mas a percentagem permanece constante (SIGN)[17].

Como em todas as ciências nomotéticas, a ênfase é colocada na procura de leis e eventos recorrentes. Sherlock impressiona-se profundamente com as regularidades e as repetições na história e, comentando sobre um crime com seu amigo Inspetor Gregson, Sherlock faz eco ao Eclesiastes quando diz; "Não há nada de novo sob o sol. Tudo já foi feito

---

17. Nesta passagem, Sherlock revela sua concordância com *The Martyrdom of Man*, de Winwood Reade, a quem cita erroneamente. Cf. Crocker 1964.

antes" (STUD). Em outra ocasião, ele fala de seu arqui-inimigo: "Tudo se processa em círculos, mesmo o Professor Moriarty" (VALL). Sherlock busca generalizações e, finalmente, se voltará apenas para as proposições universais. Como ele mesmo afirma: "Eu nunca faço exceções. Uma exceção contradiz a regra" (SIGN).

Para Sherlock, no entanto, sua preocupação com a verificação empírica das conjecturas é um ponto central de sua abordagem básica. A ênfase que ele dá à indução – uma ênfase mais presente em suas palavras do que em sua prática, como veremos – tem na base um certo temor de um descolamento conceitual do mundo "real" dos fenômenos observáveis. "A tentação de formar teorias prematuras a partir de dados insuficientes é a ruína de nossa profissão", diz ele ao Inspetor MacDonald (VALL). Como Sherlock repete sempre e mais:

É um erro capital teorizar antes de possuir os dados. Inadvertidamente, começa-se a torcer os fatos para acompanhar as teorias, ao invés de as teorias seguirem-se aos fatos (SCAN).

É um erro capital teorizar à frente dos fatos (SECO).

É um erro capital teorizar antes que se tenha todas as evidências (STUD).

... é um erro argumentar antecipadamente aos dados. Você se vê, inconscientemente, distorcendo-os para adequá-los a suas teorias (WIST).

como é perigoso sempre raciocinar a partir de dados insuficientes (SPEC).

Sherlock insiste sobre a absoluta necessidade de fatos observáveis. "Dados! Dados! Dados!", proclama ele, impacientemente. "Não posso fazer tijolos sem argila" (COPP). Mas, ele clama mais do que isso, pois sua postura é experencialmente ateórica, de uma maneira indutiva que lembra notavelmente a espécie de postura assumida hoje por alguns seguidores do behaviorismo de B. F. Skinner. Como os skinnerianos, porém, Sherlock é forçado a adotar hipóteses ou "intuições", ainda que provisórias, acerca do mundo. Sherlock pode proclamar "Não, não: eu nunca faço suposições. Isso é um hábito revoltante, destruidor da faculdade lógica" (SIGN); mas ele é forçado a admitir que "construímos teorias provisórias e esperamos que o tempo e o conhecimento mais completo dê cabo delas. Um mau hábito..., mas a natureza humana é fraca" (SUSS). Em princípio, Sherlock deposita sua confiança no mundo empírico que ele considera o decisivo e derradeiro árbitro. "Eu posso descobrir fatos, Watson, mas não posso mudá-los" (THOR). E esses fatos devem sempre ser questionados porque "deve-se sempre testar tudo" (REIG).

O Método de Sherlock

Sherlock claramente adere à regra geral da moderna comunidade científica de que, uma vez que o conhecimento científico é, por definição, conhecimento *público* (à medida que ele deve ser inter-subjetivamente comunicável), deveria, idealmente, ser colocado sob escrutínio público. Em geral, Sherlock não faz segredo de seus métodos. "Sempre tem sido um hábito meu não esconder nenhum de meus métodos, nem de meu amigo Watson nem de quem quer que tenha neles um interesse inteligente" (REIG). Sherlock, às vezes, no entanto, evita informar seus atônitos clientes acerca de seu método, principalmente durante as primeiras etapas de um caso, pois, como ele diz: "percebi que é sábio impressionar os clientes com uma impressão de poder" (BLAN). Usualmente, ele nos permite penetrar em seus raciocínios e nos aponta que seu método é, em suma, bem pouco misterioso.

Na verdade, não é difícil construir uma série de inferências, cada qual dependente de sua antecessora e simples em si mesma. Se, após fazê-lo, eliminamos simplesmente todas as inferências centrais e presenteamos nossa audiência com o ponto de partida e a conclusão, podemos produzir um efeito surpreendente, ainda que possivelmente impudico (DANC)[18].

Sherlock estava bastante preocupado com a exposição clara de seu método, a tal ponto que ele reclama do fato de Watson romantizar suas aventuras: "Esse teu hábito fatal de ver tudo do ponto de vista da trama, ao invés de destacar o exercício científico, arruinou o que poderia ter sido uma instrutiva e até mesmo clássica seqüência de demonstrações" (ABBE)[19]. Ele chega a declarar intenções de realizar a tarefa ele mesmo de modo apropriado: "Pretendo dedicar meus derradeiros anos à composição de um livro em um volume que deverá enfocar em seu todo a arte de detecção" (COPP).

Referindo-se às "qualidades necessárias ao detetive ideal", Sherlock observa que estas são: 1) conhecimento, 2) poder de observação, e 3) poder de dedução (SIGN). Nos dedicaremos, agora, ao exame de cada uma dessas qualidades.

---

18. Em outras referências similares, Sherlock reafirma que "qualquer problema se torna bastante pueril uma vez seja explicado" (DANC), e "resultados sem causa são muito mais impressionantes" (STOC).

19. Sherlock abordou o assunto de modo muito mais convincente quando comentou com Watson: "O crime é comum. A lógica é rara. Portanto, é antes com a lógica do que com o crime que você deveria se defrontar. Você deturpou o que seria uma série de conferências tornando-a apenas um conjunto de fábulas" (COPP).

A necessidade que o detetive tem do conhecimento. Como vimos, Sherlock enfatiza a interação de todos os elementos do universo em seu ponto de vista determinista. Reconhece também a complexidade e as conexões às vezes surpreendentes que podem ser encontradas, pois ele nota que: "para efeitos estranhos e combinações extraordinárias, devemos nos dirigir à vida em si mesma, pois (ela) é muito mais ousada que qualquer esforço de imaginação" (REDH). Assim sendo, o detetive eficiente deve estar bem municiado de um vasto espectro de informações potencialmente relevantes. A própria bagagem de informações de Sherlock era impressionante. Como notamos anteriormente, ele deu grande ênfase à extensão do conhecimento (VALL). Watson aponta que o domínio de Sherlock acerca de tópicos relevantes a sua profissão (incluindo química, legislação britânica, anatomia, botânica, geologia, e, em especial, literatura sensacionalista) era extraordinário (STUD). Ainda assim, Watson também observa que "a ignorância (de Sherlock) era tão extraordinária quanto seu conhecimento" (STUD), pois aparentemente o detetive não sabia nada de literatura, filosofia, astronomia ou política (STUD)[20]. Sherlock justifica sua falta de interesse nessas áreas da seguinte maneira:

> Veja você... considero que, originalmente, o cérebro de um homem é semelhante a um pequeno ático vazio, que pode ser povoado com a mobília que se desejar. Um tolo abarrota-o com toda espécie de traste que encontra pela frente, de modo que o conhecimento que lhe pode ser útil fica de fora ou, quando muito, soterrado no meio de muitas outras coisas, tornando-se assim muito difícil o acesso até ele. Agora, o profissional hábil é extremamente criterioso com aquilo que introduz em seu cérebro-ático. Ele terá ali apenas as ferramentas que poderão auxiliá-lo em seu trabalho, sendo que dessas ele terá um grande sortimento e tudo na mais perfeita ordem. É um equívoco acreditar que aquele pequeno cômodo possui paredes elásticas e que podem ser esticadas em qualquer extensão. Disso decorre que, em determinado momento, qualquer mínimo acréscimo de conhecimento faz com que você se esqueça de algo que sabia antes. É da maior importância, portanto, não acumular fatos inúteis que possam obstruir o acesso aos que interessam (STUD).

Apesar desse desprezo pelo que é irrelevante (baseado em uma concepção de memória que, certamente, a maioria dos especialistas con-

---

20. As muitas afirmações de Sherlock, em outras histórias, referentes a essas áreas específicas contradizem as primeiras impressões de Watson acerca da surpreendente ignorância de Sherlock quanto a esses temas. Do mesmo modo, o comentário de Sherlock, dizendo de seu desconhecimento acerca da Teoria básica de Copérnico sobre o sistema solar é tido, em geral, pela maioria dos sherlockianos, como uma tentativa de blague que passou despercebida a Watson. Cf. Baring-Gould 1967, I:154-57, ns. 30-44.

temporâneos em processos cognitivos refutaria), Sherlock, ainda assim, estoca em sua memória uma vasta quantidade de informações que não é utilizável imediatamente, fato que ele confirma em outra ocasião: "minha mente é como um depósito entulhado com caixotes de todo tipo – tantos que só tenho uma vaga percepção do que ali se encontra" (LION). O que Sherlock reivindicava basicamente era a necessidade de especialização na busca do conhecimento, de modo que cada um pudesse adquirir o máximo de recursos relevantes para suas necessidades analíticas. Esse argumento não é primário por evitar algumas áreas de conhecimento mas sim por comprometer os limitados recursos da pessoa com os fins mais eficientes. A esse respeito, expressou-se Sherlock em um outro contexto: "Alguns fatos deveriam ser suprimidos ou, no mínimo, dever-se-ia observar, ao tratá-los, um justo senso de proporção" (SIGN). Portanto, nem todo conhecimento é igualmente útil, e este é um ponto de vista que configura certamente o motivo dominante da educação (não apenas no estudo da psicologia social, mas na maioria das áreas) de hoje.

A necessidade que o detetive tem da observação. Sherlock enfatiza a necessidade da observação arguta pois, no trabalho do detetive, "gênio é uma infinita capacidade de empenhar esforço" (STUD)[21]. Abertura e receptividade para os dados é fundamental. "Propus-me a nunca ter preconceitos e a seguir docilmente para onde quer que um fato me conduza" (REIG). Sherlock estava bastante atento para a necessidade de controlar distorções subjetivas, mesmo em relação a seus clientes. "É de primordial importância... não permitir que seu julgamento seja predisposto por qualidades pessoais. Um cliente é, para mim, uma mera unidade, um fator de um problema. As qualidades emocionais são antagonistas de um raciocínio claro" (SIGN).

Sua maior ênfase, no entanto, estava posta em "observar" aquilo que os outros apenas "vêem". Assim, embora tanto Dr. Watson quanto Sherlock tenham subido centenas de vezes a escada que conduz do vestíbulo a seus quartos, Sherlock "observou" que aquela possuía dezessete degraus enquanto Watson apenas a "viu" (SCAN). Como disse Sherlock:

O mundo está repleto de coisas óbvias que ninguém, de modo algum, jamais observa (HOUN).

Não há nada mais falaz do que um fato óbvio (BOSC).

Treinei-me para perceber aquilo que vejo (BLAN).

21. Para uma excelente abordagem dos usos da observação por Sherlock e suas implicações para a investigação criminal moderna ver Hogan e Schwarts 1964.

A observação de Sherlock atinge não apenas os fatos e eventos observados, mas também a ausência deles. A evidência negativa é, em geral, encarada como altamente significante. Assim, quando o inspetor MacDonald pergunta a Sherlock se ele encontrou algo comprometedor na busca que fez entre os papéis do Professor Moriarty, Sherlock replica: "absolutamente nada. E é isso que me surpreende" (VALL). Ou, então, referindo-se à ausência de atividade internacional que se seguiu ao roubo de um importante documento do Governo, Sherlock observa: "Apenas uma coisa importante aconteceu em três dias... e foi o fato de que não aconteceu nada" (SECO). O exemplo clássico, porém, é o episódio freqüentemente mencionado da investigação de Sherlock acerca de um cavalo de corrida desaparecido, durante a qual o Inspetor Gregory lhe questiona:

"Há algum outro ponto qualquer sobre o qual você deseja chamar minha atenção?"
"Para o curioso incidente com o cão-de-guarda, durante a noite."
"Mas o cão-de-guarda não fez nada à noite."
"Este foi o incidente curioso", comentou Sherlock Holmes (SILV).

Ao longo do cânon, Sherlock enfatiza a importância daquilo que, para alguém menos treinado, pareceria ser apenas trivialidades. Para Sherlock, porém, "não há nada mais importante do que as trivialidades" (TWIS) e "para uma grande mente... nada é desprezível" (STUD).

Há muito adoto o axioma de que as pequenas coisas são infinitamente mais importantes (IDEN).

Você conhece meu método. Ele está baseado na observação das insignificâncias (BOSC).

Nunca confie nas impressões gerais... mas se concentre nos detalhes (IDEN).

A atenção às minúcias é essencial pois "desde que o criminoso se sustente sobre duas pernas, sempre haverá alguma identificação, algum indício, algum desvio do trivial que pode ser detectado pelo investigador científico" (BLAC).

A necessidade que o detetive tem da dedução, Sherlock tem uma crença quase ilimitada no poder da análise científica como modo de obter a reconstituição de eventos humanos, pois, como ele mesmo diz: "O que um homem pode inventar, um outro pode descobrir" (DANC).

Para Sherlock, "a grande coisa é saber raciocinar retrospectivamente" (STUD). Raciocinar a partir de um conjunto de eventos em direção a suas conseqüências é o raciocínio o qual Sherlock chama de "sintético", enquanto que raciocinar "retrospectivamente", dos resultados para as causas, ele chama de raciocínio "analítico".

> Há cinqüenta pessoas capazes de raciocinar sinteticamente para cada uma que pode raciocinar analiticamente...
> Há poucas pessoas, porém, às quais se oferece um resultado e que se mostram capazes de descobrir, a partir de seu foro íntimo, quais etapas conduziram a esse resultado (STUD).

O primeiro passo aconselhado por Sherlock é o exame básico e a separação, na informação existente, dos dados definidos daqueles menos definidos.

> A dificuldade é desvencilhar o contexto do fato – do fato absoluto, inegável – dos adornamentos dos teóricos e dos repórteres. Então, tendo nos estabelecido sobre essa base sólida, é nosso dever estudar quais as inferências que daí podem ser extraídas e quais são os pontos especiais para os quais todo o mistério se volta (SILV).

> É da maior importância, na arte da detecção, ser capaz de reconhecer, a partir de um determinado número de fatos, quais são incidentais e quais são vitais (REIG).

Acompanhando a seleção dos fatos segundo seu grau de confiabilidade, Sherlock recomenda a inspeção cuidadosa dos detalhes únicos e pouco usuais, presentes na situação.

> Quanto mais grotesco e *outré* for um incidente, mais cuidadosamente ele merece ser examinado, e o ponto específico que parece complicar um caso, quando cuidadosamente considerado e cientificamente manipulado, revela-se como sendo aquele que mais provavelmente poderá elucidá-lo (HOUN).

> A singularidade é quase invariavelmente uma pista. Quanto mais indistinto e próximo do lugar comum for um crime, mais difícil se torna desvendá-lo (BOSC).

> Em geral, aquilo que é fora do comum é antes um guia do que um obstáculo (STUD).

> São apenas os casos destituídos de cor e de eventos que se tornam insolúveis (SHOS).

Ainda assim, Sherlock observa que o corriqueiro em extremo pode ser em si um evento singular que nos fornece a chave de um mistério: "Dependendo do caso, não há nada mais anti-natural do que o lugar comum" (IDEN).

Sherlock é muito cuidadoso na avaliação de evidências circunstanciais. Não se pode ignorá-las pois "a evidência circunstancial é, às vezes, tão convincente quanto se encontrar uma truta no copo de leite" (NOBL). O investigador, porém, deve ser bastante cauteloso, uma vez que "a evidência circunstancial é algo extremamente falacioso... pode apontar diretamente para uma coisa, mas se você deslocar um pouco seu ponto de vista, pode descobrir que está apontando, de um modo igualmente descompromissado, para algo inteiramente diferente" (BOSC).

Embora a principal ênfase de Sherlock seja quanto à reunião objetiva dos fatos, ele reconhece plenamente o valor heurístico da reconstituição imaginativa por meio do desempenho de papéis executado pelo investigador.

Você sempre obtém resultados... colocando-se no lugar de qualquer outro indivíduo e pensando o que você teria feito (em determinada circunstância). Isso exige uma certa imaginação, mas compensa (RETI).

Você conhece meus métodos em tais casos... Eu me coloco no lugar do sujeito e, tendo primeiro estimado sua inteligência, tento imaginar como eu teria procedido nas mesmas circunstâncias (MUSG)[22].

Sherlock dá ênfase à necessidade de perseguir várias linhas possíveis de explicação, cada qual dando conta dos fatos. Outras hipóteses devem sempre ser levantadas e, quando considerar uma explicação, "você jamais deve perder de vista a alternativa" (BLAC).

Sempre devemos buscar uma alternativa possível e investir nela. Esta é a primeira regra da investigação criminal (BLAC).

quando você segue duas cadeias separadas de pensamento... encontrará sempre algum ponto de intersecção que se aproximará a verdade (LADY).

Da reconstituição de explicações alternativas que se adequam aos fatos, devemos nos mover, em seguida, para aquilo que aparentemente

---

22. Sherlock acreditava que entrar no mesmo ambiente poderia facilitar o processo pois, como ele dizia, "sentar-me neste cômodo e absorver sua atmosfera me traz inspiração. Sou um crente do *genius loci*" (VALL).

seria a conjectura mas que é, de fato, "a instância onde pesamos as probabilidades e escolhemos a mais provável. Isto é o uso científico da imaginação, mas sempre temos alguma base material a partir da qual iniciamos nossas especulações" (HOUN).

Sherlock vê o acesso à verdade em termos de um confronto de hipóteses. Mas, a avaliação das alternativas inclui não apenas a comparação entre elas em termos de *probabilidade*. As interpretações devem sempre ser consideradas em termos de sua *possibilidade*. O *possível*, de todo modo, é determinado não apenas pela exeqüibilidade dos eventos sugeridos; é também o remanescente da eliminação daquelas hipóteses alternativas percebidas como impossíveis. Sherlock freqüentemente repete "o velho axioma de que, quando todas as outras contingências falham, aquilo que permanece, ainda que improvável, deve ser a verdade" (BRUC)[23].

Embora o processo analítico acima descrito é, primariamente, um exercício de lógica, sem nenhum recurso direto ao mundo empírico, Sherlock reivindica, em seguida, a validação empírica das hipóteses resultantes em termos que a aproxima estreitamente daquilo que hoje é chamado método *hipotético-dedutivo*[24].

Vou revelar meu processo de pensamento... Esse processo... começa com a suposição de que, quando você elimina tudo que é impossível, aquilo que permanece, ainda que improvável, deve ser a verdade. Pode suceder que permaneçam várias explicações possíveis, em cujo caso deve-se fazer teste após teste até que uma ou outra delas reúna um volume convincente de sustentação (BLAN).

... quando a dedução intelectual original se confirma, ponto por ponto, por um considerável número de incidentes independentes, então o subjetivo se torna objetivo e podemos dizer, confidencialmente, que teremos alcançado nossa meta (SUSS).

Ao longo da abordagem de Sherlock, as considerações lógicas (essencialmente dedutivas) e empíricas (essencialmente indutivas) estão em constante interrelação. O empírico restringe o teórico, como no caso em que Sherlock afirma: "*É impossível, como afirmei; e, no entanto, devo, de algum modo, tê-lo expressado erroneamente*" (PRIO).

Os eventos empíricos, porém, devem ser interpretados em termos de considerações teóricas estabelecidas. Assim, "quando um fato parece se opor a uma extensa cadeia de deduções, isso prova, invariavelmente,

---

23. Cf. também SIGN e BERI.

24. O método hipotético-dedutivo não é em absoluto uma novidade pois pode ser visto nos trabalhos do antigo filósofo grego Parmenides. Para um excelente estudo moderno sobre essa abordagem do conhecimento ver Popper 1968:215-50.

que é capaz de comportar alguma outra interpretação" (STUD). Em um sentido verdadeiramente prático e real, o método de Sherlock antecipou a ênfase contemporânea da Sociologia sobre as relações interativas entre teoria e pesquisa (cf. Merton 1957: 85-117).

A Aplicação do Método de Sherlock Holmes

Até aqui, apresentamos a abordagem geral feita por Sherlock a respeito dessa problemática no que concerne à vida social. Dedicar-nos-emos, agora, à consideração das limitações dessa abordagem, especialmente as exemplificadas pelas próprias aplicações que Sherlock faz de seu método.

As utilizações que Sherlock faz da observação. Ao longo de suas aventuras, Sherlock insiste na grande familiarização que deve ter o investigador com seu problema, pois familiaridade trará clarificação. Ele nota que "é um equívoco confundir estranhamento com mistério" (STUD)[25]. A familiaridade é vista por ele como limitando, de um modo geral, os elementos problemáticos de um evento. Ele chega a afirmar que "a título de regra... quanto mais bizarra for uma coisa, menos misteriosa ela prova ser" (REDH). A familiarização também elimina o medo, pois aquilo que não é familiar deixa espaço para a imaginação e "onde não há imaginação, não há o horror" (STUD).

Sherlock tenta se familiarizar com todos os detalhes observáveis possíveis da vida que possam ter um significado em seus casos criminais. Essa familiarização não é só resultado da observação passiva, mas inclui a busca ativa de novos detalhes significativos que se possam revelar úteis no futuro. Assim, por exemplo, Sherlock teria sido visto golpeando um cadáver para descobrir como é possível se produzir contusões após a morte (STUD).

Sherlock argumentava, como já observamos, que todas as ações humanas deixam algum traço, a partir do qual o investigador atento pode deduzir informações. Essa ênfase na obtenção indireta de dados das fontes por meio da observação dos traços físicos constitui um reconhecimento precoce dos usos potenciais daquilo que, recentemente, recebeu o nome de *medidas não-obstrutivas*. (Webb et. al., 1966:35). Mais e mais, Sherlock preocupa-se com os pequenos detalhes envolvidos em suas investigações.

Eu nunca conseguirei fazer você compreender a importância das mangas, a força sugestiva de uma unha de polegar ou as grandes pistas que podem estar atadas a um cordão de sapato (IDEN).

---

25. Em outra passagem, Sherlock menciona a máxima latina de Tácito: "todo desconhecido passa por ser algo esplêndido" (REDH).

Sempre olhe primeiro para as mãos... então, para os punhos das mangas, a parte dos joelhos das calças e botas (CREE).

Não há parte do corpo que varie tanto quanto as orelhas humanas. Cada orelha é, via de regra, bastante particular, e diferente de todas as outras (CARD).

Seria difícil nomear qualquer artigo que se oferece como campo mais refinado para a inferência do que os óculos (GOLD).

Cachimbos são, às vezes, de um extraordinário interesse... Nada possui mais individualidade, exceto, talvez, relógios e cordões de sapato (YELL).

Sherlock não restringe suas observações a apenas coisas vistas ou ouvidas. Para ele, o investigador deveria desenvolver também seu olfato pois "há setenta e cinco perfumes, os quais seria absolutamente imprescindível que o especialista criminal soubesse distinguir um do outro, e houve casos, mais de uma vez, dentro de meu próprio universo de experiências, que dependeram de seu pronto reconhecimento" (HOUN).

A pegada é, possivelmente, a mais importante e freqüente das pistas examinadas cuidadosamente por Sherlock. Sobre ela, diz: "Não há ramo da ciência detetivesca que seja tão importante e tão negligenciada quanto a arte de rastrear pegadas" (STUD). Mesmo os rastros de uma roda de bicicleta não são desconsideradas por Sherlock, que afirma, em determinado momento, que pode diferenciar cerca de quarenta e duas diferentes "impressões de rodas" (PRIO).

Embora os usos que Sherlock faz das diferenças observáveis – que ele nota e transmite ao leitor – sejam freqüentemente fantásticas e muito dificilmente aplicáveis no "mundo real" fora das páginas da saga, a abordagem básica representada por essas narrativas ficcionais possui surpreendentes paralelos com o universo atual da criminalística e da medicina forense (e.g., cf. Stewart-Gordon 1961), onde casos reais de detecção por meio da observação e inferência cuidadosas são às vezes muito mais extraordinários do que qualquer um jamais sugerido por *sir* Arthur Conan Doyle.

O caráter das inferências de Sherlock. Embora os exemplos dos extraordinários usos da inferência por parte do detetive, bem como acerca de seu método básico, sejam abundantes na literatura sherlockiana, pouca atenção tem sido dispendida ao exame da lógica de suas aplicações (estudos menores, predominantemente acríticos e de tendência elogiosa incluem aqueles de Hart 1948, Schenk 1953, Mackenzie 1956, Ball 1958 e, em especial, Hitchings 1946).

O exame cuidadoso das sessenta narrativas que compõem o cânon revela, pelo menos, 217 casos de inferência claramente descritos e discerníveis (medição não-obstrutiva) realizados por Sherlock. Muitos deles são ordenados em cadeias lógicas, com Sherlock reunindo um grande volume de informações a partir de um simples objeto ou evento[26]. Inúmeros exemplos aparecem em uma única história (pelo menos trinta em STUD), enquanto poucos ou nenhum (como em DYIN) em outras.

Embora Sherlock fale freqüentemente de suas *deduções*, estas, de fato, raramente aparecem no cânon. Do mesmo modo, as inferências mais comuns de Sherlock não são tecnicamente *induções*. Para se ser mais exato, Sherlock exibe consistentemente aquilo que C. S. Peirce chamou de *abduções*[27]. De acordo com as distinções estabelecidas por Peirce, as diferenças entre dedução, indução e abdução podem ser consideradas como se segue:

                Dedução
Caso   Todos os graves ferimentos à faca resultam em sangramento.
Resultado   Este foi um grave ferimento à faca.
∴ *Regra*   Houve sangramento.

                Indução
Caso   Este foi um grave ferimento à faca.
Resultado   Houve sangramento.
∴ *Regra*   Todos os graves ferimentos à faca resultam em sangramento.

                Abdução
Caso   Todos os graves ferimentos à faca resultam em sangramento.
Resultado   Houve sangramento.
∴ *Regra*   Este foi um grave ferimento à faca.

As abduções, como as induções, e ao contrário das deduções, não são logicamente completas, e precisam ser validadas externamente. Peirce refere-se, às vezes, às abduções como *hipóteses* (ele também as chama,

---

26. De acordo com Ball (1958), essa habilidade é sumarizada naquilo que Ball indica ser as vinte e três deduções de Sherlock a partir de um simples fragmento de papel em REIG.

27. Para um pleno esclarecimento acerca da abdução em Peirce, o leitor deve se remeter a Cohen 1949:131-53; Feibleman 1946:116-32; Goudge 1950:195-99, e Buchler 1955:150-56. Para um excelente e breve resumo dos problemas gerais da indução ver Black 1967.

eventualmente, *inferências presuntivas*) e, no sentido moderno, o que a conclusão na abdução representa é: uma conjectura acerca da realidade que necessita ser validade por meio de teste.

A grande falha nas aplicações da inferência realizadas por Sherlock – pelo menos, segundo nos relata Watson – foi o fracasso de Sherlock em testar as hipóteses que ele obtém por meio da abdução. Na maioria das vezes, Sherlock tratou a inferência obtida por meio da abdução simplesmente como se fosse logicamente válida. (Muitas das paródias de Sherlock se apóiam, nas narrativas, sobre essa fraqueza). O fato incontestável é que a grande maioria das inferências de Sherlock não resiste a um exame lógico. Ele as conclui satisfatoriamente pelo simples motivo que o autor das histórias o permite[28]. Em certas ocasiões, as inferências abdutivas são ordenadas em extensas séries narrativas que o surpreso cliente (ou Watson) confirma a cada passo. Em certo sentido, isso constitui um nível de corroboração externa das hipóteses (especialmente quando são propostas acerca de coisas que o ouvinte conhece corretamente, caso que ocorre com bastante freqüência). Não obstante, na absoluta maioria das vezes, o processo de raciocínio básico descrito por Watson e com o qual Sherlock maravilha seus ouvintes deve ser julgado, em última análise, logicamente inadequado, quando não sem validade.

Em que pese as inadequações lógicas das abduções de Sherlock, é preciso notar que o detetive realiza, de fato, o teste da hipótese (i.e., busca validação externa) em, pelo menos, vinte e oito casos (embora nem todas essas ocasiões estejam diretamente relacionadas com o mínimo de 217 abduções encontradas no cânon). Diversas histórias incluem mais de um caso de teste de hipóteses (SILV e STUD evidenciam ambas três desses testes), mas a maioria das narrativas não demonstra tal intento de confirmação externa por parte de Sherlock. O melhor exemplo de teste realizado por Sherlock ocorre na história na qual o detetive procura o cavalo de corrida Silven Blaze desaparecido. Postulando que a perna do cavalo seria operada por um amador visando inutilizá-la, Sherlock raciocinou que o criminoso provavelmente iria praticar a operação com antecedência, de modo a se exercitar e garantir o sucesso da cirurgia efetiva. Uma vez que havia ovelhas nas redondezas, Sherlock conjecturou, posteriormente, que o criminoso iria usá-las em sua experiência. Investigando acerca das ovelhas, Sherlock descobriu que várias delas haviam,

---

28. Observando as discrepâncias lógicas do raciocínio de Sherlock, um estudioso comentou que as bem sucedidas conclusões do detetive deveriam ser tributadas à sugestão de que Sherlock possuiria poderes psíquicos de percepção extrasensorial (Reed 1970). De fato, as impressionantes habilidades de Sherlock se aproximam da leitura de pensamento, como sucede em CARD a respeito de Watson.

recente e inexplicavelmente, se tornado coxas. A vaticinada coxeadura das ovelhas atuou, pois, como uma confirmação das conjecturas de Sherlock (SILV).

A reconstituição dos métodos de Sherlock e a exposição das idéias fundamentais de seu pensamento são necessariamente incompletas. Sherlock nos relata apenas pedaços e fragmentos, através das narrativas de Dr. Watson, e mesmo esses excertos são expostos de modo econômico. Watson observou acerca de Sherlock que "ele leva ao limite extremo o axioma de que o único conspirador em segurança é o conspirador solitário" (ILLU). Como afirma o próprio Sherlock:

Eu não disperdiço palavras ou revelo meus pensamentos enquanto um caso está ainda sendo considerado (BLAN).

Reivindico o direito de trabalhar a meu modo e fornecer meus resultados de acordo com os meus prazos – e de modo completo, ao invés de fazê-lo por etapas (VALL).

Apesar desses obstáculos, vimos que é possível se fazer uma reconstituição geral e esta revela uma orientação sistemática e consistente.

SHERLOCK E A PSICOLOGIA SOCIAL

Do mesmo modo como ocorre com seu método básico, o exame da saga revela um grande número de afirmações e introvisões, muitas das quais acerca de vários aspectos da realidade social e psicológica, expressas de um modo quase – proposicional e testável. Vamos nos dedicar, agora, a focalizar algumas dessas observações.

Acerca de Caráter e Personalidade

Sherlock mantém o mesmo ceticismo, que o auxilia como detetive de crimes, em sua relação geral com o mundo social. Similarmente ao que ocorre com a maioria dos psicólogos sociais que se auto-denominam interacionistas simbólicos (cf. Stone e Faaberman 1970), Sherlock estava bastante ciente de que as definições das pessoas acerca de suas situações, suas percepções fenomenológicas de seus mundos, mais do que das realidades físicas, podem ser importantes fatores que determinam suas ações. "O que você faz neste mundo é algo sem conseqüência... O importante é o que você faz as pessoas acreditarem que você tenha realizado" (STUD). O ceticismo de Sherlock quanto às aparências chega à beira da paranóia quando se refere à mulher. Sherlock era especialmente cauteloso em suas relações com mulheres e achava quase impossível estimar-lhes as motivações.

> As mulheres nunca são inteiramente confiáveis – pelo menos, não as melhores (SIGN).

> Os motivos das mulheres são tão inescrutáveis... Suas ações mais triviais podem revelar muito; suas mais extraordinárias condutas podem depender de um grampo ou de uma escova de cabelos (SECO).

Ele demonstrava especial preocupação com o elemento feminino socialmente isolado.

> Uma das classes mais perigosas da sociedade... é a mulher desgarrada e sem amigos. Ela é a mais inofensiva e, com freqüência, a mais útil dos mortais mas, inevitavelmente, serve de estímulo ao crime. Ela é indefesa. Ela é migratória. Possui recursos suficientes que podem levá-la de um país a outro, de um hotel a outro. Muitas vezes, perde-se em labirintos de obscuros pensionatos. É uma galinha extraviada em um mundo de raposas. Quando é devorada, quase não nos damos conta de sua ausência (LADY).

No entanto, Sherlock não era um misógino (como bem pode ser constatado por sua admiração por Irene Adler, que consegue enganá-lo em SCAN), e reconhecia um grande valor na intuição feminina: "Já vi o suficiente para saber que as impressões de uma mulher são mais valiosas do que a conclusão de um raciocinador analítico" (TWIS).

Sherlock constrói diversas generalizações acerca das mulheres que o ajudaram a concluir com sucesso seus casos, mas estes apresentavam um alto grau de especificidade no que concerne à situação dessas mulheres e, provavelmente, não resistiriam a uma investigação rigorosa em outros contextos[29].

Na tentativa de decifrar o caráter e a motivação de alguém, Sherlock lançava mão de uma grande diversidade de sutis indicadores. Os movimentos dos olhos e do corpo do sujeito eram cuidadosamente examinados (esse estudo da "linguagem corporal" recebe hoje o nome de *cinesiologia*): "Posso ler no olhar de um homem quando ele teme por

---

29. Estas incluem: "Há poucas esposas que, tendo alguma consideração por seus maridos, permitiriam que qualquer palavra de homem se interpusesse entre elas e o corpo do marido morto" (VALL); "Nenhuma mulher remeteria um telegrama pago em resposta. Viria pessoalmente" (WIST); e "Quando uma mulher vê que sua casa está em chamas, seu primeiro instinto é correr para resgatar o que tem de mais valioso... Uma mulher casada salvaria seu bebê; uma solteira buscaria seu porta-jóias" (SCAN).

sua própria pele" (RESI). E, acompanhando os movimentos de uma jovem dama, sua cliente, à medida que ela se aproxima do apartamento do detetive, ele observa: "Esse andar titubeante na calçada sempre significa um *affaire du coeur*" (IDEN).

A investigação extensiva sempre alcançava não apenas o sujeito sob suspeita, mas também todos aqueles que pudessem estar a ele associados, incluindo crianças e animais.

Muitas vezes, alcancei minha primeira introvisão real acerca do caráter dos pais ao estudar seus filhos (COPP).

Tive sérias intenções de escrever uma pequena monografia acerca da utilização dos cães no trabalho do detetive... Um cão reflete a vida da família. Quem já viu um cão travesso em uma família melancólica, ou um cão tristonho em um lar alegre? Pessoas resmungonas possuem cães rosnadores; pessoas perigosas possuem mascotes ameaçadores. E seus humores passageiros podem refletir os humores passageiros dos outros (CREE)[30].

Sherlock manifestou diversas idéias interessantes acerca da personalidade. Ele, por exemplo, endossava a idéia da complementaridade na seleção de parceiros: "Você pode notar como os extremos se atraem, o espiritual ao animal, o homem da caverna ao anjo" (ILLU)[31]. Ele argumentava que um excelente desempenho em xadrez era "uma marca de uma mente conspiradora" (RETI). Proclamava que todos os sovinas eram homens ciumentos (*ibid.*) e que "os ciúmes eram um forte transformador de caráter" (NOBL). Reconhecendo a importância das inferioridades no homem, Sherlock observou que "a fraqueza em um membro é freqüentemente compensada por força excepcional em outros" (TWIS). Com respeito à apreciação das variações sutis por aqueles que são especialistas em alguma matéria, ele comentou que "para o homem que ama a arte pela arte... é freqüentemente de suas manifestações menos importantes e mais triviais que deriva o prazer mais aguçado" (COPP). E quanto à obstinada inércia psicológica do homem, ele conclui generalizando que "é sempre difícil para um homem compreender que finalmente perdeu o amor de uma mulher, não importa quão perversamente ele a tenha tratado" (MUSG). Todas essas generalizações devem permanecer sob suspeita até que sejam empiricamente testadas, embora essas máximas sugiram caminhos interessantes e potencialmente frutíferos para futuras pesquisas.

30. Em anos recentes, tem crescido o interesse dos psicólogos sociais por abordagens semelhantes. E. g. ver Levinson 1966.

31. Para uma versão moderna dessa idéia ver Winch 1955.

Sherlock como Criminologista

Até aqui, temos nos preocupados principalmente com a orientação geral de Sherlock para a investigação e percepção das realidades da vida social. Como detetive consultor, no entanto, sua preocupação primordial se volta para os crimes de natureza legal e moral. Vamos nos dedicar, agora, a examinar os critérios e as observações de Sherlock referentes a este domínio mais especializado.

Sherlock acerca da Justiça e da Simulação. Sherlock pensava que suas agruras pessoais eram "detalhes insignificantes" que "não deveriam jamais interferir na investigação de um caso" (HOUN). Ele, porém, estava longe de ser o estereótipo usual que a maioria das pessoas concebe do herói ousado. Embora fosse um homem intrépido, Sherlock jamais ignorou a adversidade, pois pensava que "é uma estupidez mais que um ato de coragem se recusar a reconhecer o perigo quando ele está próximo" (FINA). Ainda mais contrário à imagem de heroísmo puro, entretanto, estava o fato de as atividades de Sherlock às vezes se contraporem à lei. Como investigador não-oficial, ele não se submetia às convenções da polícia. Demonstrava pouco respeito pela perícia dos homens da Scotland Yard, considerando-os, em geral, "maus sujeitos" (embora ele respeitasse as habilidades do Inspetor Tobias Gregson, da Yard). Ele foi até mais longe em seu desdém pela polícia, como quando observou que "a ajuda local é sempre tão inútil quanto preconceituosa" (BOSC). Sherlock estava bastante ciente das inadequações dos aparatos legais e comentou que "muitos homens haviam sido injustamente enforcados" (*ibid*).

Aparentemente, Sherlock alimentava uma fé na vitória final da justiça, como indicava sua afirmação de que "a violência, na verdade, recai sobre o violento e o conspirador cai na fossa que ele cavou para o outro" (SPEC). Sherlock, porém, às vezes acreditava que era necessário contornar a lei para assegurar a justiça. Assim sendo, ele ocasionalmente cometia transgressões, arrombamentos e detenções ilegais. Referindo-se ao grave delito do arrombamento, ele argumentava que "é moralmente justificável, uma vez que nosso objetivo é tomar apenas aqueles artigos que são usados com propósitos ilegais" (CHAS). Ele adotou esse papel basicamente vigilante porque, como ele mesmo diz, "pensou que há certos crimes que a lei não consegue tocar, e que, no entanto, em certa medida, justificam uma vingança privada" (*ibid*).

Sherlock reconhecia também que a prisão não era a punição apropriada para um crime e que, na verdade, poderia ser um empecilho para o processo de reabilitação. De fato, em pelo menos quatorze ocasiões,

Sherlock permitiu que conhecidos delinqüentes fossem libertados (Leavit 1940:27), pois, como ele afirmou a respeito de um desses homens por ele liberado: "remeta-o para a prisão agora e fará dele um pássaro de gaiola para o resto da vida" (BLUE).

Sherlock não descarta o recurso ao logro se percebe que isso pode servir aos fins da justiça. Ultrapassa todos os limites quando, para prender "o pior indivíduo de Londres", se disfarça de encanador e se insinua à criada do vilão para conseguir informações (CHAS)[32]. Sherlock estava ciente de que precisava obter a inteira confiança de seus informantes e, para isso, muitas vezes, se fez passar por um deles. Assim sendo, em certa ocasião, necessitando informações, disfarça-se de cavalariço, justificando a Watson que "há uma simpatia e uma camaradagem extraordinárias entre os cavaleiros. Seja um deles, e saberá tudo o que há para saber" (SCAN).

Em outras ocasiões, Sherlock finge doenças, acidentes, falseia informações e até mesmo sua própria morte. Sempre se serviu dos jornais de uma maneira manipuladora[33] e observava que "a imprensa... é uma instituição das mais valiosas, se soubermos utilizá-la" (SIXN).

Sherlock acerca do crime. Sherlock Holmes sempre teve clareza quanto ao fato de que as estatísticas criminais normalmente demonstram apenas os casos *relatados* de violação da lei. Assim, observando a agradável paisagem rural que ele e Watson atravessam de trem, faz o seguinte comentário:

Você olha para essas casas dispersas e se impressiona com sua beleza. Eu as observo e o único pensamento que me vem é a sensação de seu isolamento e com que impunidade um crime aqui seria cometido... Elas sempre me causam um certo sentimento de horror. Acredito..., baseado em minha experiência, que os mais imundos e afastados becos em Londres não apresentam mais formidável recorde de pecado do que a bela e aprazível zona do campo... (E) o motivo é bastante óbvio. A pressão da opinião pública pode fazer, na cidade, aquilo que a lei não consegue cumprir. Não há beco, por mais infecto que seja, no qual o grito de uma criança torturada, ou o baque do murro de um beberrão não atraia a solidariedade e a indignação dos vizinhos, no qual uma palavra de reclamação não seja suficiente para fazer (a lei) funcionar, e há, ali, apenas um degrau entre o crime e

---

32. Freqüentemente Sherlock obtém informações de empregados, em especial de ex-empregados dos indivíduos sob investigação pois, como ele observa, "não há melhor instrumentos (para fornecer informações) do que empregados demitidos que alimentam rancor" (WIST).

33. E. g., em BRUC Sherlock planta uma notícia falsa nas "colunas de óbitos" de modo a fazer com que o vilão se revele.

o banco dos réus. Olhe, porém, essas casas solitárias, cada qual em seu próprio campo, ocupadas, em sua maioria, por pobres e ignorantes conterrâneos que pouco sabem acerca da lei. Pense nas ações de diabólica crueldade, nas perversidades ocultas que se sucedem, ano após ano, em tais lugares, sem nenhum registro a respeito (COPP).

A exemplo de suas opiniões acerca da personalidade, Sherlock nos oferece diversas máximas a respeito de crime e investigação criminal que o criminologista contemporâneo deve levar em consideração. Sherlock proclama, por exemplo, que há uma relação potencial entre o incomum e o criminoso, como quando aponta que "há apenas um passo entre o grotesco e o horrível" (WIST). No entanto, ele também nos adverte de que não devemos assumir tal relação como sendo automática porque "as coisas mais estranhas e singulares são, muito freqüentemente, conectadas com os crimes menores e não com os mais grandiosos e, às vezes, também, com aquilo que deixa margens à dúvida, podendo ser, talvez, que nenhum crime de fato tenha sido cometido" (REDH). Sherlock encontra dois tipos de crime especialmente difíceis de desvendar. Considera o crime "sem nexo" ou sem propósito aparente o maior desafio para o investigador criminal: "o crime mais difícil de perseguir é aquele sem motivo" (NAVA). Porém, mesmo quando se encontra envolvido um motivo verificável, o crime planejado também apresenta grandes dificuldades para um detetive pois "quando um crime é friamente premeditado, os meios para encobri-lo são também friamente premeditados" (THOR). A compreensão do potencial de complexidades ocultas em um crime planejado faz com que Sherlock se torne ainda mais cuidadoso em tais casos, especialmente acerca de suspeitos com alibis aparentemente sólidos, porque, como ele observa, "apenas um homem com um projeto criminoso deseja estabelecer um álibi" (WIST). Por fim, é preciso ressaltar que, à parte considerar esses dois tipos de crimes como formidáveis, Sherlock também reconhece os casos em que o criminoso é doutor em medicina como particularmente difíceis: "quando um médico entra na trilha do mal, ele é o número um dos criminosos. Ele possui auto-controle e possui conhecimento" (SPEC).

Erros e antecipações canônicos. Como era de se esperar, as aventuras, às vezes, mostram Sherlock enunciando idéias cientificamente equivocadas. Isso reflete, de modo amplo, as noções populares de sua época. Assim sendo, Sherlock dá um grande destaque à hereditariedade como fator causal na formação de criminosos. Ele se refere a uma linhagem criminal hereditária vinculada ao arqui-vilão Professor Moriarty (FINA), e proclama com veemência sua opinião:

Há certas árvores... que crescem até determinada altura e, subitamente, desenvolvem alguma excentricidade inusitada. Você poderá constatar o mesmo, com freqüência, nos seres humanos. Tenho uma teoria de que o indivíduo representa, em seu desenvolvimento, o processo global de seus antecessores e que essas súbitas reviravoltas para o bem ou para o mal ocorrem por alguma estranha influência que se propaga através de sua árvore genealógica. A pessoa se torna, por assim dizer, o epítome da história de sua própria família (EMPT).

Sherlock aparentemente também compartilha de alguns estereótipos e preconceitos de seu mundo vitoriano com relação a determinados grupos minoritários. Assim, ele demonstra leve preconceito contra negros e judeus[34].

Ele também revela idéias falsas e incomuns a respeito dos processos de pensamento. Já mencionamos suas opiniões acerca da memória como um ático que se torna super-povoado (STUD). Do mesmo modo, ele demonstra um certo grau de desconhecimento dos processos cognitivos nos seguintes pronunciamentos:

Permitir que o cérebro trabalhe sem suficiente material é como forçar uma máquina. Ela se rompe em pedaços (DEVI).

As faculdades se tornam refinadas quando as forçamos pela fome (MAZA).

A intensa concentração mental tem uma curiosa maneira de apagar o que passou (HOUN).

Em que pese tais lapsos ocasionais de desinformação, compreensíveis em seu período histórico, Sherlock conseguiu ser pioneiro, antecipando diversas inovações na investigação criminal científica. Uma vez que a balística era desconhecida como ciência pela polícia, anteriormente a 1909 (cf. Baring-Gould 1967, II:349, n. 51), a declaração de Sherlock acerca de um certo vilão, em uma história publicada originalmente em 1903, afirmando que "as balas, por si só, são suficientes para enfiar-lhe a cabeça em um laço" (EMPT), parecem colocá-lo como um pioneiro de fato nessa matéria. Sherlock foi também um dos primeiros defensores da importância tanto das impressões digitais (NORW) quanto do sistema Bertillon de mensuração (NAVA).

---

34. Sherlock, aparentemente, aceita o estereótipo habitual engendrado pelos caucasianos de que as pessoas negras possuem um odor inconfundível, como se pode constatar na afirmação que faz para o pugilista negro Steve Dixie: "não gosto do teu cheiro"; em outra ocasião, ele finge estar procurando o vidro de perfume do esportista (3GAB). Sherlock também parece compartilhar do preconceito anti-semita quando diz, referindo-se a um cliente em débito, "ele está nas mãos dos judeus" (SHOS).

Entre as mais interessantes de suas antecipações, encontra-se a compreensão da possibilidade de distinguir e identificar diferentes tipos de comunicações. Ele era capaz de reconhecer de imediato diferenças entre uma enorme variedade de tipos de impressão em jornais e revistas e afirmava que: "a detecção de tipos é um dos ramos mais elementares do conhecimento para o grande especialista do crime" (HOUN). E, ainda mais importante, ele foi um dos primeiros a reconhecer que máquinas de escrever poderiam ser identificadas: "É curioso o fato... de que uma máquina de escrever tenha quase tanta individualidade quanto o manuscrito. A menos que sejam igualmente novas, duas máquinas nunca escrevem do mesmo modo. Algumas letras apresentam maior desgaste do que outras e algumas se mostram gastas em apenas um dos cantos" (IDEN). Acima de tudo, Sherlock acreditava piamente no grande conhecimento que se poderia obter pelo exame dos manuscritos (cf. Christie 1955 e Swanson 1962). Sherlock não apenas foi um pioneiro nesse estudo, como avançou consideravelmente além daquilo que os grafologistas poderiam reivindicar para a sua ciência ao afirmar que "a dedução da idade de um homem a partir de sua escritura é algo que alcançou, com os especialistas, um nível de considerável precisão" (REIG) e que "um maneirismo familiar pode ser detectado em... duas espécies de escritura" (*ibid*).

Finalmente, é preciso apontar que Sherlock pode ter antecipado alguns dos estratagemas da psicanálise. Ele dava a impressão de conhecer a base dos testes de livre-associação pois, ao analisar uma mensagem codificada que continha palavras aparentemente estranhas e sem sentido, ele observou, acerca do autor: "Ele naturalmente usaria as primeiras palavras que lhe viessem à mente e, à medida que há tantas entre elas que se referem a certo esporte, podemos estar quase seguros de que ele é ou um caçador entusiasta ou um interessado em criação (de animais)" (GLOR). Sherlock também demonstrava uma clara compreensão dos mecanismos defensivos de projeção quando afirma, com respeito a um malfeitor: "Pode ser apenas a sua consciência. Sabendo-se um traidor, pode ter lido a acusação no olhar do outro" (VALL). E, em outra passagem, ao falar da sutil influência da música, ele se revela próximo da idéia de arquétipos do inconsciente coletivo tal como posteriormente desenvolvida por Carl G. Jung: "Há, em nossas almas, vagas memórias de séculos nebulosos quando o mundo se encontrava em sua infância" (STUD).

Sherlock, portanto, compartilhou de muitos dos equívocos dos homens de seu tempo mas, como esperamos ter adequadamente demonstrado neste ensaio, ele também ampliou nossa visão do homem. Dada a extraordinária popularidade dos relatos de suas aventuras – criadas para nós pelo gênio de Sir Arthur Conan Doyle –, para muitos criminologistas que reconheceram os méritos dos métodos do detetive, é duvidoso que Sherlock Holmes pudesse ter tido um impacto ainda maior para as ciências do homem se ele realmente tivesse vivido.

4. Chaves do Mistério: Morelli, Freud e Sherlock Holmes[1]

CARLO GINZBURG

Deus se esconde nos detalhes.
(G. Flaubert e A. Warburg)

Nas páginas que se seguem, tentarei mostrar como, no final do século dezenove, um modelo epistemológico (ou, se preferirem, um paradigma[2]) surge discretamente na esfera das ciências sociais. O exame desse paradigma – que ainda não mereceu a devida atenção e que tem sido utilizado sem nunca ter sido proclamado como uma teoria – talvez possa nos ajudar a ir além do estéril contraste entre "racionalismo" e "irracionalismo".

I

1. Entre 1874 e 1876, a revista de história da arte alemã *Zeitschrift für bildende Kunst* publicou uma série de artigos sobre pintura italiana. Levavam a assinatura de um desconhecido estudioso russo, Ivan Lermol-

---

1. O texto original italiano deste ensaio apareceu em *Crisi della ragione*, de A. Gargani (ed.), (Torino: Einaudi, 1979) pp. 59-106. O autor espera publicar, proximamente, uma nova versão revisada e aumentada da obra.
2. Para o significado de "paradigma" ver Kuhn 1962. As especificações e distinções sugeridas posteriormente pelo mesmo autor (*Postscript* 1969 in Kuhn 1974:174ss.) não se incluem em seu parecer.

lieff, e tinham sido traduzidos por um alemão também desconhecido, um certo Johannes Schwarze. Os artigos propunham um novo método para uma atribuição correta das obras dos velhos mestres, o que provocou muitas discussões e controvérsias entre os arte-historiadores. Anos mais tarde, o autor revelou-se como sendo Giovanni Morelli, um italiano (ambos os pseudônimos haviam sido adaptados de seu próprio nome). O "método Morelli" é ainda hoje uma referência para os arte-historiadores[3].

Vamos estudar esse método. Diz Morelli que os museus estão repleto de pinturas erroneamente atribuídas – mesmo considerando que é muito difícil designar-lhes a autoria correta uma vez que muitas não apresentam quaisquer assinaturas, ou estas foram recobertas por tinta ou, ainda, precariamente restauradas. Portanto, distinguir as cópias das originais (embora imprescindível) é tarefa árdua. Para que isso possa ser feito, continua Morelli, não deveríamos concentrar a atenção nas características mais óbvias da pintura, pois estas poderiam ser facilmente imitadas – por exemplo, tomar-se as figuras centrais de Perugino, com os olhos caracteristicamente voltados para os céus, ou, então, os sorrisos das mulheres de Leonardo. Ao invés disso, deveríamos nos concentrar nos detalhes menores, em especial aqueles que apresentam menos significância no estilo típico da própria escola do pintor: lóbulos de orelha, unhas dos dedos, formato das mãos e dos pés. Desse modo, Morelli identificou a orelha (ou outro detalhe qualquer) peculiar a mestres como Botticelli e Cosmé Tura tal como seria encontrada nos originais, mas não nas cópias. Então, usando esse método, ele corrigiu cerca de uma dezena de autorias em algumas das principais galerias da Europa. Determinados casos foram espetaculares: o museu de Dresdem possuia uma pintura de

---

3. Sobre Morelli ver primeiramente Wind 1963:32-51, e as fontes que ele menciona. Sobre a vida de Morelli ver Ginoulhiac 1940; para uma reavaliação de seu método ver Wolheim 1973; Zerner 1978, Previtali 1978. Infelizmente, não existe nenhum estudo geral sobre Morelli. Seria interessante analisar, além de seus escritos sobre história da arte, sua educação científica anterior, seu relacionamento com o meio intelectual alemão, sua amizade com o grande crítico literário italiano Francesco de Sanctis, e seu envolvimento com a política. (Morelli propôs De Sanctis para a cadeira de Literatura Italiana em Zurique: ver De Sanctis 1938). Sobre o envolvimento político de Morelli ver menções em Spini 1956. Acerca da ressonância européia de seu trabalho ver correspondência com Marco Minghetti, escrita em Basiléia, a 22 de junho de 1882: "O velho Jacob Burckhardt, a quem visitei ontem à noite, foi extremamente simpático e insistiu em ficar me fazendo companhia durante todo o tempo em que ali permaneci. É um homem bastante original, tanto em seu comportamento quanto por suas idéias: você, e em especial dona Laura, gostariam muito dele. Ele falou-me acerca do livro de Lermolieff como se o conhecesse de cor e colocou-me uma série de perguntas – o que me deixou bastante lisonjeado. Irei encontrá-lo logo mais, esta manhã..." (Biblioteca Comunale di Bologna, Archiginnasio, Carteggio Minghetti, XXIII, (54).

uma Vênus reclinada, classificada como sendo uma cópia feita por Sassoferrato de um trabalho perdido de Ticiano; Morelli identificou-a como um dos raros trabalhos definitivamente atribuído a Giorgione.

Apesar desses resultados – e talvez devido à segurança arrogante com que os apresentou – o método de Morelli foi muito criticado. Denominaram-no de mecânico, ou cruamente positivista, e caiu em desgraça[4]. (Embora é quase provável que muitos dos que o rejeitaram injuriosamente o tenham empregado de modo discreto em suas próprias atribuições). Devemos a recente renovação do interesse por seu trabalho ao arte-historiador Edgar Wind, que reconsiderou o método como exemplo de uma abordagem bastante moderna da obra de arte, tendendo para a apreciação do detalhe mais do que para o todo. Wind (1963:42-44) relaciona essa atitude ao culto da espontaneidade do gênio, tão corrente nos círculos românticos[5]. Isso, porém, por si só não é convincente. Morelli não estava manejando problemas ao nível da estética (o que, aliás, foi usado contra ele), mas ao um nível mais básico, próximo da filologia[6]. As implicações de seu método incidem em outro âmbito, e são muito mais ricas, embora, como vimos, Wind tenha estado perto de alcançá-las.

2. Os livros de Morelli parecem diferentes daqueles de qualquer outro escritor sobre arte. Estão recheados de ilustrações de dedos e orelhas, de cuidadosos registros de detalhes característicos, através dos quais um artista se revela, do mesmo modo que um criminoso pode ser denunciado por uma impressão digital... qualquer galeria de arte estudada por Morelli começa a se assemelhar a um arquivo policial... (Wind 1963:40-41)

Esta comparação foi brilhantemente desenvolvida por um arte-historiador italiano, Enrico Castelnuovo (1968:782), que estabeleceu um paralelo entre os métodos de classificação de Morelli e os atribuídos por Arthur Conan Doyle, poucos anos mais tarde, à sua criação ficcional,

---

4. De acordo com Longhi 1967:234, Morelli foi "menos grandioso" que Cavalcaselle, "ainda que importante", sugerindo de algum modo que suas "indicações materialistas" tornaram "seu método obscuro e inútil do ponto de vista estético". (Quanto a implicações de críticas como esta ver Contini 1972:117). Comparações desfavoráveis com Cavalcaselle foram sugeridas, por exemplo, por M. Fagiolo in Argan & Fagiolo 1974:97,101.

5. Croce (1946:15) criticou em Morelli "a apreciação sensualista dos detalhes fora de seus contextos".

6. Ver Longhi 1967:321: "Morelli ou carece enormemente de senso de qualidade ou, então, perverteu-o sob o impulso de seu conhecimento especializado...". Considera-o até mesmo "inferior e deplorável".

Sherlock Holmes[7]. O especialista em arte e o detetive podem muito bem merecer uma comparação, cada qual fazendo descobertas a partir de pistas, despercebidas por outros: o autor, casos relacionados a crime; o outro, pinturas. Os exemplos da habilidade de Sherlock Holmes de interpretar pegadas, cinzas de cigarros e outros por menores são incontáveis e muito bem conhecidos. Vamos, porém, nos deter em "A Caixa de Papelão" (1892) para uma ilustração do achado de Castelnuovo: aqui, Sherlock atua como se estivesse "morellizando".

Orelhas e mãos por Botticelli, reproduzido de *Pintores Italianos*, de Morelli, 1892.

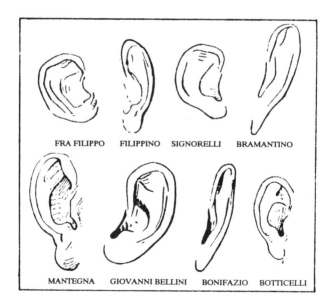

Orelhas típicas, reproduzido de *Pintores Italianos*.

---

7. Arnold Hauser (1959) estabelece uma comparação mais geral entre os métodos "detetivesco" de Freud e os de Morelli.

O caso se inicia com o envio de um pacote contendo duas diferentes orelhas a uma inocente senhora. É um bom exemplo do especialista em serviço:

> (Sherlock) olhava com singular interesse o perfil da dama. Por um instante, foi possível ler na expressão astuta do detetive, tanto surpresa quanto contentamento, embora quando a senhora se voltou para averiguar a causa de seu silêncio, ele já havia recuperado a impassibilidade habitual. Eu (Watson) pus-me a estudar, por minha vez, aqueles cabelos lisos e grisalhos, a touca graciosa, os pequenos brincos dourados e as feições serenas da mulher, sem, contudo, encontrar algo que justificasse a evidente excitação de meu amigo. (CARD).

Mais adiante, Sherlock explica a Watson (e ao leitor) o fluxo iluminado de seus pensamentos:

> Como médico que é, Watson, deve saber que não existe parte do corpo humano que varie tanto quanto uma orelha. Cada uma tem suas próprias características e difere de todas as outras. Na *Revista Antropológica* do ano passado, você encontrará duas pequenas monografias que escrevi a esse respeito. Assim, examinei com um olhar de especialista as orelhas contidas na caixa e observei detalhadamente suas peculiaridades anatômicas. Imagine, pois, minha surpresa quando, ao olhar para a Srta. Cushing, constatei que sua orelha correspondia com exatidão àquela orelha feminina que eu acabara de inspecionar. Tratava-se de algo mais que uma simples coincidência. Ali estava o mesmo encurtamento da aurícula, a mesma ampla curvatura do lóbulo superior, a mesma circunvolução da cartilagem interna. No que era essencial, tratava-se da mesma orelha.
> Naturalmente, percebi, de imediato, a enorme importância dessa observação. Era evidente que a vítima tinha com ela uma relação de parentesco, e provavelmente muito próxima... (CARD)[8].

3. Veremos em breve as implicações desse paralelismo[9]. Entrementes, vamos desfrutar de outra das proveitosas observações de Wind.

---

8. CARD apareceu primeiramente em *The Strand Magazine* V (jan./jun. 1893). Baring-Gould (1967:208) nos informa que *The Strand* publicou alguns meses mais tarde um artigo anônimo sobre as variedades de orelha humana (*"Ears: a chapter on"*, Strand Magazine VI, jul./dez. 1893). Para Baring-Gould, é provável que o autor tenha sido Conan Doyle, publicando o tratado antropológico de Sherlock sobre orelhas. Mas, ao artigo sobre "orelhas" seguiu-se outro sobre "mãos", assinado desta feita por Beckles Wilson (*The Strand Magazine* V, jan./jul. 1893) e, aparentemente, se tratava do mesmo autor. No entanto, as páginas ilustrando os possíveis formatos de orelha lembram irresistivelmente as ilustrações do trabalho de Morelli, o que confirma, pelo menos, o fato de essa idéia estar em circulação por aquela época.

9. É bastante possível que o paralelo seja mais do que uma coincidência. Um tio de Conan Doyle, Henry Doyle, pintor e crítico de arte, foi empossado Diretor da Galeria de Arte de Dublin em 1869. Em 1887, Morelli encontrou-se com Henry Doyle e escreveu sobre

Para alguns dos críticos de Morelli, parece estranho "que a personalidade se desvende onde justamente haja menor empenho pessoal". Quanto a isso, porém, a moderna psicologia certamente daria suporte a Morelli: nossos gestos mais simples e espontâneos revelam nosso caráter de modo muito mais autêntico do que qualquer postura formal que componhamos cuidadosamente. (1963:40)

"Nossos gestos mais simples e espontâneos" – podemos aqui, sem qualquer hesitação, substituir o termo geral "moderna psicologia" pelo nome de Sigmund Freud. Os comentários de Wind sobre Morelli atraíram até a atenção de estudiosos (Hauser, 1959; ver também Spector 1969, Damish 1970 e 1977, e Wolheim 1973) para uma negligenciada passagem de um famoso ensaio de Freud "O Moisés de Michelangelo" (1914). No início da segunda seção, Freud escreve:

Muito antes de eu ter a oportunidade de ouvir acerca da psicanálise, soube que um crítico de arte russo, Ivan Lermolieff, havia provocado uma revolução nas galerias de arte da Europa ao questionar a autoria de várias pinturas, ensinando a distinguir com segurança as cópias dos originais e atribuindo a outros artistas as obras cuja autoria anterior havia sido desacreditada. Chegou a esses resultados insistindo no fato de que a atenção deveria ser desviada da impressão geral e dos principais traços da pintura para repousar na significância dos detalhes secundários, em coisas como o desenho das unhas dos dedos, do lóbulo de uma orelha, das auréolas e outros elementos que um copista deixa de lado ao imitar, mas que todo artista executa de forma bem característica. Fiquei, então, bastante interessado ao saber que o pseudônimo russo ocultava a identidade de um médico italiano de nome Morelli, falecido em 1891. A meu ver, esse seu método de averiguação encontra-se estreitamente relacionado à técnica da psicanálise. Também esta está acostumada a conjecturar coisas secretas ou encobertas a partir de traços menosprezados ou inadvertidos, do refugo, por assim dizer, de nossas observações (*"auch diese ist gewöhnt, aus gering geschätzten oder nicht beachteten Zügen, aus dem Abhubdem 'refuse' – der Beobachtung, Geheimes und Verborgenes zu erraten"*). (n.d.: 222).

---

ele a *Sir* Henry Layard: "O que você diz a respeito da Galeria de Dublin interessa-me particularmente, ainda mais que em Londres eu tive a grata oportunidade de encontrar-me com o extraordinário Sr. Doyle, que causou-me a melhor impressão possível... Céus! melhor que Doyle, que outras pessoas você encontraria normalmente como encarregadas das galerias na Europa?" (British Museum, Add. Ms. 38965, Layard Papers, vol. XXXV c. 120v). É comprovado o conhecimento de Doyle acerca do método Morelli (embora este possa ter sido tomado por um historiador da arte) através da edição de 1890 do Catálogo de Obras de Arte da *National Gallery* da Irlanda, editada por ele e que utiliza o manual de Kugler, o que foi cuidadosamente reelaborado por Layard em 1887 sob a orientação de Morelli. A primeira edição traduzida para o inglês da obra de Morelli apareceu em 1883 (ver bibliografia, Richter 1960). A primeira história de Sherlock (STUD) foi publicada em 1887. Isso permite a possibilidade de que, através de seu tio, Conan Doyle estivesse familiarizado com o método

"O Moisés de Michelangelo" foi publicado primeiro anonimamente: Freud assumiu sua autoria apenas quando o incluiu em suas obras completas. Muitos supuseram que o gosto de Morelli por esconder-se atrás de pseudônimos teria afetado Freud de algum modo e houve mesmo algumas tentativas plausíveis de justificar essa coincidência (ver Kofman, 1975: 19, 27; Damish 1917: 70ss.; Wolheim 1973: 210). De qualquer modo, não há dúvidas de que, sob a cobertura do anonimato, Freud declarou explicitamente, ainda que também de uma maneira velada, a considerável influência que Morelli exerceu sobre ele muito antes da descoberta da psicanálise (*"lange bevor ich etwas von der Psychoanalyse hören konnte..."*). Confinar essa influência apenas ao ensaio "O Moisés de Michelangelo", ou mesmo aos estudos vinculados à história da arte[10], como o fizeram alguns, é reduzir de modo impróprio a importância do próprio comentário de Freud: "A meu ver, esse método de averiguação encontra-se estreitamente relacionado à técnica da psicanálise". De fato, essa passagem acima mencionada assegura a Giovanni Morelli um lugar especial na história da psicanálise. Estamos lidando aqui com um vínculo documentado e não apenas com uma conjectura como as muitas que se proclamam "antecedentes" ou "precursoras" de Freud. Além do mais, como já dissemos, Freud tomou contato com os escritos de Morelli antes mesmo de se dedicar à psicanálise. Temos aqui um elemento que contribuiu diretamente para a cristalização da psicanálise e não apenas uma coincidência advertida posteriormente, após suas descobertas (como se deu com a passagem do sonho de J. Popper "Lynkeus", inserida nas edições posteriores de *A Interpretação dos Sonhos* (Freud))[11].

4. Antes de tentarmos entender o que Freud apreendeu de suas leituras de Morelli, devemos esclarecer as circunstâncias precisas desse encontro – ou melhor, segundo o próprio relato de Freud, de dois momentos distintos desse encontro: "Muito antes de ter a oportunidade de ouvir acerca da psicanálise, soube que um crítico de arte russo, Ivan Lermolieff..."; "Fiquei, então, bastante interessado ao saber que o pseudônimo russo ocultava a identidade de um médico italiano de nome Morelli...".

A data da primeira notícia pode ser estabelecida apenas vagamente. Deve ter sido anterior a 1895 (quando Freud e Breuer publicaram seus *Estudos sobre a Histeria*) ou em 1896 (quando Freud utilizou pela pri-

de Morelli. Mas, seja como for, tal suposição não é de todo relevante uma vez que os escritos de Morelli não eram com certeza o único veículo para essas idéias.

10. A única exceção é propiciada pelo requintado ensaio de Spector, o qual, no entanto, exclui a existência de qualquer relacionamento real entre os métodos de Freud e de Morelli (1969:82-83).

11. Dois ensaios posteriores de Freud acerca de suas relações com "Lynkeus" encontram-se mencionados em *A Interpretação dos Sonhos*.

meira vez o termo psicanálise; ver Robert 1966)), ou, então, após 1883, quando, em dezembro, Freud escreveu a sua noiva uma longa carta sobre sua "descoberta da arte" durante visita ao Museu de Dresden. Antes disso, ele não havia demonstrado qualquer interesse em pintura. Escreveu, na ocasião: "Abandonei meu filisteísmo e passei a admirá-la"[12]. É difícil imaginar que antes disso Freud pudesse se ver atraído pelos escritos de um historiador de arte; desconhecido é perfeitamente plausível, no entanto, que, após essa carta, ele tenha começado a lê-los – em especial porque a primeira edição da coletânea de ensaios de Morelli (Lermolieff 1880) continha aqueles estudos acerca dos velhos mestres italianos dos museus de Munique, Dresdem e Berlim.

O segundo encontro de Freud com os escritos de Morelli pode ser datado com maior segurança, embora ainda assim de modo presumido. O nome real de Ivan Lermolieff tornou-se público, pela primeira vez, no cabeçalho da tradução inglesa da coleção, que saiu em 1883. As edições e traduções posteriores, a partir de 1891, quando faleceu Morelli, ostentavam tanto o nome quanto o pseudônimo (Morelli 1883). É possível que, cedo ou tarde, Freud tenha visto um dos exemplares de qualquer dessas edições; porém, é mais provável que ele tenha tomado conhecimento da real identidade de Lermolieff em setembro de 1898, folheando um volume em uma livraria de Milão. Na biblioteca de Freud, que se encontra preservada em Londres, há uma cópia do livro de Giovanni Morelli (Ivan Lermolieff) *Della pittura italiana. Studii storico critici – Le gallerie Borghese e Doria Pamphili in Roma,* publicado em Milão em 1897. Uma nota na página de rosto indica sua aquisição: Milão 14 de setembro (Trosman e Simmons 1973). A única visita de Freud a Milão se deu no outono de 1898 (Jones 1953). Além do mais, por essa época, o livro de Morelli deve ter tido uma grande importância para Freud. Ele havia estado trabalhando há meses sobre os lapsos de memória – pouco antes, na Dalmácia, ele havia tido a experiência (posteriormente analisada em *A Psicopatologia do Cotidiano*) de não conseguir se lembrar do nome do pintor dos afrescos de Orvieto. Juntamente com aquele pintor, Signorelli, Botticelli e Boltraffio, cujos nomes continuou trocando, encontram-se mencionados no livro de Morelli (Robert 1966; Morelli 1897: 88-89, 159).

Mas que significado podem ter tido os livros de Morelli para Freud, ainda jovem, ainda distante da psicanálise? O próprio Freud nos responde: a proposição de um método interpretativo, baseado na apreensão de detalhes marginais e irrelevantes enquanto chaves reveladoras. Segundo

---

12. Ver Gombrich 1966. É curioso que aqui Gombrich não faça nenhuma menção do trecho de Freud sobre Morelli.

esse método, minúcias em geral consideradas triviais e sem importância, "aquém da atenção", fornecem a chave para as maiores conquistas do gênio humano. A ironia desta passagem retirada do livro de Morelli deve ter deliciado Freud:

> Meus adversários se comprazem em classificar-me como alguém que não compreende o conteúdo espiritual de uma obra de arte, e que, conseqüentemente, atribui particular importância a minúcias externas tais como a forma das mãos, da orelha, e até mesmo, *horribile dictu* (que espanto!), coisas tão toscas quanto as unhas do dedo. (Morelli 1897: 4).

Morelli teria feito bom uso do dito virgiliano tão caro a Freud, que o escolheu como epígrafe para *A Interpretação dos Sonhos: Flectere si nequeo Superos, Acheronta movebo* (Se não posso submeter as forças dos Céus, então, desencadearei as do Inferno)[13]. Do ponto de vista de Morelli, esses detalhes são reveladores porque, neles, a submissão do artista às tradições culturais cede passo a um traço puramente individual, os detalhes sendo reproduzidos de certo modo "pela força do hábito, quase inconscientemente" (Morelli, 1897:71). Mais do que pela referência ao inconsciente – nada excepcional nessa época[14] – o que surpreende aqui é o modo como a essência mais íntima da individualidade do artista é vinculada a elementos que extrapolam o controle consciente.

5. Esboçamos aqui uma analogia entre os métodos de Morelli, de Sherlock e de Freud. Mencionamos a conexão entre Morelli e Sherlock, e entre Morelli e Freud. As semelhanças específicas entre as atividades de Sherlock e Freud foram apresentadas por Steven Marcus (1976:x-xi)[15]. O próprio Freud, por sinal, disse a um paciente (o "Homem-Lobo") de seu interesse pelas estórias de Sherlock Holmes. Quando, no entanto, na primavera de 1913, um seu colega (T. Reig) sugeriu-lhe um paralelo entre o método psicanalítico e método sherlockiano, Freud replicou ex-

---

13. A escolha, por Freud, do verso de Virgílio como mote foi interpretada de várias maneiras: ver Schoenau 1968:61-73. A interpretação mais convincente foi sugerida por E. Simon: o significado do mote é que o oculto, a parte invisível da realidade não é menos significante que aquela visível. Sobre as possíveis implicações políticas do verso de Virgílio, já utilizado por Lassale, ver o excelente ensaio de Schorske (1980:181-207, em particular 200-03).

14. Ver o obituário de Morelli escrito por Richter (Morelli 1897:xviii): "aquelas pistas específicas (descobertas por Morelli)... as quais o mestre deixa escapar através do hábito e quase inconscientemente..."

15. Ver também o apêndice bibliográfico em *The Seven Percent Solution*, de N. Meyer, uma novela injustamente bem sucedida na qual Sherlock e Freud aparecem juntos como personagens.

pressando sua admiração pela técnica de Morelli com ares de especialista. Em qualquer dos três casos, minúsculos detalhes proporcionam a chave para uma realidade mais profunda, inacessível por outros métodos. Esses detalhes podem ser sintomas para Freud, ou chaves de mistérios para Sherlock, ou caracteres distintivos de pintura para Morelli (Gardiner 1971:146; Reik 1949:24)[16].

Como explicaríamos essa tríplice analogia? Há uma resposta óbvia. Freud era médico, Morelli possuia graduação em medicina e Conan Doyle havia exercido a profissão médica antes de se estabelecer como escritor. Em todos os três casos, podemos invocar o modelo de semiótica médica, ou sintomatologia – a disciplina que permite o diagnóstico, mesmo quando a doença não pode ser diretamente observada, a partir de sintomas ou signos superficiais, quase sempre irrelevantes aos olhos do leigo... até mesmo do Dr. Watson. (Casualmente, o par Sherlock-Watson, o detetive olho-de-lince e o obtuso doutor, representa a cisão de uma única personalidade, a de um professor do jovem Conan Doyle, famoso aquele por sua habilidade em matéria de diagnóstico)[17]. Mas não se trata apenas de coincidências biográficas. No final do século XIX (mais precisamente na década 1870-1880), essa abordagem "semiótica", paradigma ou modelo baseado na interpretação de pistas, conquistou crescente influência no campo das ciências humanas. Suas raízes, no entanto, eram muito mais antigas.

II

1. Por milhares de anos, a humanidade viveu de caça. No curso de infindáveis perseguições, os caçadores aprenderam a reconstituir a aparência e os movimentos de seus alvos esquivos a partir de seus rastros – pegadas na terra úmida, estalidos de galhos, estercos, penas e tufos de pêlos, odores, marcas na lama, filetes de saliva. Aprenderam a cheirar, a observar, a dar sentido e contexto ao traço mais sutil. Aprenderam a realizar maquinações complexas em átimos de segundo, em florestas cerradas ou perigosas clareiras.

Sucessivas gerações de caçadores ampliaram e passaram adiante essa herança de conhecimentos. Não temos dela nenhuma evidência verbal

---

16. Para uma distinção entre sintomas e signos e pistas ver Segre 1975:33. Sebeok 1976.

17. Ver Barig-Gould 1967:7 (*"Two doctors and a detective: Sir Arthur Conan Doyle, John A. Watson MD, and Mr. Sherlock Holmes of Baker Street"*), e, depois, as referências a John Bell, o médico que inspirou a personagem de Sherlock. Ver também Doyle 1924:25-26, 74-75.

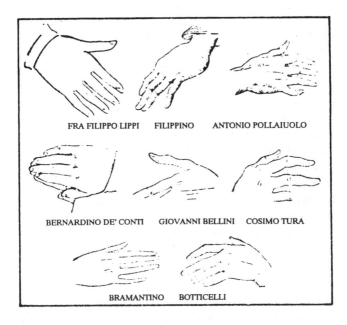

Mãos típicas, reproduzido de *Pintores Italianos*.

que possa ser acrescida aos artefatos e pinturas encontradas nas cavernas, mas podemos talvez nos apoiar nas lendas populares que, de certo modo, repercutem o eco – fantasiado ou distorcido – daquilo que aqueles remotos caçadores já sabiam. Três irmãos (protagonizando uma história difundida no Oriente Médio entre os quirguizes, tártaros, judeus, turcos e outros povos; Vesselofsky 1886:308-309) encontraram um homem que havia perdido seu camelo (às vezes aparece como sendo um cavalo). Imediatamente, eles o descrevem para o homem: o animal é branco, cego de um olho, e carrega junto à sela duas bolsas: uma cheia de óleo e a outra de vinho. Teriam eles o visto? Não, eles não haviam encontrado o animal pela frente. De imediato, são acusados de roubo e levados a julgamento. É o momento de glória para os irmãos: eles prontamente demonstram como haviam sido capazes de reconstituir a aparência do animal que nunca haviam visto a partir de traços aparentemente insignificantes.

Os três irmãos, ainda que não sejam descritos como caçadores, são claramente depositários do tipo de conhecimento ostentado por caçadores. Seu traço característico é o de permitir saltar de fatos aparentemente insignificantes, que podem ser observados, para uma realidade complexa, a qual, pelo menos diretamente, não é dada à observação. E esses fatos podem ser ordenados pelo observador de modo a proporcionar uma seqüência narrativa – em sua versão mais simples: "alguém passou por aqui". Talvez a própria idéia de narrativa, em oposição a encantamento, ou exorcismo ou invocação (Seppilli 1962), teve origem na comunidade de caçadores, da experiência adquirida em interpretar rastros. Obviamente, isto é especulação, mas pode ser reforçado pelo modo com que, até hoje, a linguagem de deciframento de rastros encontra-se baseada em figuras de linguagem – a parte pelo todo, a causa pelo efeito – relacionando-se com o pólo narrativo da metonímia (como definida em um conhecido ensaio de Jakobson, em Jakobson e Halle 1956:55-87) e excluindo, de modo estrito, o pólo alternativo da metáfora. O caçador pode ter sido o primeiro a "contar uma história" porque apenas caçadores sabiam como interpretar uma seqüência coerente de eventos a partir de obscuros (e quase imperceptíveis) sinais deixados pela presa.

Essa "decifração" e "leitura" dos traços animais é metafórica. Vale a pena, porém, tentar entendê-las literariamente, como a destilação verbal de um processo histórico que conduz, embora através de um longo lapso de tempo, à invenção da escrita. O mesmo vínculo aparece sugerido na tradição chinesa que explica as origens da escritura, e que teria sido inventada por um alto oficial que observara as pegadas de um pássaro nas margens arenosas de um rio (Cazade e Thomas 1977)[18]. Mesmo abandonando o campo do mito e da hipótese pelo da história documentada, há, sem sombra de dúvidas, supreendentes analogias entre o modelo dos caçadores que viemos explorando e o modelo implícito nos textos divinatórios mesopotâmicos, que datam, pelo menos, do ano 3000 A.C. (Bottéro, 1974). Ambos requerem minucioso exame do real, ainda que corriqueiro, para desvendar os traços dos eventos os quais o observador não pode experenciar diretamente. De um lado, esterco, pegadas, pêlos, penas; de outro, vísceras de animais, manchas de óleo na água, estrelas, movimentos involuntários. É fato que o segundo grupo, ao contrário do primeiro, poderia ser ampliado indefinidamente, uma vez que os adivinhos da Mesopotâmia liam signos do futuro em mais ou menos qualquer coisa. A nossos olhos, porém, há uma outra diferença que nos interessa mais: o fato de que a adivinhação aponta para o futuro, enquanto que a decifração dos caçadores aponta para o passado, ainda que recente. No mais, em termos de entendimento, a abordagem em cada caso é bastante similar, e quanto aos estádios intelectuais – análise, comparação, classificação – são idênticos, pelo menos teoricamente. De fato, idênticos apenas na teoria: os contextos sociais são basicamente diferentes. Foi no-

---

18. Ver também Étiemble (1973), onde ele argumenta, de modo convincente ainda que paradoxalmente, que os seres humanos aprendem primeiro a ler e depois a escrever. Sobre esse assunto, para uma visão mais abrangente, ver Benjamim 1955, em especial o capítulo sobre faculdade mimética.

tado, em especial, que a invenção da escrita deve ter exercido um grande impacto na tradição adivinhatória da Mesopotâmia (Bottéro 1974:154ss.). Os deuses mesopotâmicos, à parte outras prerrogativas divinas, tinham o poder de se comunicar com seus adoradores através de mensagens escritas – nas estrelas, nos corpos humanos, em qualquer lugar – e cuja decifração era tarefa dos adivinhos. (Era essa a idéia que, ao longo de milhares de anos, configurou a imagem de "o livro da natureza"). A identificação e a adivinhação pelo ato de decifrar caracteres escritos por meios divinos foram reforçadas na vida real com o caráter pictográfico, "cuneiforme", da escrita primitiva; também esta, como a adivinhação, expressa uma coisa através de outra (Bottéro 1974:157)[19].

Assim também as pegadas representam um animal real que acabou de passar. Comparando com a realidade da pegada, o pictograma já representa um enorme avanço em direção à abstração intelectual. No entanto, a capacidade de pensamento abstrato implicada na introdução do pictograma é, por sua vez, ainda pequena, se considerarmos a capacidade que seria necessária para realizar a transição para a escrita fonética. De fato, elementos pictográficos e fonéticos sobreviveram conjuntamente na escrita cuneiforme na mesma medida em que, na literatura dos adivinhos mesopotâmicos, a gradual intensificação da tendência à generalização, a partir de seus fatos básicos, não anula a tendência de inferir a causa do efeito[20]. Isso explica também por quê a linguagem adivinhatória mesopotâmica encontrava-se infiltrada de termos técnicos retirados dos códigos das leis, bem como a presença, em seus textos, de fragmentos relacionados com o estudo da fisiognomonia e da semiótica médica (Bottéro 1974:191-92).

Eis que após uma longa volta retornamos à semiótica médica. Nós a encontramos em uma complexa constelação de disciplinas (e, naturalmente, termos anacrônicos) com um caráter comum. É tentador distinguir entre "pseudociências", como adivinhação e fisiognomonia, e "ciências", como legislação e medicina, e explicar essa bizarra contigüidade

---

19. Sobre as relações entre escrita e adivinhação na China, ver Grenet 1963, em especial 33-38.

20. Refere-se ao tipo de inferência que Pierce definiu como presuntiva ou "abdutiva", distinguindo-a da simples indução. Bottéro, por outro lado, dá destaque aos elementos dedutivos na adivinhação mesopotâmica (1974:89). Essa definição simplifica em demasia (no limite da distorção) a complicada trajetória que o próprio Bottéro tão bem reconstituiu. A simplificação parece resultar de uma definição estreita e sectária de "ciência", de certo modo desmentida por sua significante analogia entre adivinhação e medicina, uma disciplina com um caráter quase nada dedutivo. O paralelo aqui sugerido entre as duas tendências da adivinhação mesopotâmica e o caráter misto da escrita cuneiforme emerge de algumas das observações de Bottéro.

pela grande distância, em termos de tempo e espaço, que nos separam da sociedade que viemos analisando. Essa, porém, seria uma explanação superficial. Havia um campo real comum entre essas forma de conhecimento da Mesopotâmia (se excluirmos a adivinhação através da inspiração, a qual ocorria por meio de possessão extática) (Bottéro 1974:890): uma abordagem envolvendo análise de casos particulares, construída apenas através de traços, sintomas, alusões. Assim, os textos legais mesopotâmicos não apenas arrolavam leis e obrigações, mas incluiam um conjunto de casos reais (Bottéro 1974:172). Em resumo, podemos falar em um paradigma sintomático ou adivinhatório que poderia ser orientado em direção ao passado, ao presente ou ao futuro, dependendo da forma de conhecimento invocada. Em direção ao futuro: trata-se de adivinhação propriamente dita; em direção ao passado, presente e futuro: trata-se da ciência médica dos sintomas, com seu caráter duplo – o diagnóstico explicando passado e presente, e o prognóstico sugerindo o possível futuro –; e em direção ao passado: trata-se de jurisprudência ou conhecimento legal. Mas, à espreita por detrás desse modelo sintomático ou adivinhatório podemos perceber uma atitude, talvez a mais antiga da história intelectual da raça humana: o caçador rastejando no lodo, examinando o rastro de sua presa.

2. O que dissemos até aqui seria suficiente para explicar porque um texto adivinhatório mesopotâmico poderia incluir como diagnosticar de um antigo ferimento na cabeça a partir de um estrabismo bilateral (Bottéro 1974:192); ou, mais generalizadamente, como lá teria emergido historicamente um conjunto de disciplinas, todas elas dependentes da decifração de variados tipos de signos, de sintomas à escrita. Passando para as civilizações da Grécia Antiga, vamos descobrir que esse grupo de disciplinas sofre uma mudança considerável, com o incremento de novas linhas de estudo, como a história e a filologia e, com a independência novamente adquirida (tanto em termos de contexto social quanto de abordagem teórica), de velhas disciplinas, como a medicina. O corpo, a fala e a história encontram-se, pela primeira vez, como objetos de uma investigação desapaixonada, que, por princípio, exclui a possibilidade de intervenção divina. Este câmbio decisivo caracteriza a cultura das metrópoles gregas, da qual somos naturalmente os herdeiros. Não é tão óbvio, no entanto, que uma importante parte dessa mudança tenha sido protagonizada por um modelo que pode ser considerado como tendo por base sintomas ou chaves[21]. Este é claramente o caso da medicina de Hipócra-

---

21. Ver Diller 1932:14-42, em especial 20ss. Sua oposição entre as obordagens analógica e semiótica deve ser corrigida, interpretando a última como um "uso empírico" da analogia: ver Melandri 1968:25ss. De acordo com Vernant 1974:19, "o progresso político, histó-

tes, a qual desvendava seus métodos pela análise do conceito central do sintoma (*sēmeîon*). Os discípulos de Hipócrates argumentavam que somente pela observação e registro cuidadosos de cada sintoma seria possível estabelecer as "histórias" precisas de cada doença, mesmo quando a doença, enquanto uma entidade, permanecesse inatingível. Essa insistência na natureza circunstancial da medicina quase certamente proviria da distinção (exposta pelo médico pitagórico Alcmêon) entre a imediatez e a infalibilidade do conhecimento divino, de um lado, e a natureza provisória e conjectural do conhecimento humano, de outro. Se a realidade não era diretamente cognoscível, então, implicitamente, o paradigma conjectural que estivemos descrevendo era legítimo. De fato, de acordo com os gregos, diversas esferas de atividade estavam nele apoiadas. Médicos, historiadores, políticos, oleiros, caçadores, marinheiros, pescadores e mulheres em geral eram considerados, entre outros, como inscritos nessa vasta área do conhecimento conjectural[22]. Esse território (significativamente, domínio da deusa Metis, primeira mulher de Jove, que representava a adivinhação por meio da água) estava demarcado por termos tais como "conjectura", "julgar pelos signos" (*tekmor, tekmaîresthai*). Esse paradigma semiótico, porém, continuou a ser meramente implícito; foi inteiramente obscurecido pela teoria do conhecimento de Platão, que foi sustentado em círculos mais influentes e teve maior prestígio[23].

3. Partes dos escritos hipocráticos ostentavam, no geral, um tom defensivo, sugerindo que mesmo no século V A.C. a falibilidade dos médicos já se encontrava sob ataque (Vegetti 1965:143-44). O fato de que esse embate ainda persistia deve-se, talvez, a que as relações entre doutor

---

rico, médico, filosófico e científico implica uma ruptura com uma atitude baseada na adivinhação". Nesta passagem, Vernant parece identificar adivinhação com adivinhação inspirada: mas, ver p. 11 sobre a dificuldade de explicar a coexistência, mesmo na Grécia, de ambas as divinações, a inspirada e a analítica. Uma depreciação implícita da sintomatologia de Hipócrates encontra-se sugerida na p. 24 (ver, de qualquer modo, Melandri 1968:251, e sobretudo Vernant e Détienne 1978).

22. Ver Vegetti 1965:22-23. O fragmento de Alcmêon encontra-se editado em Timpanaro Cardini 1958, I:146ss.

23. Acerca disso tudo, ver o rico estudo de Détienne e Vernant (1978). Na edição original francesa, as características divinatórias de Metis estão expostas (104ss), mas, com referência às conexões entre os vários tipos de conhecimento aqui arrolados, bem como divinação, ver também p. 145-49 (marinheiros) e p. 270ss.; sobre medicina, ver a partir de p. 297; sobre as relações entre os seguidores de Hipócrates e Tucídides, ver Vergetti e Diller 1932:22-23. Os elos entre medicina e historiografia podem ser explorados no sentido inverso: ver os estudos sobre "autópsia" registrados por Momigliano (1975:45). A presença da mulher no domínio de Metis encontra-se explorada em Détienne e Vernant 1978, edição francesa: 20 e 267, e será enfocada na versão final deste trabalho.

e paciente (especialmente a incapacidade deste último de checar ou controlar as habilidades do primeiro) não sofreram, em certos aspectos, nenhuma alteração desde os tempos de Hipócrates. O que, sim, mudou nestes últimos dois mil e quinhentos anos foi o modo como esse debate passou a ser conduzido, concomitantemente com mudanças em conceitos como "rigor" e "ciência". Aqui, obviamente, a virada se deve à emergência de um novo paradigma científico, baseado (e a ela sobrevivendo) na física galileana. Mesmo que a física moderna relute em se auto-definir como galileana (ainda que não rejeitando Galileu), é inegável que a importância de Galileu para a ciência em geral, tanto do ponto de vista epistemológico quanto simbólico, permanece intacável (Feyerabend 1971:105ss., e 1975; Rossi 1977:149-50).

Agora torna-se claro que nenhuma dessas disciplinas – nem mesmo a medicina – as quais descrevemos como conjecturais poderia adequar-se aos critérios de inferência científica essenciais à abordagem de Galileu. Elas estavam, acima de tudo, relacionadas com o qualitativo, com a singularidade, com o caso ou a situação ou o documento *enquanto individualidade,* o que significa que sempre haveria um elemento de acaso em seus resultados: necessitamos apenas pensar na importância da conjectura (termo cuja origem latina repousa em adivinhação)[24] para a medicina ou para a filologia, sem falar das práticas adivinhatórias. A ciência galileana era completamente diferente; poderia ter adotado o dito escolástico *individuum est ineffabile* (nada podemos dizer acerca do indivíduo). O fato de utilizar a matemática e o método experimental implicou a necessidade de mensurar e repetir os fenômenos, enquanto que uma abordagem individualizada teria inviabilizado estes últimos procedimentos e permitido o primeiro apenas em parte. Isso tudo explica porque os historiadores nunca conseguiram desenvolver um método galileano. No século XVIII, ao contrário, o novo impulso de métodos arqueológicos entre os historiadores indicou indiretamente as origens remotas e por longo tempo ocultas da história no modelo conjectural. Esse fato acerca de suas fontes não pode ser camuflado, apesar de seus vínculos bastante estreitos com as ciências sociais. A história sempre se constituiu em uma

---

24. O *coniector* era um profeta ou adivinho sacerdotal. Aqui e em outras passagens, eu me apoio em Timpanaro 1976, embora, por assim dizer, eu o vire do avesso. Em resumo: Timpanaro pensa que a psicanálise é muito próxima da magia para ser aceita, enquanto eu estou sugerindo que não apenas a psicanálise mas a maioria das chamadas ciências humanas ou sociais tem raíz em uma abordagem divinatória para a construção do conhecimento (ver a última parte deste artigo). A tendência individualizante da mágica e o caráter individualizante das ciências da medicina e da filologia estão apontados por Timpanaro em *The Freudian Slip*.

ciência de tipo particular, fundada irremediavelmente no concreto. Os historiadores não podem evitar as referências ao passado (explícita ou implicitamente) ao comparar séries de fenômenos; suas estratégias de descoberta, porém, bem como seus códigos expressivos, referem-se particularmente a casos particulares, sejam indivíduos, ou grupos sociais ou sociedades como um todo. Nesse sentido, a história é como a medicina, que usa as classificações de doenças para analisar a enfermidade específica de um determinado paciente. E como o médico, o conhecimento do historiador é indireto, baseado em signos e fragmentos de evidências, conjectural[25].

No entanto, o contraste que sugeri é uma hiper-simplificação. Há uma entre as disciplinas "conjecturais" – a filologia e, em particular, a crítica de texto – que se desenvolveu, pelo menos em alguns sentidos, de modo atípico. Seus objetos foram definidos ao longo de um processo de redução drástica que isolou aquilo considerado relevante. Esse câmbio no interior da disciplina resultou de dois fatores significativos: a invenção primeiro da escrita e, depois, da impressão. Sabemos que a crítica de texto evoluiu a partir do primeiro, com o registro dos poemas homéricos, e se desenvolveu ainda mais após o segundo, quando os estudiosos humanistas produziram, diligentemente, as primeiras edições impressas dos clássicos[26]. A princípio, os elementos relacionados com voz e gesto foram descartados como redundantes; posteriormente, as características da escrita à mão sofreram destino similar. O resultado disso foi uma progressiva desmaterialização, ou refinamento dos textos, um processo no qual o apelo do original a nossos diversos sentidos foi eliminado. Um texto, para sobreviver, precisa existir fisicamente; sua identidade, no entanto, não se encontra limitada unicamente por essa forma física, nem por qualquer

---

25. Esta é uma passagem memorável sobre o "provável" (i.e. incerto) caráter do conhecimento histórico em Bloch 1953. Sua natureza indireta, confiando em traços ou pistas, é destacada por Pomian (1975:935-52), o qual lembra implicitamente a insistência de Bloch sobre a importância do método crítico desenvolvido pela Congregação Beneditina de St. Maure. O ensaio de Pomian, rico em discernimentos, conclui com uma breve apresentação das diferenças entre história e ciência: entre elas não se inclui a abordagem mais ou menos individualizante do conhecimento (1975:951-52). Sobre a vinculação entre a medicina e conhecimento histórico ver Foucault 1977; para outro ponto de vista, ver Granger 1967:206ss. Minha insistência acerca do caráter individualizante do conhecimento histórico tem com ele um elo duvidoso porque, bastante freqüentemente, leva adiante a tentativa de identificar conhecimento histórico com empatia, ou o equacionamento da história com arte e assim por diante. Evidentemente, estas páginas estão sendo escritas com uma intenção em tudo diferente.

26. Sobre as repercussões da invenção da escrita ver Goody e Watt 1962-63 e 1977. Ver também Havelock 1973. Para a história da crítica de texto após a invenção da imprensa escrita ver Kenney 1974.

de suas cópias[27]. Hoje, tudo isso nos parece evidente por si mesmo, o que não é verdade, em absoluto. Tomemos, por exemplo, o papel decisivo da voz na literatura oral, ou da caligrafia na poesia chinesa, e se torna claro que essa própria noção de "texto" é, em si, o resultado de uma opção cultural cuja significação é incalculável. E o exemplo da China demonstra que essa escolha não foi uma conseqüência inevitável da substituição da escrita à mão pela impressão, uma vez que a invenção da imprensa não rompeu os vínculos entre o texto literário e a caligrafia. (Veremos sucintamente como essa discussão histórica sobre os "textos" pictóricos gera problemas bastante diferentes).

Essa noção inteiramente abstrata de um texto explica por que a crítica de texto, mesmo quando permanece, em grande escala, adivinhatória (e isso ocorre durante todo o século XIX), pode aparecer como rigorosamente científica[28]. A decisão radical de excluir todas as modalidades de texto, exceto a reprodução (em escrita ou, após Gutenberg, impressa), tornou possível, mesmo quando tratando com exemplos individuais[29], evitar o qualitativo, esse risco primordial da filologia. É bastante significativo que Galileu, quando lançou os fundamentos de uma ciência natural moderna por meio de uma redução conceitual similarmente drástica, tenha se voltado à filologia. A tradicional comparação medieval entre livro e mundo pressupõe que ambos permaneçam abertos, prontos para serem lidos. Galileu, no entanto, enfatiza que "não podemos ter esperança de compreender a filosofia escrita nesse grande livro que se encontra aberto diante de nossos olhos (e com isso quero dizer o universo) a menos que aprendamos primeiro a entender sua linguagem e conhecer os caracteres lá inscritos", quais sejam "triângulos, círculos e outras figuras geométricas" (Galileu 1965:38)[30]. Para o filósofo natural, como para o filólogo, o texto é uma entidade, profunda e invisível, a ser reconstituída através e para além dos dados sensíveis à disposição: "imagens, números e movimentos, mas não odores ou sabores ou sons, os quais, acredito, fora do mundo animal, são meras palavras" (Galileu 1965:64; ver também Martinez 1974:160-69).

---

27. A distinção sugerida por Croce entre *espressione* e *estrinsecazione* capta, mesmo que em termos mistificados, o processo histórico de desmaterialização do conceito de texto, o qual tento esboçar aqui. A ampliação dessa distinção (obviamente do ponto de vista de Croce) à Arte, com letra maiúscula, me parece insustentável.

28. Ver Timpanaro (1963:I), que sugere que a disciplina, que antes do século XIX era mais uma "arte" que uma "ciência", à medida que era baseada em conjecturas (*emendatio*), torna-se mais científica através do desenvolvimento do *recensio*.

29. Ver o aforismo de Bidez citado em Timpanaro 1976.

30. Ver Garin 1961:451-64, onde ele discute a interpretação desta e de outras passagens de Galileu, de um ponto de vista próximo do meu aqui expresso.

Aqui, Galileu instalou as ciências naturais em um caminho do qual jamais sairam, e que parece conduzir para longe do antropocentrismo e do antropomorfismo. Abre-se uma fenda, que tende a se ampliar, no mapa do conhecimento. Ali, certamente, não haveria contraste maior que o encontrado entre o físico Galileu, profissionalmente surdo aos sons e proibido de degustar ou cheirar, e o médico da mesma época, que se aventurava a dar seu diagnóstico após auscultar um peito ofegante, ou cheirar fezes ou experimentar urina.

4. Um médico de tal estirpe foi Giulio Mancini, de Siena, clínico chefe do papa Urbano VII. Não há evidências de que ele conhecesse bem Galileu, mas os dois terão provavelmente se encontrado pois freqüentavam os mesmos círculos em Roma, da corte papal à Academia Lincei, e possuiam amigos comuns, de Frederico Cesi a Giovanni Ciampolie a Giovanni Faber[31]. Um perfil bastante vívido de Mancini, traçado por Nicio Eritreo, aliás Gian Vittorio Rossi, descreve seu ateísmo, sua extraordinária habilidade para diagnosticar (detalhada em palavras extraídas dos textos divinatórios) e sua maneira inescrupulosa de extorquir pinturas (no que sua competência se tornou notória) de seus clientes (Eritreo 1692, II: 79-82)[32]. Mancini escreveu um livro intitulado *Alcune considerazione appartenenti alla pittura come di diletto di un gentilhuomo nobile e come introduttione a quello si deve dire* (Algumas considerações concernentes à pintura como deleite de um nobre cavalheiro e como introdução àquilo que deve ser dito), que teve ampla circulação em forma de manuscrito (há cerca de vinte e cinco anos apareceu uma primeira edição crítica do texto completo)[33]. Como diz o próprio título, estava destinado a nobres amantes da arte mais que aos artistas; visava aqueles *dilettanti* os quais, em número cada vez maior, acudiam ao Pantheon para a exposição anual de pintura, moderna e antiga, que se realizava sempre a 19 de março (Haskell 1971:126 e 94ss.). Obviamente, não fora esse mercado de arte, o trecho de *Converzacione,* de Mancini, que é talvez a parte mais original do manuscrito, dedicada a "reconhecimento das pinturas" – que estabelece um método para identificação de falsificações, para discriminação de originais das cópias e coisas do tipo – jamais teria sido escrito (Mancini 1956-57, I:133ss.). Assim, a primeira tentativa de estabelecer um método de perícia, como seria chamado um século de-

---

31. Sobre Cesi e Ciampoli ver abaixo; sobre Faber, ver Galileu 1935, XIII:207.

32. A exemplo de Rossi, Naude também chama Mancini um ateísta radical (*"grand et parfait Athée"*) (Pintard 1943, I:261-262).

33. Mancini 1956-1957. A importância de Mancini como *"connoisseur"* é destacada por Mahon (1947:279ss.). Também Hess 1968 encontra-se cheio de referências interessantes, mas é excessivamente redutivo em suas conclusões.

pois, foi mérito de um médico famoso por seus brilhantes diagnósticos e quem, ao visitar um paciente, "podia adivinhar" (*divinabat*), com uma rápida olhadela, as conseqüências de uma enfermidade (Eritreo 1692, II:80-81)[34]. Certamente, podemos ver mais do que coincidências nessa dupla habilidade, nessa combinação das percepções de um médico com as de um perito.

Antes, porém, de estudar mais apuradamente as posições de Mancini, vamos nos deter em uma suposição compartilhada por ele, pelo cavalheiro para quem ele escreveu e por nós mesmos. Trata-se de uma presunção não declarada, uma vez que (equivocadamente) ela é dada como óbvia: é a de que entre uma tela de Rafael e qualquer cópia dela (pintada, esculpida e, contemporaneamente, fotografada) existe uma inerradicável diferença. As implicações desse fato – de que uma pintura é única por definição, impossível de ser reproduzida[35] – para o mercado são evidentes e estão vinculadas ao surgimento do especialista. No entanto, essa suposição nasce de uma opção cultural que não pode ser tomada como certa, especialmente quando se tem uma postura diferente com relação ao texto escrito. O pretenso caráter intrínsico distintivo entre a pintura e a escritura e suas respectivas diferentes abordagens são irrelevantes neste contexto. Já vimos como o desenvolvimento histórico foi gradualmente despindo os textos daqueles traços não considerados pertinentes. No caso da pintura, não ocorreu esse desnudamento (pelo menos até agora). Esse é o motivo pelo qual acreditamos que, enquanto cópias manuscritas ou impressas de *Orlando Furioso* podem reproduzir exatamente as intenções do texto de Ariosto, o mesmo não ocorre com a cópia de um retrato de Rafael[36].

---

34. Na página 82 ele relata como, não muito tempo antes, um diagnóstico feito por Mancini, e que resultou ser correto (o paciente era o Papa Urbano VIII), foi qualificado como segunda visão ou profecia (*seu vaticinatio, seu praedictio*).

35. Gravuras, obviamente, propõem um problema diferente do da pintura. Falando de um modo geral, uma das tendências, hoje, é a de se afastar da obra de arte única (os "múltiplos" são um exemplo óbvio); há outras tendências, porém, que confirmam a importância da irreprodutibilidade (performances, não de obras, mas nos moldes do "*body art*" ou "*land art*").

36. Tudo isso se apoia, é evidente, em Benjamin (1969), que, no entanto, discute apenas obras de arte figurativas. O caráter unitário destas – com especial insistência na pintura – opõe-se à reprodutibilidade dos textos literários em Gilson 1958:93 e, em especial, 95-96. (Devo esta referência a Renato Turci). Mas, Gilson trata essa questão como uma diferença intrínseca e não histórica, como eu tento sugerir. Um caso como o do pintor De Chirico "falseando" seus próprios trabalhos demonstra como a crença de hoje no caráter absolutamente único de uma dada obra de arte tende a pôr de lado a idéia da individualidade biológica do próprio artista.

A diferença de *status* entre a cópia da pintura e a da literatura explica porque Mancini não lançou mão das técnicas de crítica de texto ao desenvolver seus métodos de perícia, embora ele estivesse estabelecendo uma analogia entre o ato de pintar e o ato de escrever (ver uma notação de Salerno em Mancini 1956-57, II:xxiv, n. 55). Justamente porque começa com essa analogia, ele teve de buscar auxílio em outras disciplinas, as quais ainda estavam em formação.

O primeiro problema de Mancini refere-se à datação das pinturas. Para discerni-las, diz ele, é necessário se adquirir "uma certa experiência em reconhecer a pintura de determinado período, como o fazem os antiquários e bibliotecários com relação aos textos, de modo que eles podem afirmar a época em que alguma coisa foi escrita" (Mancini 1956-57, I:134)[37]. A alusão ao reconhecimento de textos quase com certeza se refere aos métodos elaborados nesses mesmos anos por Leone Allaci, bibliotecário no Vaticano e responsável pela datação de manuscritos gregos e latinos – métodos esses que foram recuperados e desenvolvidos meio século mais tarde por Mabillon, o fundador da paleografia[38]. Entretanto, continua Mancini, "à parte as características comuns da época, há as características particulares do indivíduo", na mesma medida em que "vemos que os escritores possuem traços distintivos". Portanto, a analogia entre a escritura e a pintura se dá, primeiramente, ao nível geral (o período) e se renova, então, na outra ponta da escala (o indivíduo). Por esse parâmetro, o método protopaleográfico de um Allaci não poderia funcionar. Havia por esses anos, porém, uma tentativa solitária de apli-

---

37. Ao final da citação, eu substitui *"pittura"*, "pintado", por *"scritura"*, "escrito", como requeria o contexto.

38. Aqui estão as razões pelas quais sugeri Allaci. Em outra passagem, como mencionada aqui, Mancini se refere a "bibliotecários, em particular no Vaticano", capazes de datar manuscritos antigos, tanto gregos quanto latinos (1956-57, I:106). Nenhuma destas passagens figura na versão reduzida, conhecida como *Discorso sulla pittura*, que Mancini concluiu antes de 13 de novembro de 1619 (*ibid.*:xxx; texto do *Discorso*, 291ss.; a parte sobre "reconhecimento" de pinturas 327-30). Allaci foi nomeado como "escriba" no Vaticano em meados de 1619 (Odier 1973:129); estudos recentes sobre Allaci estão arrolados em 128-31). Em Roma, por essa época, não havia ninguém, exceto Allaci, especializado em manuscritos gregos e latinos como descreve Mancini. Sobre a importância das idéias de Allaci acerca da paleografia ver Casamassima 1964:532, que também menciona o vínculo Allaci-Mabillon, embora prometa maiores referências em uma continuação que nunca apareceu. Na coleção de cartas de Allaci na Biblioteca do Vaticano não consta nenhuma indicação de contato com Mancini, mas eles pertenciam, sem nenhuma dúvida, ao mesmo círculo intelectual, como o demonstram as respectivas amizades com G. V. Rossi (ver Pintard 1943). Quanto à amizade de Allaci com Maffeo Barberini, antes que este se tornasse papa (Urbano VIII, de quem Allaci se tornou bibliotecário), ver Mercati 1952:26, n.1. Mancini, como já mencionei, era o principal médico de Urbano.

cação da análise à manuscritura pessoal com vistas a novos propósitos. Mancini, com sua competência de médico, mencionando Hipócrates, afirmava que era possível recuar dos "fatos" para as "impressões" da alma, as quais derivavam dos "traços" característicos dos corpos dos indivíduos. Por essa razão, alguns refinados intelectos da época haviam produzido textos afirmando que era possível revelar o intelecto e a mente de alguém por meio de seu modo pessoal de escrever e de seus manuscritos. Um desses "refinados intelectos" foi, com toda probabilidade, Camillo Baldi, um médico de Bolonha, que incluiu em seu *Trattato come da una lettera missiva si conoscano la natura e qualità dello scrittore* (Tratado sobre como, a partir de uma carta, podemos conhecer a natureza e a qualidade do escritor) um capítulo que é, provavelmente, o primeiro ensaio europeu de grafologia. Tem por título o capítulo de abertura: "Que significados podemos ler na forma das letras" (*nella figura del carattere*). O termo aqui empregado para letra é "caractere", significando a forma da letra como é desenhada por uma caneta no papel (*ibid.*:107; Baldi 1622:17-18ss.)[39].

Apesar de suas palavras de louvor, Mancini não estava interessado nos esforços empreendido por essa grafologia neo-nata no sentido de reconstituir as personalidades dos escritores estabelecendo seus "caracteres" (no sentido psicológico) a partir de seus "caracteres" (a forma de suas letras). (Novamente as origens do duplo sentido se remetem a um

---

39. Sobre Baldi, que escreveu também alguns tratados de fisiognomonia e adivinhação, ver Tronti 1963, que termina citando, com aprovação, o desdenhoso comentário de Moréri: *"on peut bien le mettre dans le catalogue de ceux qui ont écrit sur des sujets de néant"*. (Podemos muito bem, incluí-lo no rol daqueles que escreveram acerca de nada (N. do T.)). Em seu *Discorso sulla pittura*, escrito antes de 13 de novembro de 1619 (ver nota 38), Mancini disse: "as características individuais da manuscritura têm sido estudadas por um nobre espírito. Em um pequeno livrinho muito lido ultimamente, ele tentou demonstrar e analisar as causas dessas características, vinculando os modos de escrever à complexão e hábitos do escritor: um livro raro e requintado, ainda que demasiado curto" 1956-57:306-07. (Eu substitui *"astratta"* (abstrato) por *"astretta"* (curto) com base no ms. 1698 (60) da Biblioteca da Universidade de Bologna, c. 34 r. A identificação com Baldi sugerida acima apresenta duas dificuldades: (1) a primeira edição impressa do *Trattato* de Baldi apareceu em Capri, em 1622, (conseqüentemente, em 1619, ou próximo dessa data, ele não poderia ser "muito lido"), (2) em seu *Discorso*, Mancini fala de um "nobre espírito"; em seu *Considerazioni*, de "juízo ágil". Ambas as dificuldades, no entanto, desaparecem quando lemos a advertência do editor na primeira edição do *Trattato* de Baldi: "O autor deste pequeno tratado não desejava publicá-lo; como, porém, um escrivão imprimiu-o sob sua autoria, juntamente com muitas cartas e escritos de vários autores, decidi que seria honesto revelar a verdade, reestabelecendo a verdadeira autoria". Mancini, portanto, viu primeiro o "pequeno livrinho" publicado pelo "escrivão" (não fui capaz de identificá-lo) e, depois, o *Trattato* de Baldi, o qual, de todo modo, circulou numa versão manuscrita, ligeiramente diferente da impressa (ver Biblioteca Classense, Ravena, ms. 142, que inclui também outros escritos de Baldi).

contexto disciplinar originalmente compartilhado). No entanto, ele estava perplexo com a hipótese preliminar sobre a qual se achava assentada a nova disciplina, ou seja, a variedade das diferentes manuscrituras e a impossibilidade, portanto, de serem imitadas. Pela identificação, na pintura, de elementos igualmente impossíveis de serem imitados, ele poderia alcançar seu objetivo de distinguir os originais dos falsos, a mão do mestre das de um copista ou discípulo. Daí advém seu conselho de checar cada pintura para constatar:

> onde a mão resoluta do mestre pode ser detectada, em especial naquilo que exigiria grande esforço de imitação como nos cabelos, barbas ou olhos. Cachos e ondas de cabelo, se forem perfeitamente reproduzidas, parecerão por demais elaboradas, e se o copista falhar em bem captá-las, carecerão do traço perfeito da versão do mestre. Essas partes da pintura são como os traços da pena e os floreios do texto manuscrito, que precisam do toque certo e resoluto do mestre. O mesmo cuidado deve ser tomado com relação a traços particularmente arrojados ou brilhantes, os quais o mestre pincela com uma segurança que não pode ser imitada; por exemplo, nas pregas e cintilações das cortinas que têm mais a ver com a ousadia da imaginação do mestre do que com o modo como elas penderiam na realidade. (Mancini 1956-57:134).

Aqui, portanto, o paralelo entre pintura e escritura, que Mancini já havia estabelecido em vários contextos, apresenta um novo viés, o qual já havia sido anteriormente sugerido em um trabalho do arquiteto Filarete (ver seção 6, abaixo), e com o qual Mancini parece não ter tido contato (Averlino 1972, I:28)[40]. A analogia encontra-se reforçada pelo uso de termos técnicos, comuns em tratados contemporâneos sobre escrita, tais como "firmeza", "traçado", "floreios"[41]. Também a competição pela agilidade tem a mesma origem: com as novas necessidades burocráticas, uma mão capaz de uma elegante escritura cursiva deveria ser também rápida, se quisesse ter êxito no mercado de copistas[42]. Em geral, a ênfase

---

40. Ver, no geral, p. 25-28. A passagem encontra-se referida como pressagiando "o método Morelli" in Schlosser 1926, II.4.

41. Ver por exemplo Scalzini (1585:20): "quem está acostumado a escrever desse jeito, após breve espaço de tempo perde a agilidade e a firmeza natural de sua mão..."; Cresci (1622:84): "... não se deve acreditar nesses traçados, que eles afirmam em seus trabalhos serem feitos com um simples traço de caneta e muitos floreios..." e assim por diante.

42. Cf. Scalzini (1585:77-78): "Se esses colegas que escrevem mansamente, com suas linhas e seus vernizes, fossem trabalhar para algum príncipe ou lorde, que necessitasse (como ocorre) de 40 ou 50 longas cartas em quatro horas, quanto tempo não levariam, por sua graça, para um trabalho como esse?" (o alvo deste comentário polêmico é fornecido por alguns "convencidos mestres anônimos", acusados de ensinar uma lenta e elaborada *cancelleresca*).

que Mancini colocava nos aspectos decorativos é uma evidência da cuidadosa atenção para com as características dos modelos de escrita manual que prevaleciam na Itália no fim do século XVI e começo do XVII (Casamassina 1966:75-76). A observação de como as letras eram formadas conduziu-o à conclusão de que o toque do mestre poderia ser identificado com maior confiança nas partes da pintura que (1) eram agilmente executadas e (2) tendiam a não ser uma representação muito fiel da coisa real (detalhes de cabelo, drapeados cujas dobras tinham "mais a ver com a ousadia da imaginação do mestre do que com o modo como elas penderiam na realidade").

5. "Caracteres" (*caratteri*). O mesmo termo aparece por volta de 1620, com sentido tanto literal quanto analógico, nos escritos do fundador da física moderna, por um lado, e, dos criadores respectivos da paleografia, grafologia e perícia, por outro. Naturalmente, é apenas metafórica a relação que vincula os "caracteres" insubstanciais que Galileu, com os olhos do intelecto[43], viu no livro da natureza, e aqueles os quais Allacci, Baldi ou Mancini decifraram em papéis, ou pergaminhos ou telas reais. O uso de termos idênticos, porém, torna mais surpreendente o fato de as disciplinas aqui agrupadas serem tão diversas. Também o valor científico delas (no sentido galileano) varia, afastando-se rapidamente dos "aspectos universais" da geometria, passando pelos "aspectos comuns de um período" detectados em um escrito, até os "aspectos específicos individuais" de um estilo pictoral ou mesmo de um manuscrito.

O nível decrescente de conteúdo científico reforça o argumento de que a dificuldade real de aplicação do modelo galileano reside no grau de relação da disciplina com o indivíduo. À medida que os aspectos se encontram centrados mais e mais no indivíduo, mais difícil se torna a construção de um corpo de conhecimento rigorosamente científico. Naturalmente, a decisão de ignorar aspectos individuais não poderia por si mesma garantir que os métodos da matemática e da física, indispensáveis à adoção do modelo galileano, fossem de fato aplicados; embora, por outro lado, não poderia excluí-los de todo.

6. Com relação a este ponto, portanto, há duas abordagens possíveis: sacrificar a compreensão do elemento individual de modo a alcançar um padrão de generalização mais ou menos rigoroso e mais ou menos matemático, ou tentar desenvolver, ainda que experimentalmente, um modelo alternativo, baseado em uma compreensão do individual que fosse científica (não obstante deva ser de algum modo elaborado). A primeira abordagem foi aplicada pelas ciências naturais e só muito mais

---

43. "... este grande livro, que a Natureza deixa aberto acessível a todo mundo, tem olhos na fronte assim como no cérebro" (citado e discutido em Raimondi 1974:23-24).

tarde pelas assim chamadas ciências humanas ou sociais. O motivo é óbvio. A probabilidade de suprimir os aspectos individuais está diretamente relacionada com a distância emocional do observador. Filarete, em uma passagem de seu *Trattato di architettura* (Tratado de Arquitetura, século XV), após argumentar que é impossível se construir dois edifícios absolutamente idênticos, uma vez que, apesar da primeira impressão, sempre haverá diferenças de detalhes (do mesmo modo que "as fuças dos tártaros sempre se parecem e que todos os etíopes são negros, mas se você observar mais cuidadosamente, são todos diferentes ao mesmo tempo que semelhantes"), ele acaba por admitir que "há algumas criaturas que são tão semelhantes quanto as moscas, formigas, minhocas, sapos e tantos peixes, que não se pode distingui-los entre si" (Averlino 1972:26-27). Portanto, para um arquiteto europeu, as sutis diferenças entre dois edifícios (europeus) eram importantes, aquelas entre os rostos de tártaros ou etíopes não eram, e aquelas entre duas minhocas ou duas formigas simplesmente não existiam. Um arquiteto tártaro, um etíope especialista em arquitetura ou uma formiga teriam classificado as coisas de modo diverso. O conhecimento baseado no estabelecimento de distinções individualizantes é sempre antropocêntrico, etnocêntrico e sujeito a outras influências específicas. Naturalmente, mesmo animais ou minerais ou plantas podem ser examinados em suas propriedades individuais, como, por exemplo, no contexto da adivinhação[44], especialmente em casos que apresentam anormalidades. (Como é amplamente conhecido, a teratologia era uma parte importante da divinação). Nas primeiras décadas do século XVII, porém, a influência do modelo galileano (mesmo quando indireta) levaria ao estudo do típico mais do que do excepcional, à compreensão geral do funcionamento da natureza mais do que à divinação. Em abril de 1625, um bezerro com duas cabeças nasceu nas cercanias de Roma. Esse fato atraiu a atenção dos naturalistas da Academia Lincei e foi objeto de discussão nas dependências dos jardins do Vaticano por um grupo que incluia Giovanni Faber, secretário da Academia, e Giovanni Ciampoli (ambos, como já advertimos, amigos de Galileu), Mancini, o Cardeal Agostinho Vegio e o Papa Urbano VIII. A primeira questão era se o bezerro de duas cabeças deveria ser contado como dois ou como um único animal. Para os médicos, o traço distingüidor do indivíduo era o cérebro; para os seguidores de Aristóteles o coração (Lynceo 1651:599 ss.)[45]. Como Mancini era o único médico presente, podemos concluir que

---

44. Ver Bottéro 1974:101, embora ele atribua o uso menos freqüente, na adivinhação, de minerais e vegetais e, mesmo, de certo modo, de animais, à presumível "pobreza formal" destes mais do que a uma abordagem simplesmente antropocêntrica.

45. Estes trechos são parte de um capítulo de Giovanni Faber, o que não fica claro

o relatório de Faber sobre a opinião dos médicos fazia eco às contribuições de Mancini. Apesar de seus interesses astrológicos[46], Mancini avaliou o caráter específico do nascimento do monstro não com o objetivo de revelar o futuro, mas com a intenção de chegar a uma definição mais acurada de um indivíduo normal que, enquanto membro de uma espécie, podia ser considerado perfeitamente reproduzível. Mancini teria examinado a anatomia do bezerro de duas cabeças com a mesma cuidadosa atenção que ele habitualmente dedicava às pinturas. Neste ponto, porém, deve cessar a analogia com o perito. De algum modo, uma figura como Mancini representa o ponto de contato entre a abordagem divinatória (nas atividades dele como diagnosticador e perito) e o modelo generalizante (como anatomista e naturalista). Mas, ele também condensa as diferenças entre eles. Ao contrário do que pode parecer, a dissecação do bezerro, tão precisamente descrita por Faber, com as delicadas incisões feitas de modo a revelar os órgãos internos da criatura (Lynceo 1651:600-27)[47], foi feita com o objetivo de estabelecer não o "caráter" peculiar daquele animal específico, mas o "caráter comum" (voltando-se da história para a história natural) da espécie como um todo. Foi uma continuação e um refinamento da tradição da história natural fundada por Aristóteles. A visão, simbolizada pelo olho vigilante do lince no emblema da Academia Lincei de Frederico Cesi, era órgão vital dessas disciplinas, nas quais não estava permitido o olho extrasensorial da matemática[48].

7. Essas disciplinas aparentemente incluiam as ciências humanas ou sociais (como as definiriamos hoje). Isso seria o esperado, ainda que fosse por seu insistente antropocentrismo, o qual já ilustramos com a citação gráfica de Filarete. Houve, porém, tentativas de aplicação do método matemático, mesmo para o estudo dos fenômenos humanos (ver, e.g., "Regras de Craig" 1964). Não é surpreendente que a primeira e a mais bem sucedida se referisse à aritmética política e tomasse como seus

---

pela informação do título. Há uma excelente análise desse livro, destacando-lhe a importância, em Raimondi (1974:25ss).

46. Mancini (1956-1957, I:107) se refere a um texto de Francesco Giuntino sobre o horóscopo de Dürer. (O editor de *Considerazioni* II:60, n. 483, não identifica o texto; ver, porém, Giuntino 1573:269v.).

47. Foi o Papa Urbano em pessoa quem insistiu para que o relato ilustrado fosse publicado (Lynceo 1651:599). Sobre o interesse desse grupo em pinturas de paisagens ver Cavina 1976:139-144.

48. Ver o interessante ensaio de Raimondi (1974), ainda que, de acordo com Whitehead, ele tenda a desprezar a oposição entre os dois paradigmas, o abstrato-matemático e o concreto-descritivo. Acerca do contraste entre a ciência clássica e a baconiana ver Kuhn 1975.

objetos aquilo de mais predeterminado – biologicamente falando – das atividades humanas: nascimento, procriação e morte. Este foco drasticamente exclusivo permitia a investigação rigorosa e, ao mesmo tempo, satisfazia os objetivos militares ou fiscais dos estados absolutistas, cujos interesses, dados os limites de suas operações, eram integralmente numéricos. Mas, se os patronos da nova ciência, a estatística, não estavam interessados nos fatores qualitativos em oposição aos quantitativos, não significava que isso estivesse totalmente fora do universo daquilo que temos chamado de disciplinas conjunturais. Cálculos concernentes à probabilidade (como no título do clássico de Bernoulli *A Arte da Conjectura* (*Ars Conjectandi*, 1713, póstuma) tentaram dar uma formulação matemática rigorosa aos mesmos problemas que haviam sido abordados de maneira totalmente diferente pela divinação[49].

Contudo, o grupo de ciências humanas permaneceu firmemente ancorado no fator qualitativo, ainda que com desconforto, especialmente no caso da medicina. Embora tenha havido progressos, seus métodos ainda permanecem incertos e seus resultados imprevisíveis. Textos tais como *Um Ensaio sobre a Exatidão da Medicina*, do ideólogo francês Cabanis, que apareceu por volta do final do século XVIII (Cabanis 1823), admitiam essa falta de rigor, ao mesmo tempo que insistiam em que a medicina, contudo, era científica a seu próprio modo. Parece haver duas razões básicas para a ausência de exatidão na medicina. Em primeiro lugar, as descrições de enfermidades específicas, adequadas em sua classificação teórica, não se mostravam necessariamente adequadas na prática, uma vez que a doença poderia se manifestar diferentemente em cada paciente. Em segundo lugar, o conhecimento de uma doença sempre permaneceu indireto ou conjectural. Os segredos do corpo vivo sempre estiveram, por definição, fora de alcance. Uma vez morto, obviamente, poderia ser dissecado, mas como fazer a transição do cadáver, irreversivelmente transformado pela morte, para as características do indivíduo vivo? (Foucault 1973 e 1977b:192-193)? O reconhecimento dessa dupla dificuldade implica inevitavelmente a admissão de que mesmo a eficácia dos procedimentos médicos não poderia ser provada. Por último, o rigor distintivo das ciências naturais jamais poderia ser obtido na medicina devido à incapacidade desta de quantificar (exceto quanto a aspectos puramente auxiliares). A incapacidade de quantificar resulta da impossibilidade de eliminar o qualitativo, o individual, e a impossibilidade de eliminação do individual, por sua vez, resulta do fato de o olho humano ser muito mais sensível às diferenças, mesmos as mais sutis, entre seres hu-

---

49. Sobre essa matéria, aqui apenas esboçada, ver o excelente livro de Hacking (1975). Também vale a pena ver Ferriani 1978.

manos do que entre pedras ou folhas. As discussões sobre a "inexatidão" da medicina promoveu as primitivas formulações daquilo que viria a ser o problema epistemológico central nas ciências humanas.

8. Nas entrelinhas do livro de Cabanis transparece uma impaciência que é compreensível. Apesar das objeções mais ou menos justificadas que podem ser feitas a seu método, a medicina permanece sendo uma ciência com total reconhecimento social. Mas nem todas as disciplinas conjecturais se dão tão bem nesse período. Algumas, como a perícia, de origem bastante recente, ostentam uma posição ambígua, nos limites das disciplinas reconhecidas. Outras, mais comprometidas com a prática cotidiana, foram mantidas de fora. A habilidade de predizer a doença de um cavalo a partir do estado de seus cascos, uma tempestade iminente a partir de uma alteração do vento ou intenções hostis a partir de uma expressão sombria no rosto de alguém não poderia, com certeza, ser aprendida em tratados sobre cuidados com cavalos, ou sobre o tempo ou sobre psicologia. Em cada um dos casos, esse tipo de conhecimento seria mais profundo do que qualquer documento escrito sobre o assunto; foi aprendido não nos livros mas de ouvir, de fazer ou de observar; sua natureza sutil muito dificilmente poderia encontrar uma expressão formal e nem mesmo poderia ser reduzido a palavras: trata-se da herança – em parte comum, em parte diferenciada – de homens e mulheres de qualquer classe. Um fio consistente conecta entre si esses modos de conhecimento: todos nascem da experiência, do concreto e do individual. Essa qualidade concreta era tanto a força quanto o limite desse tipo de conhecimento; ele não poderia fazer uso da ferramenta, terrível e poderosa, da abstração (ver também Ginzburg 1980).

De tempos em tempos, foram feitas tentativas de registrar algo desse saber, enraizado, localmente, mas sem origem, ou registro ou história conhecidos[50], de modo a encerrá-lo na camisa-de-força da precisão terminológica. Isso, em geral, acabou por constrangê-lo e empobrecê-lo. Basta apenas pensar no abismo que separa os rígidos e esquemáticos tratados de fisiognomonia da prática perceptiva e flexível de um amante, ou de um tratador de cavalos ou de um jogador de cartas. Talvez tenha sido apenas na medicina que a codificação e o registro do saber conjectural produziu um enriquecimento real, embora a história da relação entre a medicina oficial e a popular ainda esteja para ser escrita. Ao longo do século XVIII, a situação mudou. Por meio de uma verdadeira ofensiva cultural, a burguesia se apropriou cada vez mais do saber tradicional dos

---

50. Aqui retomo, embora com sentido bastante diverso, alguns pontos já considerados por Foucault (1977b:167-169).

artesãos e camponeses, saber esse, em parte, conjectural. A burguesia organizou-o e registrou-o, ao mesmo tempo que intensificou o processo massivo de invasão cultural que já se havia iniciado, embora sob diferentes formas e com diferentes conteúdos, durante a Contra Reforma. O símbolo e o instrumento decisivo dessa ofensiva foi, naturalmente, a *Encyclopédie* francesa. Mas, deveríamos também analisar esses pequenos porém reveladores incidentes do mesmo modo que um Winckelmann, provavelmente atônito, ouviu de um anônimo pedreiro romano que a pequena e misteriosa pedra não identificada, escondida na mão de uma estátua descoberta em Porto d'Anzio, era "a tampa ou a rolha de uma pequena garrafa".

A coleção sistemática de tais "pequenos achados", como os chamou Winckelmann[51], foi a base de novas formulações de conhecimento arcaico durante os séculos XVIII e XIX, da culinária à hidrologia e à ciência veterinária. Para um crescente número de leitores, o acesso à experiência específica se fez cada vez mais através das páginas dos livros. A novela forneceu à burguesia um substituto, ainda que em nível diferente, para os ritos iniciatórios, ou seja, para o acesso à experiência real como um todo[52]. E, mais ainda, foi graças aos trabalhos de ficção que o paradigma conjectural teve um novo e inesperado sucesso nesse período.

9. Vinculada a essa origem hipotética do conjectural no seio de remotos caçadores, já mencionamos a história dos três irmãos que, interpretando uma série de rastros, reconstituiram a aparência de um animal que nunca haviam visto. Essa história apareceu pela primeira vez em uma coletânea de Sercambi (Cerulli 1975)[53]. Em seguida, reapareceu na abertura de uma coleção ainda mais extensa de histórias, apresentada como traduções italianas do persa por um armênio chamado Christopher, vindo para Veneza em meados do século XVI, sob o título *Peregrinaggio di tre giovani figliuoli del re di Serendippo* (*Peregrinações dos três jovens filhos do rei de Serendippo*). Este livro mereceu inúmeras edições e traduções – primeiro na Alemanha; depois, acompanhando o gosto do século XVIII pelas coisas orientais, em edições nas principais línguas eu-

---

51. Ver Winckelmann 1954, II:316 (carta de 30 de abril de 1763 a G. L. Bianconi, em Roma) e nota na p. 498. Os "pequenos achados" são mencionados em Winckelmann 1952, I:341.

52. Isto vale não apenas para romances sobre a formação e o desenvolvimento do personagem (*"Bildungsromanen"*). Desse ponto de vista o romance é a sucessora efetiva da fábula. Ver Propp 1946.

53. Sobre Sercambi ver pp. 347ss. O artigo de Cerulli acerca das origens e difusão das *Peregrinações* deve ser completado com aquilo que se conhece das origens orientais da estória e seus efeitos indiretos posteriores (por meio de *Zadig*) nas estórias de detetive.

ropéias[54]. O sucesso da história dos filhos do rei Serendippo levou Horacio Walpole a cunhar, em 1745, o termo "serendipicidade", significando com ele a possibilidade de se realizar ditosas e inesperadas descobertas, favorecidas "pelo acaso e pela sagacidade" (Hecksher 1974:130-11)[55]. Alguns anos antes, Voltaire, no terceiro capítulo de *Zadig,* retrabalhou o primeiro volume de *Peregrinações,* que ele havia lido na tradução francesa. Em sua versão, o camelo da história original é substituído por uma cadela e um cavalo, os quais Zadig é capaz de descrever em detalhes decifrando-lhes os rastros. Acusado de ladrão e levado imediatamente diante dos juízes, Zadig prova sua inocência relatando o processo mental que o habilitou a descrever os animais sem nunca tê-los visto antes:

> Vi na areia os rastros de uma animal e conclui, sem dificuldade, tratar-se de um pequeno cãozinho. As marcas estriadas que ficaram impressas nos montículos de areia, entre as pegadas, me indicaram que se tratava de uma fêmea com as tetas penduradas e que, portanto, acabara de dar nascimento a uma ninhada...

Nestas linhas, e nas que se seguiram, repousa o embrião das histórias de detetive. Elas inspiram diretamente Poe e Gaboriau e talvez, indiretamente, Conan Doyle[56].

O extraordinário sucesso das histórias de detetive é por todos reconhecido e pretendemos retomar alguns dos motivos desse êxito. Por ora, vale a pena frisar que elas estão fundadas em um modelo cognitivo que é, ao mesmo tempo, muito antigo e muito novo. Já apresentamos suas raízes remotas. Quanto a seus elementos modernos, devemos mencionar o elogio de Curvier, em 1834, acerca dos métodos e sucessos da nova ciência da paleontologia:

> Hoje em dia, quem vê a marca impressa de um casco bipartido pode concluir que o animal que a deixou foi um ruminante, e essa conclusão é tão certeira quanto qualquer outra referente à física ou à ética. Esse simples rastro, por outro lado, informa o observador acerca do tipo de dentadura, o tipo de queixada, a

---

54. Cerulli menciona traduções para o alemão, o francês, o inglês (do francês) e o dinamarquês (do alemão). Essa lista deve ter sido confrontada e talvez ampliada em um livro que não tive a oportunidade de ver (Remer 1965) cujas pp. 184-90 relacionam edições e traduções. (Ver Hecksher 1974:131, n. 46).

55. Isto representa um desenvolvimento da idéia apresentada em Hecksher 1967:245, n. 11. Esses dois artigos de Hecksher são extremamente ricos em idéias e referências; examinam as origens do método de Aby Warburg de um ponto de vista que se aproxima do meu, neste ensaio. Para uma versão futura, pretendo seguir a trilha leibniziana sugerida por Hecksher.

56. Ver, no geral, Messac 1929 (excelente, embora já um pouco ultrapassado). Sobre as relações entre *Zadig* e as *Peregrinações* ver pp. 17ss. e também pp. 211-12.

anca, o lombo e a pelve do animal que o deixou: é uma evidência mais segura do que todas as pistas de Zadig (Messac 1929:34-35).

Talvez mais segura, mas, por certo, de semelhante natureza. O nome de Zadig teve tal permanência que, em 1880, Thomas Huxley, em uma série de conferências destinadas a divulgar as descobertas de Darwin, definiu como "método Zadig" o procedimento comum à história, arqueologia, geologia, astronomia física e paleontologia: ou seja, a formulação de prognósticos retrospectivos. Aquelas disciplinas, sendo profundamente comprometidas com o desenvolvimento histórico, dificilmente poderiam evitar o retrocesso ao modelo conjectural ou divinatório (Huxley, inclusive, fez referência explícita à divinação direcionada para o passado)[57], colocando de lado o paradigma galileano. Quando as causas não podem ser repetidas, não há alternativa que inferi-las de seus efeitos.

III

1. Esta investigação pode ser comparada ao ato de seguir os fios em um tear. Chegamos ao ponto no qual eles podem ser observados compondo um todo, um tecido homogêneo e estreitamente urdido. Para checar a coerência do padrão, percorremos com o olhar as diferentes linhas. Verticalmente, isso nos fornece a seqüência Serendippo – Zadig – Poe – Gaboriau – Conan Doyle. Horizontalmente, temos a justaposição feita pelo crítico literário Dubos, no começo do século XVIII, – obedecendo a uma ordem de confiabilidade decrescente –, da medicina, da perícia e da identificação através de manuscrito (Dubos 1729, II:362-35; parcialmente mencionado em Zerner 1978:215n.). Por fim, diagonalmente, temos a passagem de um contexto histórico a outro, às costas do detetive-herói de Gaboriau, *Monsieur* Lecoq, que percorreu sem descanso um "território desconhecido, coberto de neve", marcado por rastros de criminosos, semelhante a "uma vasta página branca na qual as pessoas por quem procuramos deixaram não só pegadas e vestígios de movimento como também as marcas de seus mais íntimos pensamentos, as espe-

---

57. Ver Huxley 1881:128-148. (Esta foi uma conferência proferida no ano anterior. Voltei minha atenção para isto a partir de uma referência encontrada em Messac 1929). Na p. 132, Huxley afirma que "mesmo tomando a 'adivinhação' em seu sentido estrito, é óbvio que a essência da operação profética não reside em suas relações retrospectivas ou futurísticas com o curso do tempo, mas no fato de que se trata de uma apreensão daquilo que se localiza fora da esfera do conhecimento imediato; a visão daquilo que, para o sentido natural do profeta, é invisível". Ver também Gombrich 1969:35ss.

ranças e temores pelos quais são impulsionados" (Gaboriau 1877, I:44)[58]. Sobressaem-se os autores de tratados sobre fisiognomonia, os videntes babilônicos tentando ler as mensagens escritas nos céus e terras e os caçadores neolíticos.

O tecido é o paradigma com o qual fizemos a síntese dessa retrospectiva, retirada de vários contextos: da caça, da divinação, conjectural ou semiótico. Estes não são, obviamente, sinônimos, mas descrições alternativas as quais, sem embargo, remetem retrospectivamente a um modelo epistemológico comum, elaborado para um certo número de disciplinas, elas próprias freqüentemente interligadas por métodos tomados por empréstimo ou palavras-chave. Agora, entre os séculos XVIII e XIX, com o surgimento das "ciências humanas", a constelação de disciplinas conjecturais mudou profundamente: apareceram novas estrelas que (como a frenologia)[59] logo se apagaram ou que (como a paleontologia) viriam a adquirir grande brilho; foi, no entanto, a medicina que confirmou seu elevado estatuto social e científico. Passou a ser ponto de referência, explícito ou por via indireta, de todas as ciências humanas. Mas, qual área da medicina? Por volta de meados do século XVIII, duas alternativas tornaram-se visíveis: o modelo anatômico e o semiótico. A metáfora da "anatomia da sociedade civil", empregado por Marx em um texto crítico[60], expressa a aspiração a um sistema de conhecimento (em uma época na qual o último grande sistema filosófico – o hegeliano – já se havia desintegrado). Em que pese o grande sucesso do marxismo, porém, as ciências humanas acabaram, mais e mais, aceitando (com uma grande exceção à qual nos referiremos) o paradigma conjectural da semiótica. E aqui retornamos à Tríade Morelli – Freud – Conan Doyle, por onde começamos.

2. Até o momento, temos utilizado o termo paradigma conjectural (e suas variações) de modo bastante amplo. Agora, vamos esmiuçá-lo em partes. Uma coisa é analisar pegadas, estrelas, fezes (animais ou humanas), catarros, córneas, pulsações, campos recobertos de neve ou cinzas caídas de cigarros; outra, é analisar escrita ou pintura ou discurso. A distinção entre natureza (viva ou inanimada) e cultura é fundamental, por

---

58. Na p. 25, a "teoria vigorosa" do jovem Lecoq é contraposta à "prática vetusta" do velho detetive Gévrol, "campeão da polícia positivista" (p. 20), que se detém diante daquilo que pode ver e, portanto, se arrisca a não ver nada.

59. Sobre o duradouro apoio popular à frenologia na Inglaterra (quando a ciência oficial a desprezava) ver Giustino 1975).

60. "Minha pesquisa chega à conclusão... que a anatomia da sociedade civil deve ser pensada em termos de Economia Política" (Marx, Prefácio 1859 de *Para a crítica da Economia Política*).

certo muito mais importante do que as distinções, um tanto mais superficiais e mutantes, entre as diferentes disciplinas. A idéia de Morelli era desentranhar do interior de um sistema sígnico culturalmente determinado as convenções da pintura, signos que, como os sintomas (e como a maioria das pistas), eram produzidos involuntariamente. Não apenas isso: nesses signos involuntários, nos "detalhes mínimos – um calígrafo os chamaria floreios" tais como as "frases e palavras favoritas" dos quais "a maioria das pessoas lança mão, falando ou escrevendo, mesmo sem querer ou sem se dar conta de que o está fazendo" –, Morelli situou a mais segura pista para a identidade artística (Morelli 1897:71)[61]. Neste caso, Morelli foi herdeiro (mesmo se indireto)[62] e desenvolveu os princípios metodológicos formulados muito antes por seu predecessor, Giulio Mancini. O momento no qual esses princípios finalmente foram dados à fruição talvez não tenha sido de todo casual. Coincidiu com o surgimento de uma tendência cada vez mais clara do poder estatal de impor sobre a sociedade um controle estrito e, novamente, o método que foi usado implicava atribuição de identidade através de características que eram triviais e além do controle consciente.

3. Toda sociedade necessita distinguir seus membros e os modos de satisfazer essa necessidade varia com o tempo e o lugar (Lévi-Strauss, Claude et al. 1977). Há antes de tudo, o nome; mas, quanto mais complexa a sociedade, menos um nome pode representar satisfatoriamente a identidade do indivíduo sem maiores confusões. No Egito, por exemplo, durante o período greco-romano, um homem que fosse a um tabelião desejando se casar ou realizar alguma transação comercial, era obrigado não apenas a declinar seu nome mas também descrever brevemente detalhes de sua aparência, incluindo qualquer cicatriz ou marcas particulares (Caldara 1924). Mas, mesmo assim, as probabilidades de engano ou impostura fraudulenta eram elevadas. Comparativamente, a assinatura ao final de um contrato foi um avanço: ao final do século XVIII, o abade Lanzi escrevia, em uma passagem de sua obra *Storia pittorica* (*História da Pintura*), dedicada à discussão dos métodos de perícia, que a impossibilidade de se imitar a escrita à mão fora engendrada pela natureza para

---

61. Zerner (1978) argumenta, com base nesta passagem, que Morelli fez distinções em três níveis: (a) características gerais da escola de pintura, (b) detalhes característicos do pintor específico, denunciados em mãos, orelhas etc., e (c) maneirismos introduzidos de forma não intencional. De fato, (b) e (c) podem se combinar, tal como apontado por Morelli a respeito do "polegar desproporcional das mãos humanas" que se encontra nas pinturas de Tiziano, uma "distorção" que um copista teria evitado (1897:174).

62. Algumas reverberações dos textos de Mancini aqui apresentados devem ter alcançado Morelli através de Baldinucci (1681:7-8) e da história da arte italiana de Lanzi (Lanzi 1968). Tanto quanto eu saiba, Morelli nunca se referiu ao *Considerazioni* de Mancini.

a "segurança" da "sociedade civil" (ou seja, da sociedade burguesa. Lanzi 1968, I:15). Na verdade, mesmo assinaturas podem ser falsificadas e, acima de tudo, não representam garantia no caso de iletrados. Apesar dessas falhas, as sociedades européias, durante séculos, não sentiram necessidade de outros meios de identificação mais práticos ou confiáveis – nem mesmo quando o desenvolvimento industrial em larga escala, a conseqüente mobilidade social e geográfica e o rápido crescimento de grandes concentrações urbanas alteraram completamente os fundamentos do problema. Nesse tipo de sociedade, era brincadeira de criança voltar sobre os próprios passos e reaparecer com nova identidade – e não apenas em Londres ou Paris. Foi somente nas últimas décadas do século XIX que novos sistemas de identificação – competindo entre si – começaram a aparecer. Este fato acompanhou os desenvolvimentos contemporâneos da luta de classes: o estabelecimento de uma associação internacional de trabalhadores, a repressão da oposição à classe operária após a Comuna de Paris e o padrão cambiante do crime.

Na Inglaterra a partir de 1720 (Thompson 1975), e no resto da Europa (com o código napoleônico) um século ou mais após, o surgimento das relações capitalistas de produção levou a uma transformação da lei, enquadrando-a nos conceitos de propriedade da nova burguesia e introduzindo um maior número de ofensas puníveis, bem como punições mais severas. A luta de classes foi sendo gradativamente incluída no âmbito da criminalidade, ao mesmo tempo que surgia um novo sistema penitenciário, baseado em sentenças de prisão mais extensas (Foucault 1977a). Sem embargo, a prisão produz criminosos. Na França, o número de reincidentes passou a crescer estavelmente após 1870 e, em torno do final do século, representava cerca de metade de todos os casos levados a tribunal (Perrot 1975, em esp. p. 68). O problema de identificar velhos meliantes, que ficou mais crítico por essa época, foi a cabeça-de-ponte de um projeto mais ou menos consciente de manter a sociedade como um todo sob um controle geral e completo.

Para a identificação de velhos meliantes era necessário demonstrar (1) que a pessoa tinha sido anteriormente condenada e (2) que a pessoa em questão era a mesma que havia sido anteriormente condenada (Bertillon 1883; Locard 1909)[63]. O primeiro problema foi resolvido com a organização de arquivos policiais; o segundo, no entanto, era mais difícil. As antigas punições que previam marcar ou mutilar para toda a vida um malfeitor tinham sido abolidas. Em *Os Três Mosqueteiros,* de Dumas, a

---

63. Em 1885, a Lei Waldeck-Rousseau estabeleceu a prisão para meliantes renitentes com longa folha corrida e a expulsão para aqueles considerados irrecuperáveis. Ver Perrot 1975:68.

flor de lis marcada no ombro de *Milady* permitiu a D'Artagnan reconhecê-la como uma criminosa já punida, no passado, por seus delitos, enquanto que em *O Conde de Montecristo,* do mesmo autor, e em *Os Miseráveis,* de Victor Hugo, os prisioneiros foragidos Edmond Dantes e Jean Valjean puderam reaparecer na cena social amparados por falsas identidades. Estes exemplos poderiam exprimir a influência que criminosos contumazes tiveram sobre a imaginação do século XIX[64]. A burguesia exigia algum signo de identificação que pudesse ser tão indelével quanto aqueles impostos sob o *ancient regime,* embora menos sangrentos ou humilhantes.

A idéia de um imenso arquivo fotográfico foi, em princípio, abandonada devido às tremendas dificuldades de classificação que apresentava: como poderia um elemento em particular ser isolado na série contínua de imagens (ver Bertillon 1883:10)? O caminho da quantificação parecia mais fácil e mais rigoroso. A partir de 1879, um funcionário da prefeitura de Paris, Alphonse Bertillon, desenvolveu um método antropométrico – que ele descreveu em vários artigos (sobre Bertillon ver Lacassagne 1914; Locard 1914) – baseado na mensuração cuidadosa de detalhes físicos, que eram, então, combinados na ficha de cada pessoa. Naturalmente, do ponto de vista teórico, poderiam ocorrer falhas de justiça devido a equívocos de poucos milímetros; mas, havia um defeito ainda mais sério no sistema antropométrico de Bertillon: o fato de que este era puramente negativo. Permitia a eliminação daqueles cujos detalhes, após o exame, não se adequavam, mas não podia provar que dois conjuntos de detalhes idênticos se referiam a uma mesma pessoa (Bertillon 1883:11). A qualidade de natureza ardilosa da identidade não pode ser excluída: afugentada porta afora pela quantificação, ela retorna através da janela. Assim, Bertillon propôs combinar o método antropométrico com aquilo que ele chamou "retrato-falado", isto é, a descrição verbal, analisando elementos distintos (nariz, olhos, orelhas e assim por diante), que, reunidos, supostamente reconstituem a imagem completa da pessoa e, portanto, permitem a identificação. As páginas de orelhas apresentadas por Bertillon[65] lembram de modo inevitável as ilus-

---

64. A marca a ferro foi abolida na França em 1832. *O Conde de Montecristo* data de 1844, assim como *Os Três Mosqueteiros* (ambos de Alexandre Dumas); *Os Miseráveis,* de Victor Hugo, é de 1869. A lista de condenados na literatura desse período poderia ser ampliada tanto pela França (Vautrin e outros), quanto pelos romances ingleses, Dickens em especial.

65. Bertillon 1893b:xlviii: "Mas, a circunstância em que uma orelha se presta mais do que nunca a propósitos de identificação se dá naqueles casos nos quais a Corte exige uma confirmação de que uma determinada fotografia antiga 'representa, sem qualquer sombra de dúvida, a pessoa aqui diante de nós'... não há duas orelhas idênticas e... se as orelhas se cor-

trações que acompanham os escritos do contemporâneo Morelli. Pode não ter havido uma conexão direta, mas, ainda assim, é surpreendente como Bertillon, também um perito em manuscritura, tomou como indícios seguros de falsificação pormenores idiossincráticos que um falsário não poderia reproduzir, substituindo-os às vezes, por seus próprios (Locard 1914:27)[66].

É evidente que o método de Bertillon resultava incrivelmente complicado. Já destacamos as dificuldades impostas pela mensuração. O retrato-falado tornou as coisas ainda piores. Qual seria a diferença entre um nariz protuberantemente curvo e um nariz de curvatura protuberante? Como se pode classificar o tom exato de olhos azul-esverdeados?

Um método de investigação que tornou tanto a coleta quanto a classificação de dados muito mais fácil foi desenvolvido por Galton, em 1888, em um estudo que foi posteriormente revisado e ampliado (Galton 1892, que arrola publicações anteriores acerca da matéria). Este, obviamente, baseou-se nas impressões digitais. Como o próprio Galton admite corretamente, ele não foi o primeiro a sugerir isso.

A análise científica das impressões digitais começou em 1823 com um trabalho de Purkyné, fundador da histologia, denominado *Commentatio de examine physiologico organi visus et systematis cutanei* (*Comentário sobre o Exame Fisiológico dos Órgãos da Visão e do Sistema Cutâneo*) (Purkyné 1948:29-56). Ele distingue e descreve nove tipos básicos de linhas na pele, mas argumenta que nunca dois indivíduos poderiam apresentar idênticas combinações em suas impressões digitais. As implicações práticas disso foram ignoradas, o mesmo não ocorrendo, no entanto, com as implicações filosóficas, que foram destacadas em um capítulo entitulado *"De cognitione organismi individualis in genere"* ("Do Reconhecimento Geral dos Organismos Individuais") (*ibid*:30-32). O conhecimento do indivíduo era fundamental para a medicina, dizia ele, a começar pelo diagnóstico: os sintomas assumem diferentes formas nos diferentes indivíduos e, do mesmo modo, exigem diferentes tratamento para sua cura. Alguns escritores modernos, continua ele, sem declinar nomes,

---

respondem, isso é prova mais do que necessária e suficiente de que as identidades também correspondem 'exceto no caso de irmãos gêmeos'". Ver também Bertillon 1893a (que acompanha o outro tabalho), lâmina 60b. Acerca da admiração de Bertillon por Sherlock Holmes ver Lacassin 1974, I:93 (que, inclusive, menciona o trecho sobre as orelhas aqui acima exposto em n. 8).

66. Devido a sua habilidade enquanto perito em manuscritos, Bertillon foi chamado durante o caso Dreyfus para se pronunciar sobre a autenticidade do famoso memorando. Pelo fato de que seu veredito favoreceu definitivamente o caso contra Dreyfus, sua carreira (assim insistem os biógrafos) sofreu um revés (Lacassagne 1914:4).

definiram a medicina prática como "a arte da individualização" (*die Kunst des Individualisierens*) (*ibid*.:31). Era, porém, a fisiologia do indivíduo o que realmente interessava a esta arte. Aqui, Purkyné, que em sua juventude havia estudado filosofia em Praga, faz eco aos mais fundamentais temas do pensamento de Leibniz. O indivíduo, "o ser em todos os modos determinado" (*ens omnimodo determinatum*)", possui uma identidade que pode ser reconhecida em todas as suas características, mesmo as mais imperceptíveis ou sutis. Nenhuma circunstância ou qualquer influência externa basta para explicá-la. É preciso supor que haja uma norma ou "tipologia" interna que mantém a variedade de cada espécie dentro de seus próprios limites: o conhecimento dessa norma (como Purkyné profeticamente afirmou) "revelaria o entendimento oculto da natureza individual" (*ibid*.:31-32). O equívoco da fisiognomonia foi sujeitar a variação individual a preconceitos e a apressadas conjecturas: isso, desde então, tornou impossível o estabelecimento de um estudo descritivo científico do rosto humano. Abandonando o estudo das palmas das mãos à "inútil ciência" da quiromancia, Purkyné concentrou sua atenção em algo muito menos óbvio: foram as linhas do polegar e das pontas dos dedos que lhe forneceriam a prova oculta da individualidade.

Vamos deixar por um momento a Europa e nos voltar para a Ásia. Do mesmo modo que seus colegas europeus, e de maneira totalmente independente, adivinhos chineses e japoneses demonstraram interesse por essas linhas quase imperceptíveis que riscam a pele da mão. Em Bengala, assim como na China, havia o costume de imprimir cartas e documentos com a marca da ponta do dedo imersa em tinta ou alcatrão (Galton 1892:24ss.): isso era, provavelmente, uma conseqüência do conhecimento derivado da prática divinatória. Qualquer que estivesse habituado a decifrar misteriosas mensagens em veios de pedras ou madeiras, em rastros deixados por pássaros, ou em desenhos de cascos de tartarugas (Vandermeersch 1974:29ss.; Gernet 1974:52ss.), acharia fácil revelar uma espécie de mensagem na marca impressa por um dedo sujo. Em 1860, *Sir* William Herschel, comissário distrital de Hoogly, em Bengala, apropriou-se desse hábito, comum entre os habitantes do local, vendo aí uma utilidade e pensando em tirar proveito disso para incrementar o funcionamento da administração britânica. (Os aspectos teóricos da matéria não tinham importância; ele jamais ouviria falar do discurso latino de Purkyné, que permaneceu inédito até meados do século.) Mas, realmente, como observara Galton, havia uma grande necessidade de tais meios de identificação: na Índia, como em outras colonias britânicas, os nativos eram analfabetos, irascíveis, astutos, ardilosos e, aos olhos dos europeus, todos pareciam iguais. Em 1880, Herschel anunciou em *Nature* que, após dezessete anos de testes, o exame das impressões digitais havia sido oficialmente introduzido no distrito de Hoogly, e, desde então, havia sido empregado por três anos com os melhores resultados possíveis (Galton 1892:27-28)[67]. Os administradores imperiais se apropriaram do conhecimento conjectural dos bengaleses e o empregaram contra eles.

O artigo de Herschel serviu a Galton como ponto de partida para uma reorganização sistemática de seu pensamento acerca do conjunto da matéria. Sua pesquisa tornou-se possível devido à convergência de três elementos distintos: as descobertas de um autêntico cientista, Purkyné; o conhecimento concreto, aliado à prática cotidiana, da população de Bengala, e a argúcia política e administrativa de *Sir* William Herschel, fiel servidor de Sua Majestade britânica. Galton reconheceu o primeiro e o terceiro desses elementos. Ele, inclusive, chegou a tentar, sem sucesso, estabelecer características raciais para as impressões digitais. Mesmo assim, procurou prosseguir com sua pesquisa junto a algumas tribos indianas, esperando encontrar entre elas "um padrão mais próximo do macaco" (*ibid*.:17-18).

Galton não apenas ofereceu uma contribuição decisiva para a análise das impressões digitais como também, como já apontamos anteriormente, reconheceu suas implicações práticas. Em um curto espaço de tempo, o novo método foi introduzido na Inglaterra e, desde então, gradativamente, no resto do mundo (um dos últimos países a adotá-lo foi a França). Desse modo, todo ser humano – como Galton pretensiosamente observou, tomando para si o louvor conferido a seu rival, Bertillon, por um colega francês do Ministério do Interior – adquiriu uma identidade, constituiu-se de vez e para sempre, e acima de qualquer dúvida, em indivíduo (*ibid*.:169; ver também Foucault 1977b:158).

Dessa maneira, aquilo que para os administradores britânicos parecia ser uma indistinguível massa de rostos bengalenses (ou "fuças", recordando as palavras desdenhosas de Filarete) passou a ser, agora, uma série de indivíduos, cada qual marcado por uma especificidade biológica. Esta extraordinária ampliação da noção de individualidade ocorreu devido ao relacionamento entre o Estado e suas forças policiais e administrativas. Até o último habitante do mais remoto vilarejo da Europa ou da Ásia passa a ser, graças às impressões digitais, passível de identificação e controle.

4. O mesmo paradigma conjectural, neste caso utilizado para desenvolver formas de controle ainda mais sofisticadas sobre o indivíduo em sociedade, contém, por sua vez, o potencial para melhor se compreender

---

67. Ver agradecimentos a p. 4. Nas pp. 26-27 ele também se refere a um precedente que nunca chegou a ser posto em prática: um fotógrafo de São Francisco que se dispôs a facilitar a identificação de membros da comunidade chinesa por meio de impressão digital.

a sociedade. Em uma estrutura social de complexidade crescente como é o capitalismo avançado, envolto em trevas ideológicas, qualquer apelo ao conhecimento sistemático se aparenta a um vôo de tresloucada imaginação. Reconhecer isto não é abandonar a idéia de totalidade. Ao contrário, a existência de uma conexão profunda que explica os fenômenos superficiais pode ser confirmada sempre que se reconhece que o conhecimento direto de tal conexão é tarefa impossível. A realidade é opaca, mas há certos pontos – pistas, sintomas – que nos permitem decifrá-la.

Esta idéia, que se acha no cerne do paradigma conjectural ou semiótico, encontrou para si um lugar no amplo espectro dos contextos intelectuais, afetando mais profundamente as ciências humanas. Características minúsculas têm sido usadas para reconstituir mudanças e transformações culturais (em linha de progressão direta de Morelli, pagando um débito devido a Allaci por Mancini, quase três séculos antes). Os trajes esvoaçantes das pinturas florentinas no século XV, as inovações lingüísticas de Rabelais, a cura dos males reais pelos monarcas ingleses e franceses (para mencionar poucos de muitos exemplos possíveis), cada um desses fatos tem sido tomado como uma pequena mas significativa chave para fenômenos muito mais gerais: a perspectiva de uma classe social, ou de um escritor, ou de uma sociedade inteira[68]. A psicanálise, como já vimos, está baseada na hipótese de que pormenores aparentemente desprezíveis podem revelar fenômenos profundos e significativos. Lado a lado com o declínio da abordagem sistemática, a abordagem aforística ganhou força – de Nietzsche a Adorno. Mesmo o termo aforístico é revelador. (Ele é uma indicação, um sintoma, uma pista: não há escapatória de nosso paradigma). *Aforismos* era o título de um famoso trabalho de Hipócrates. No século XVII, começaram a surgir as coleções de "Aforismos Políticos"[69]. A literatura aforística é, por definição, uma tentativa de formular opiniões acerca do homem e da sociedade com base nos sintomas, nas pistas: de uma humanidade e uma sociedade que estão enfermas, em crise. E mesmo crise é um termo médico, datando de Hipócrates[70]. Também em literatura, pode-se demonstrar que o maior

---

68. A referência aqui é a Traube 1965 – essa questão foi abordada por Campana (1967:1028); Warburg (1932) acerca do ressurgimento do antigo paganismo (o primeiro ensaio data de 1893); Spitzer 1910; Bloch 1973 (primeira publicação em 1924). Os exemplos poderiam multiplicar-se: ver Agamben 1975:15 (Warburg e Spitzer são citados e Traube mencionado na p. 10).

69. À parte *Aforismos Políticos*, de Campanella, que apareceu originalmente em latim como parte de *Realis Philosophia* (*De politica in aphorismos digesta*), ver Canini 1625 (ver Bozza 1949:141-143, 151-152). Ver também o verbete "Aforismo" no *Dictionnaire Littré*.

70. Mesmo que originalmente tenha sido utilizado com referência a leis: para uma breve história do termo ver Koselleck 1969.

romance de nossos tempos – *À la recherche du temps perdu*, de Marcel Proust – é um exemplo rigoroso de aplicação desse paradigma conjectural[71].

5. Será o rigor compatível com o paradigma conjectural? A direção quantitativa e anti-antropocêntrica tomada pelas ciências naturais desde Galileu impôs um embaraçoso dilema às ciências humanas. Deveriam estas alcançar resultados significativos a partir de uma posição cientificamente frágil ou colocar-se em uma posição científica forte, embora obtendo escassos resultados? Apenas a lingüística conseguiu (ao longo deste século) escapar deste dilema e, assim, se oferecer como modelo a outras disciplinas, que, em menor ou maior grau, acabaram por segui-la.

Contudo, uma dúvida permanece: não seria esse tipo de rigor, talvez, tanto inalcançável quanto indesejável, devido à forma assumida pelo conhecimento mais estreitamente amarrado à experiência do dia-a-dia ou, para ser mais preciso, para todo e qualquer contexto no qual o caráter único e insubstituível de seus componentes parece decisivo para aqueles envolvidos? Foi dito, certa vez, que apaixonar-se significava superestimar os pequenos detalhes pelos quais a mulher ou o homem diferiam dos outros. Isto poderia, obviamente, ser estendido às obras de arte ou aos cavalos[72]. Em tais contextos, o rigor elástico (para empregar uma frase contraditória) do paradigma conjectural parece impossível de ser eliminado. Trata-se de tipos de conhecimento que tendem a ser inexprimíveis, cujas regras, como já dissemos, não se prestam de maneira fácil a ser formalmente articuladas ou mesmo enunciadas. Ninguém aprende a ser um perito ou a fazer diagnósticos apenas aplicando as regras. Com este tipo de conhecimento, há fatores em jogo que não podem ser mensurados – um cheiro, um olhar, uma intuição. Até o presente, evitamos cuidadosamente esse termo capcioso: intuição. Mas, se ele for usado como uma alternativa para descrever esse momento de trespasse instantâneo do processo de pensamento, então temos que estabelecer uma distinção entre *baixa* e *alta* intuição.

A antiga fisiognomonia árabe se baseava na *firasa*: uma noção complexa que, falando de modo geral, significava a capacidade de saltar do conhecido para o desconhecido por meio da inferência (fundada em pis-

---

71. Esta questão será mais desenvolvida na versão final deste artigo.

72. Compare *Souvenirs d'égotisme*, de Stendhal (1948:51-52): "Victor (Jacquemont) surpreendeu-me como sendo um homem extraordinário: admirável como perito... vislumbrou um belo garanhão em um potro de quatro meses de idade que ainda mal se sustentava sobre as patas" (Stendhal se desculpa por empregar o termo francês *connoisseur* no sentido que essa palavra adquiriu em inglês. Ver o comentário de Zerner (1978:215, n.4) sobre a ausência na língua francesa, ainda hoje, de um equivalente ao inglês *connoisseurship*.).

tas)[73]. O termo foi tomado por empréstimo do vocabulário da filosofia sufista; passou a ser usado tanto para a intuição mística quanto para o tipo de aguda perspicácia atribuída aos filhos do rei de Serendippo[74]. Nesta segunda acepção, *firasa* não é, nem mais nem menos, que o instrumento do conhecimento conjectural[75].

Esta "baixa intuição" tem suas raízes nos sentidos (embora os extrapole) e, como tal, não tem nada a ver com a intuição extra-sensorial dos vários irracionalismos dos séculos XIX e XX. Existe em qualquer parte do mundo, sem exceção geográfica, histórica, étnica, de gênero ou de classe; e isso significa que é diferente de qualquer forma de conhecimento "superior" restrito a uma elite. Foi a herança dos bengaleses, expropriada por *Sir* William Herschel, dos caçadores, dos marinheiros, das mulheres. Constitui um estreito vínculo entre o animal humano e as outras espécies animais.

73. Ver o rico e penetrante livro de Mourad (1939:1-2).

74. Ver a extraordinária aventura atribuída a Al-Shafi'i (no século IX DC do calendário cristão) em Mourad 1939:60-61, que se assemelha a um conto de Borges. O elo entre *firasa* e os feitos dos filhos do rei Serendippo é abordado, com propriedade, por Messac (1929).

75. Mourad (1939:29) classifica os ramos da fisiognomonia do seguinte modo, segundo o tratado de Tashkopru Zadeh (1560 DC): (1) o conhecimento de marcas e verrugas, (2) a quiromancia – leitura das mãos, (3) escapulomancia – adivinhação usando os omoplatas, (4) adivinhação por meio de rastros, (5) conhecimento genealógico envolvendo o exame de membros e pele, (6) a arte de encontrar o caminho no deserto, (7) adivinhação pela água, (8) a arte de detectar metais (no sub-solo), (9) a arte de predizer chuva, (10) profecia usando eventos do passado ou do presente, (11) profecia usando os movimentos involuntários do corpo. A partir da p. 15, Mourad propõe uma comparação bastante interessante que será desenvolvida, entre o estudo árabe da fisiognomia e a pesquisa sobre as percepções da individualidade feita pelos psicólogos da Gestalt.

5. Suposição: Sim ou Não?, Eis a Questão

MASSIMO A. BONFANTINI E GIAMPAOLO PRONI

I. A ESTRUTURA DA INVESTIGAÇÃO EM *UM ESTUDO EM ESCARLATE*

Reconstruir a investigação conduzida por Sherlock Holmes em STUD não é tarefa simples, pelo menos por duas razões: em primeiro lugar, há a *estratégia do texto*. Conan Doyle não contempla o leitor com os mesmos dados que o detetive possui. Estes são revelados apenas no final (tal como a resposta ao telegrama que Sherlock remete assim que vistoria o local do crime) e como se fossem apenas trivialidades quando, na verdade, são determinantes para a resolução do caso. Em segundo lugar, Sherlock nunca nos deixa perceber em que momento da investigação ele elabora suas conclusões ou quais os propósitos de algumas de suas ações ou mesmo suas conseqüências.

O que, porém, nos interessa agora não é o estudo da estrutura narrativa do suspense, mas o *método* que se encontra nele teorizado. Assim, reconstruímos um esquema da fábula com todos os componentes que nos são oferecidos ao longo da narrativa, tanto aqueles que são dados ao conhecimento do leitor quanto aqueles sobre os quais no devido tempo, é informado no final. Tampouco esta é despida de dificuldade. Aquilo que Sherlock observa não corresponde àquilo que ele infere de vez em quando. Mais ainda: enquanto acompanhamos a seqüência cronológica dos comentários e "experimentos", nem sempre sabemos precisamente em que momento certas conclusões são sacadas.

Esse esquema é, portanto, uma *reconstrução*. Em apenas poucas situações foi possível detectar com rigor os estádios da investigação; em outras, devido ao texto, foi impossível fazê-lo. Daremos indicações sobre isso de vez em quando.

1. Sherlock recebe uma carta de Gregson (um dos dois detetives da Scotland Yard designados para uma investigação) solicitando-lhe que o ajude no caso do assassinato de Enoch J. Drebber, encontrado morto em uma casa desabitada em Lauriston Gardens.

2. Além de sua grande bagagem de conhecimento gerais (tanto no âmbito do todo quanto no particular), Sherlock *sabe* que choveu na noite anterior após uma semana inteira sem chuvas. Ao chegar próximo ao local do crime, Sherlock deixou o cabriolé e percorreu o restante do trajeto a pé. Ele, então, *observa* as marcas de outra carruagem impressas no barro em frente à casa na qual o crime foi cometido. A bitola estreita das rodas lhe confirma que se trata de um cabriolé de aluguel. As impressões deixadas pelas patas do cavalo sugerem que o animal ficou à espera do cocheiro por algum tempo.

Com esses dados, Sherlock conclui que esse veículo chegou provavelmente à noite e demorou-se diante da casa. Nesta altura, quase com certeza, uma vaga hipótese já teria se construído na mente do detetive, ou seja, a de que o cocheiro estaria de algum modo envolvido no caso, a menos que o cabriolé pertencesse a alguém da polícia. O texto não nos informa nada a respeito desta conjuntura. Sherlock procura por outras marcas. Ele *observa* cuidadosamente as impressões na trilha que conduz à casa, distinguindo entre outras as pegadas, meio encobertas e feitas anteriormente, de dois homens, um deles usando botas de bico quadrado e o outro com sapatos elegantes. As botas de bico quadrado pertence a um homem jovem porque elas transpõem uma poça de água de um metro e vinte centímetros de diâmetro, enquanto as outras pegadas contornam o obstáculo. A partir disso ele *conclui*, em acréscimo, que os dois homens teriam entrado na casa antes que qualquer outra pessoa (talvez, por isso, durante a noite). Um é alto e jovem, e o outro vestido com elegância.

3. Sherlock se encontra com Lestrade, o segundo detetive da Scotland Yard, e pergunta-lhe se alguém chegou em uma carruagem de aluguel naquela manhã. Lestrade diz que não. Isso *confirma* a hipótese de que os dois homens chegaram à noite, em um cabriolé de alugueul que um deles, provavelmente o de botas de bico quadrado, era o condutor, pois onde mais poderia ele ter ido, deixando o veículo sozinho à noite.

4. Sherlock entra na casa e se depara com a cena do crime, com o corpo ainda exposto à vista. Isso, de imediato, promove outra *confirmação*: o homem bem vestido é a vítima. (Diante disso, basta um peque-

no passo para imaginar que o assassino é o condutor do veículo, uma vez que o homem morto não pode ser suspeito, por evidências óbvias).

5. Sherlock, em seguida, *observa* diversos pormenores, e sobre cada qual levanta algumas hipóteses:

(a) A expressão do morto demonstra agitação, como se sob a emoção do ódio ou do medo.

(b) Sua boca exala um leve odor acre. Isso pode levar à suposição de que ele tenha sido forçado a se envenenar. Casos similares tornam essa hipótese plausível.

(c) Na parede, foi garatujada, com sangue, a palavra "RACHE", escrita em caracteres góticos. Sherlock imediatamente *conclui* que se trata da palavra vingança em alemão, mas que isso foi apenas um truque para confundir as investigações porque um alemão de verdade usaria caracteres romanos para escrever em letras maiúsculas.

(d) Com a vítima é encontrada uma aliança. *Isso o leva a pensar* que a jóia pode ter sido usada para lembrar à vítima alguma mulher, já morta ou distante. (Sherlock logo percebe, sem que o texto nos diga como, que esse anel foi *esquecido* pelo assassino e não deixado ali deliberadamente).

(e) No chão há manchas de sangue, mas não traços de luta. Por isso, Sherlock *conclui* que o sangue pertence ao assassino. Como ele sabe que pessoas de compleição sangüínea sofrem, freqüentemente, de sangramentos, quando sob alta tensão emocional, ele, então, conjectura que o assassino é uma pessoa robusta e de tez corada.

6. Neste ponto, Sherlock examina detalhadamente o interior do aposento, valendo-se de uma lupa e de uma fita métrica.

(a) Ele *observa* as impressões deixadas pelas botas de bico quadrado e mede a extensão e a quantidade de passadas. A partir disso (por meio de cálculos que ele conhece), Sherlock *infere* o tamanho do homem, *estabelece* que ele teria percorrido a sala por diversas vezes e em grande agitação, devido ao fato de as passadas se tornarem cada vez mais largas.

(b) Ele *observa* um resto de cinza no piso e, por certas características, *estabelece* que se trata de cinzas de um charuto *Trichinopoly*.

(c) Ele *observa* que a palavra escrita com sangue foi arranhada sobre a parede, donde *conclui* que o assassino possui unhas compridas.

7. A essa altura, tendo deixado o local do crime, Sherlock providencia o envio de um telegrama. Ao leitor não é dado saber para onde é remetido nem o quê contém, embora, mais tarde, tome conhecimento de que, nele, Sherlock indaga a Cleveland (cidade natal de Drebber) acerca do casamento da vítima. Isso é feito para *testar* a hipótese, sugerida pelo anel, de que se trata de um caso envolvendo questões passionais. Não somos informados pelo texto quando essa resposta chega mas isso ocor-

re, sem dúvida, antes do estágio 10, quando Sherlock ordena a busca de Jefferson Hope entre os condutores de carruagens de aluguel de Londres. De fato, a resposta lhe informa que, em certa ocasião, Drebber solicitou proteção à polícia contra seu rival em amor, um certo Jefferson Hope.

8. Sherlock Holmes vai à casa de John Rance, o policial que fazia a ronda naquela noite e que descobriu o corpo, e *interroga-o*. Aqui temos a prova textual de que Sherlock já está pensando no condutor do veículo como responsável pelo crime: pergunta, inclusive, a Rance se este não havia visto ninguém na rua, próximo da casa onde teria encontrado a vítima e, ao ouvir do policial que este esbarrara em um bêbado, o detetive lhe pergunta se, por acaso, aquele homem não estaria carregando um chicote e se, além do mais, ele não teria visto nenhum cabriolé nas proximidades. Rance responde negativamente a ambas as questões e descreve o bêbado como sendo um homem alto, vestido com uma manta. Isso vem *confirmar* a hipótese de Sherlock: o assassino retornou ao local em busca da aliança, mas teve de escapar da polícia. Para tanto, fingiu estar bêbado.

9. Sherlock faz publicar um anúncio no jornal, em nome de Watson, anunciando que encontrou um anel de ouro nas proximidades de Lauriston Gardens. Ele pretende, *com esse truque, atrair* o assassino, que não pensaria que um cidadão comum pudesse associar o crime ao anel, o qual ele poderia perfeitamente ter perdido na rua. Em síntese, diremos que *o truque falha* porque não é o homem alto quem aparece senão uma velha, que recebe o anel e logra escapar de Sherlock.

10. O detetive tenta, então, uma nova artimanha: ele reúne um grupo de moleques maltrapilhos (a famosa "patrulha de Baker Street") para que localize um cocheiro de nome Jefferson Hope, a partir da descrição que faz dele. Sherlock já *concluiu* que J. H. é o assassinou e que, sendo condutor de um veículo de aluguel, melhor do que ninguém teria condições de localizar sua vítima em Londres. Em seguida, ele *presume* que J. H. não tenha abandonado seu trabalho para não levantar suspeitas, considerando o pouco tempo transcorrido após o crime, e que tampouco teria mudado seu nome, uma vez que ninguém o conheceria em Londres.

11. Neste ponto há um *coup de scène*: uma nova vítima é descoberta, apunhalada no coração. Trata-se de Stargeson, secretário de Drebber, cuja pista ainda não havia sido localizada. O assassino havia também deixado sua assinatura: "RACHE". No contexto da história, essa notícia parece abalar todas as investigações. No entanto, se examinada com cuidado, a nova situação faz apenas confirmar todas as hipóteses de Sherlock.

(a) O leiteiro de um hotel viu o assassino escapar e *confirma* que o homem é alto e robusto.

(b) Um telegrama encontrado com Stargeson *confirma* que "J. H. está na Europa". (Nós, nesse ponto da história, não sabemos quem ele é, mas Sherlock sabe.)

(c) Uma caixinha contendo duas pílulas *confirma* o uso (o suposto uso, até então) de veneno.

12. Após o segundo assassinato, as investigações policiais parecem ir por água abaixo, mas a solução do drama já está à vista: Lestrade mal acaba de relatar a segunda morte quando um cocheiro, chamado por Holmes, aparece para recolher uma suposta bagagem. Eis o assassino. O leitor, que até o momento nada sabe sobre Jefferson Hope, fica surpreso e o mesmo ocorre com o resto das *dramatis personae*. Sherlock Holmes, seguindo sua misteriosa trilha de sangue, chegou à *prova final, que confirma todas as suas hipóteses*. J. H. acaba confessando.

Algumas das conclusões a que podemos chegar com este esquema são: primeiro, o suspense é claramente um artifício textual. Tão logo o leitor é posto a par de tudo que se supõe que Sherlock saiba, não lhe é difícil chegar às mesmas conclusões. Aquilo que o leitor não sabe ou que pode ter ficado esquecido, é exposto no final (como o conteúdo do telegrama de Cleveland ou o fato de que o coche teria ficado sem os cuidados do seu condutor por algum tempo). O primeiro detalhe é mais importante do que o segundo. Logo que sabemos que a vítima teria sido ameaçada por um certo Jefferson Hope, fica fácil conectá-lo ao crime.

Segundo: queríamos enfatizar (e com esse propósito grifamos os vários tipos de operações que se combinam na investigações) os estágios do processo investigativo de Sherlock. Ele leva a cabo vários tipos de operações: por um lado ele *observa*, por outro, ele *conclui, infere, conjectura*. Em suma, ele erige teorias e, então, *encontra e constrói fatos que confirmam essas teorias*.

Terceiro: vemos que Sherlock opera em dois outros níveis: por um lado, ele *coleta dados* e, por outro, *estabelece estratagemas* para atrapalhar o culpado.

II. SHERLOCK EM COMPARAÇÃO COM PEIRCE

Refletindo sobre esses três pontos do esquema, deixemos de lado este último, que se refere mais propriamente a operações voltadas à captura do criminoso mais do que a sua descoberta e identificação. Detenhamos nossa atenção no segundo ponto: a estrutura do processo investigativo de Sherlock. Qualquer que conheça o trabalho de Peirce não terá dificuldades em discernir a perfeita correspondência estrutural entre a lógica de investigação segundo Sherlock e a lógica do processo de conhecimento em geral e da ciência em particular segundo Peirce.

Relendo nosso esboço sintetizando as operações investigativas efetuadas por Sherlock em STUD, o leitor familiarizado com Peirce verá, claramente, como os três estágios do processo cognitivo se compõem, seguem-se uns aos outros e se combinam. Para Peirce, o processo cognitivo contém os três tipos de argumento: indução, abdução (ou hipótese) e dedução. Em suma, Sherlock começa observando, registrando e confrontando diversos dados observáveis (indução); ele, então, erige uma hipótese como ponto de partida ou interpreta os fatos observados de modo a identificar *possíveis causas* de *eventos resultantes (abdução)*; ele demonstra de modo analítico as conseqüências necessariamente inerentes às hipóteses formuladas (*dedução*); ele submete as hipóteses e as conseqüências daí deduzidas ao teste de observação e, em seu sentido mais amplo, "experimenta" (*indução*). Assim, as hipóteses estabelecidas e selecionadas uma após outra acabam por formar uma rede que converge para a identificação da hipótese fundamental: a identidade do criminoso.

A perfeita correspondência entre Sherlock e Peirce no que se refere ao *modo* de compreender a complexa estrutura lógica do processo cognitivo não significa, *per se*, uma perfeita identidade de *método*. De fato, a correspondência teria ou poderia parecer a Peirce (se o entendemos corretamente) como perfeitamente natural e até mesmo um fato lógico. No segundo de seus dois ensaios anticartesianos de 1868, *Some Consequences of Four Incapacities*, Peirce ocupa-se em demonstrar que é impossível para um ser humano desempenhar qualquer ação mental e, *a fortiori*, executar o que quer que se aproxime de um processo cognitivo, seja ou não válido, *sem recorrer aos três tipos obrigados e obrigantes de argumento: indução, dedução e abdução*. Portanto, uma vez que, para Peirce, o cruzamento dos três estágios de inferência constitui uma constante comum tanto para o enfrentamento dos problemas práticos do dia a dia, quanto para investigações com um procedimento especializado, ou para a pesquisa científica propriamente dita, não é de se admirar que uma demonstração cuidadosa dos procedimentos de *detecção* da polícia revelasse a presença dos três tipos canônicos de inferência.

Em resumo, o espírito de Peirce, se bem interpretado, se dirigiria ao espírito de Sherlock (ou ao de Conan Doyle) e diria: "Descobrir que sabemos através da combinação das três formas fundamentais de inferência é dar um passo necessário, embora não totalmente suficiente, em direção ao desenvolvimento de um *método* científico. Os três tipos de argumento têm sido conhecidos e explicados desde os tempos dos gregos. Encontrei-os no *Organon* de Aristóteles. E, pelo menos desde Galileu, tem havido uma consciência generalizada de que o método da ciência é hipotético-dedutivo-experimental. Presentemente, o método científico, tal qual o reconheço na prática dos cientistas e o recomendo em minhas reflexões filosóficas, está vinculado à tradição de Galileu, tornando-a mais específica, com maior escopo e mais inovadora. Os refinamentos e expansões da *indução* (por meio de instrumentos e técnicas de observação e experimentação) e da *dedução* (por meio da formalização da lógica analítica e do avanço da matemática) são conhecidos, aceitos e universalmente reconhecidos.

"Mas, sobretudo, destaco a importância da função de *abdução*, ou hipótese. Ao enfatizar, em detrimento da tradição cartesiana, que todo nosso conhecimento tem uma base hipotética, por um lado, eu realço sua falibilidade intrínseca, mas, por outro, proclamo resolutamente a necessidade de colocar a abdução na sala de controle do processo cognitivo em geral e, acima de tudo, no processo científico, pois é apenas por meio de hipóteses, de novas e mais ousadas abduções, que podemos descobrir novas verdades, ainda que de modo aproximado e provisório; é apenas por meio de novas hipóteses que podemos ampliar nossa visão do real e descobrir novas vias de experiência, propor matéria nova para o banco de testes da experimentação. Agora, com um estudo atento de seu método, de como você o teoriza e o pratica em suas investigações, eu me pergunto, meu caro Sherlock, se seu método corresponde de fato ao meu em suas linhas fundamentais, ou se as possíveis divergências são de tal ordem que ambos nos beneficiaríamos se corrigíssemos no outro sua dogmática unilateralidade."

III. A ABDUÇÃO SEGUNDO SHERLOCK HOLMES

Neste ponto do trabalho, dediquemo-nos a uma análise mais minuciosa dos traços característicos da investigação de Sherlock. Em primeiro lugar, Sherlock poderia naturalmente reivindicar, a seu favor, um uso efetivo, altamente consciente, metódico e sistemático dos três modos de inferência. E, *em conseqüência*, o uso de um método que poderia ser chamado, com acerto, mais "científico" do que aquele de seus colegas "oficiais". Sherlock é, sem dúvida, mais preciso, mais acurado e mais atento na fase de observação. Ele vê e registra mais coisas e não despreza os detalhes aparentemente mais insignificantes (e este é um ponto sobre o qual ele insiste bastante quando explica seu método a Watson) na cena do crime. Ele analisa e compara o que está *implícito* nos vários resultados da observação. Ele combina e vincula conseqüentemente – e tendo sempre em mente os diversos aspectos do problema – as várias séries de hipóteses que formula gradativamente.

É sobre este aspecto, o entendimento da função das hipóteses, ou abduções, no processo de descoberta como um todo, que se deve assentar a comparação Sherlock-Peirce. Um *convergência* nos vem à mente de imediato: tanto para as abduções de Peirce quanto para as de Holmes, excogitar hipóteses sobre as causas desconhecidas de fatos resultantes é o ponto-chave da busca.

Sherlock é extremamente explícito sobre isso. No último capítulo de STUD, ele explica a Watson que todo o segredo de solucionar os problemas de investigação policial reside em "raciocinar retrospectivamente". Acrescenta que esse hábito de inferência é um procedimento pouco praticado pelas pessoas comuns porque "nas questões cotidianas da vida é muito mais comum raciocinar para frente e, assim, o outro procedimento se vê negligenciado... Há poucas pessoas, porém, às quais se oferece um resultado e que são capazes de descobrir, a partir de seu foro íntimo, quais etapas conduziram a esse resultado". Posteriormente, conversando com Watson sobre o sentido global da investigação levada a cabo em STUD, isso nas primeiras páginas de SIGN, Sherlock declara categoricamente: "O único ponto sobre o caso que mereceria referência é o curioso raciocínio analítico partindo dos efeitos para as causas, por meio do qual fui capaz de solucioná-lo".

Tudo isto é tanto óbvio quanto acima de qualquer dúvida. Que uma investigação policial deva alcançar as causas, as origens – e, por essa razão, para usar o termo aprendido de Peirce e não de Sherlock, deva estar baseada mais do que tudo na *retrodução* ou *abdução* – é um fato tão cristalino quanto a água. A questão que se coloca é se o tipo de abdução envolvida na investigação é idêntica ou apenas similar ou, então, totalmente diferente do tipo de abdução que concerne à investigação teórico-científica, a qual se supõe mais próxima do coração de Peirce. Que haja algumas diferenças entre os dois tipos de abdução deve ser, desde logo, um ponto de partida, tendo-se em mente os diferentes propósitos dos dois tipos de investigação. No trabalho da polícia, o objetivo é retroceder de um evento *específico* até sua causa *específica*, enquanto no trabalho científico o objetivo é encontrar uma lei teórica fundamental de aplicação geral ou, mais freqüentemente, adequar um fato anômalo à aplicabilidade de uma lei fundamental por meio do reajustamento de leis "intermediárias".

Se atentamos para os procedimentos de Sherlock, veremos que ele não confia nas leis, universais ou específicas, da criminologia. Ele *confia* em bem comprovadas *leis experimentais*: freqüentemente, recorre aos fortes códigos indiciais que pertencem às ciências mais observacionais, taxinômicas e "semeióticas"*, as menos imbuídas de sofisticação teórica

---

* No original, *semeiotic*. Mantivemos a fórmula, entendendo desse modo preservar o

e mais próximas do senso comum (acolhendo a útil distinção entre tipos de ciências, introduzida nos capítulos centrais de *Théorie physique*, de Duhem). O modo como Sherlock se vale da experiência é bastante diferente daquele próprio de uma "ciência verdadeiramente teórica" como, para citar o exemplo por excelência, a física, em especial a física contemporânea. No caso do detetive, trata-se mais de *observações precisas* de fatos ocorridos espontaneamente do que de *reconstituições experimentais* de fatos artificialmente preparados, selecionados e "purificados", nos quais o experimento é cumulado com teoria e projetado especificamente de acordo com hipóteses iniciais.

As abduções de Sherlock são compatíveis com sua função "institucional" e, *conseqüentemente*, são de um tipo diferente de, pelo menos, *algumas* das abduções as quais (a) são características da pesquisa científica teórica e, portanto, (b) são básicas para o pensamento filosófico de Peirce. Esta tese, agora, começa a se tornar mais convenientemente plausível, embora ainda mereça ser exposta com maior clareza.

Em resumo, podemos dizer que as hipóteses individuais de Sherlock, os avanços individuais em sua complexa "trama" retrodutiva, incidem em uma ou outra das seguintes quatro classes:

(1) Apóiam-se em fortes códigos indiciais próprios a certas ciências experimentais ou a certos setores comprovados e institucionalizados nas ciências experimentais, os quais, de acordo com o que nos diz Watson no segundo capítulo de STUD, encontram-se definitivamente entre as áreas de conhecimento dominadas por Sherlock (botânica, geologia, química, anatomia, e, podemos acrescentar, a fisiologia e a semiótica médica).

(2) Apóiam-se em fortes códigos indiciais pertencentes a áreas especiais de conhecimento e técnicas de classificação e identificação trabalhadas e reformuladas pelo próprio Sherlock (como nos informam no primeiro capítulo de SIGN) em monografias sobre tópicos tais como distinguir entre cinzas de vários tipos de charutos, rastrear pegadas e correlacionar os diversos ofícios e ocupações com as correspondentes deformidades características das mãos.

(3) Apóiam-se no vasto e atualizado arquivo do conhecimento descritivo concernente aos hábitos da vida cotidiana.

(4) Apóiam-se no senso comum ou no conhecimento comum ordinários referentes à lógica das ações.

Para comprová-lo, basta citar alguns exemplos retirados de STUD. A hipótese de que a vítima teria sido envenenada incide claramente na classe 1; a hipótese referente às botas do assassino, bem como a declaração proverbial de que "o assassino estava fumando um charuto Trichi-

---

jogo que o autor faz com a raiz grega (*sēmeiōtikos*), que aponta não só para o sentido semântico, como também se refere a sintoma (*sēmeion*). (N. do E.)

nopoly" recai obviamente na classe 2; a identificação da bitola da roda como sendo de um veículo de aluguel se adequa à classe 3; a suspeita acerca de Jefferson Hope, sabendo-se que a vítima já havia solicitado proteção contra ele e que J. H. havia sido seu rival no amor pertence naturalmente à classe 4.

Todas essas abduções apresentam duas características realmente notáveis: *simplicidade* e *eficiência*. Todas são altamente prováveis ou, pelo menos, plausíveis, e totalmente "sensíveis" – de acordo com o julgamento ordinário e o conhecimento "normal" (em um sentido mais amplo e mais socialmente consolidado do que o utilizado por Kuhn (1962) na expressão "ciência normal").

É patente que qualquer dessas abduções de Sherlock carecem de *maior originalidade*. Nelas estão ausentes o acaso e o risco criativo; conseqüentemente, carecem de genialidade. Do mesmo modo, a análise – a concatenação, a comparação e a combinação dos avanços hipotéticos singulares por meio dos quais Sherlock alcança a solução de seus problemas – é sempre simples e linear. Sherlock é totalmente consciente disso. Ele sempre insiste com Watson em quão *simples* e *elementar* são essas etapas, assim como todo o procedimento geral. No final do terceiro capítulo de STUD, Sherlock resume com modéstia, embora com precisão, seu gênio profissional quando diz: "Dizem que o gênio é a capacidade infinita de empenhar esforço. É uma péssima definição, mas se aplica ao trabalho do detetive".

Um detetive é um solucionador de enigmas, não um intérprete de fatos "opacos". Portanto, sua arte de abdução deve pertencer à categoria dos montadores de quebra-cabeças e não à *hermenêutica*. A montagem de quebra-cabeça, como o trabalho do detetive, requer uma observação acurada e um conhecimento enciclopédico de modo a dispor à mão o *conjunto finito e pré-determinado de imediatas e adequadas possíveis soluções hipotéticas*. Então, necessita-se de treino em cálculo lógico, frieza e *paciência* para comparar e selecionar hipóteses, até que se encontre a linha de interpretação que fornece a única *solução que se adequa a todas as pistas*.

A história DANC não é apenas um tributo de Conan Doyle ao Poe de "O Escaravelho de Ouro", mas é também uma sugestão de que a arte de detecção é bastante similar à decriptografia ou, melhor, inclui a decriptografia. O pensamento de Conan Doyle-Sherlock pode ser expresso da seguinte maneira: os códigos das pistas são quase tão fortes e regulares em conexões de causa e efeito quanto os códigos das linguagens cifradas na conversão de "inteligível" para "cifra". Na investigação, é necessário combinar os código conhecidos e disponíveis para identificar, por meio de cruzamento, o evento oculto; na decifração, é necessário, por outro lado, testar os vários códigos imagináveis até que possamos atingir o único que nos permite ler o texto. Visto de perto, porém, a detecção é uma arte-de-solucionar-quebra-cabeças, combinatória, que tem como base, como plataforma de lançamente, a *decifração de dados*, do qual a criptografia nada mais é do que um caso extremo mais "estilizado" e exemplarmente difícil.

Vamos tentar chegar a uma conclusão: o estilo das abduções de Sherlock pode ser resumidos como um hábito de rigor, o qual (1) obedece a um *imperativo* de simplicidade e plausibidade de acordo com critérios lógicos e empíricos firmemente aceitos pela sociedade, e que (2) obedece a uma *interdição* complementar: "nunca faça suposições" (como proclama Sherlock, por exemplo, na parte final do primeiro capítulo de SIGN). Essa interdição implica rejeitar não apenas hipóteses injustificadas, mas também as hipóteses justificadas por princípios de explicação formulados recentemente ou não comumemente aceitos.

Sherlock nega que ele próprio recorra à originalidade teórica criativa porque sua tarefa institucional não permite isso: a culpa de um indivíduo deve ser provada com base em interpretações comprovadas, de acordo com códigos comumente aceitos, de certos fatos. Não é admissível introduzir novas e ousadas leis teóricas, porque isso implicaria um grande "risco". Uma hipótese teórica arrojada pode acionar um fértil programa de pesquisa mas, no momento em que isso ocorre, ele se torna, por definição, arbitrário e, portanto, seria *arbitrário* condenar uma pessoa a partir dele, ou seja, por força de uma hipótese fora do âmbito da legalidade e da uniformidade verificada e reconhecida comum e publicamente.

IV. A ABDUÇÃO SEGUNDO PEIRCE

Diríamos que é fácil compreender como Sherlock e Peirce valorizam aspectos *opostos* da abdução. Peirce valoriza o caráter intrinsicamente original, criativo e inovador da abdução, enquanto Sherlock deseja que a abdução se conforme, o mais próximo possível, às leis e códigos reconhecidos. O detetive diz que o risco deve ser evitado, que a abdução jamais deve ser o resultado de um exercício de suposição. Peirce lembra que tanto para as decisões repentinas e inesperadas da vida cotidiana quanto para a promoção de novos avanços no descobrimento científico é necessário abduções arriscadas e audaciosas: isso é impossível sem o exercício da suposição! O fato é que Sherlock e Peirce têm em mente dois diferentes tipos de abduções e duas diferentes funções da hipótese, duas funções que, em uma primeira abordagem, podemos relacionar respectivamente com a ciência "normal" e a ciência "revolucionária", no sentido que lhes atribui Kuhn (1962).

Provavelmente, não encontraremos em Peirce uma teorização consciente e explícita dos diversos tipos de abdução. Entretanto, com base em suas próprias indicações, é possível esboçar uma tipologia de abduções que servirá ao propósito de especificar os termos de nosso discurso. De fato, apreendemos dos textos de Peirce que a abdutividade está presente em todos os momentos da vida psíquica, e, não obstante, nos é sugerido que há diferentes níveis de liberdade e criatividade na "ciência" abdutiva.

Em *Some Consequences of Four Incapacities*, ele nos diz que nas sensações, a abdução está presente em seu mais baixo nível de criatividade. Peirce rejeita a tese de que a sensação seja uma primeira e imediata "impressão do sentido", demonstrando que é, na realidade, uma interpretação seletiva e unificadora de diversas impressões exercidas por meio de estímulos sobre vários nervos e sobre os nervos centrais. Conseqüentemente, a sensação tem a mesma forma lógica e preenche a mesma função de simples predicado que é atribuído a uma coisa no lugar de um predicado complexo, isto é, preenche a função de uma hipótese. A única diferença é que a hipótese de julgamento real se baseia em argumentos racionais, enquanto que a hipótese de sensação, "ou signo mental natural" é "arbitrário", do ponto de vista racional, uma vez que é determinado "pela constituição de nossa natureza". "Por essa razão, a classe de inferências hipotéticas, à qual se assemelha o afloramento de uma sensação, é aquela do raciocínio partindo da definição para o *definitum*" (5.291).

Vamos tentar elucidar esse importante ponto do pensamento de Peirce dando um exemplo de raciocínio partindo da definição para a *definitum* e demonstrando que a sensação obedece ao mesmo padrão. De acordo com as convenções arbitrárias, embora rígidas, da língua italiana, o termo *scapolo* (solteiro) sempre significa e deve ser sempre e unicamente usado para significar "pessoa do sexo masculino que nunca foi casada". Portanto, a expressão entre aspas é a definição obrigatória do termo *scapolo*. Conseqüentemente, é claro que sempre que, em determinada situação, eu queira dizer, de um determinado indivíduo, suscintamente, que ele é "uma pessoa do sexo masculino que nunca foi casada", eu devo naturalmente submeter esse significado ao termo *scapolo*, ao invés de usar uma paráfrase indireta. Assim, se eu me remeter à norma lingüística, posso retroceder da complexidade da definição para o *definitum*: portanto, o indivíduo em questão será qualificado por um predicado simples ao invés de um predicado complexo. O padrão do argumento é o seguinte:

Para todos os indivíduos:
 que um determinado indivíduo seja *scapolo* significa necessariamente
 que tal indivíduo é uma pessoa do sexo masculino que nunca foi casada;
Se Tom é uma pessoa do sexo masculino que nunca foi casada; logo, Tom é um *scapolo*.

No caso das sensações, devido à constituição de nossa natureza, da estrutura de nosso aparato sensório e de nosso sistema nervoso, uma determinada sensações de cor, digamos vermelho, surge sempre e necessariamente como resultado do impacto de uma série de impressões de um dado tipo sobre o olho. "Isto é vermelho" é sempre e necessariamente o resultado de uma série de impressões sensórias passível de ser expressa da seguinte maneira: "isto estimula o nervo ótico, em momento sucessivos, de tal e qual maneira, com tal e qual duração e tal e qual intensidade". Assim, quando impressões sensórias desse tipo surgem em uma dada situação particular, o organismo é obrigado a refazer o caminho que vai das impressões até a sensação de uma maneira determinada pela constituição de nossa natureza. Nesse trânsito entre as impressões e a sensação, convertemos aquilo que pode ser expresso por um predicado complexo em um predicado simples. O padrão do processo inferencial é o seguinte:

Para todas as entidades reais:
 que uma determinada entidade seja *vermelha* implica necessariamente
 que essa entidade *estimula o nervo ótico em momentos sucessivos de tal e qual maneira, com tal e qual duração e tal e qual intensidade*;
Se esta entidade *estimula o nervo ótico em momentos sucessivos de tal e qual maneira, com tal e qual duração e com tal e qual intensidade*; logo, esta entidade é *vermelha*.

No lado oposto destas abduções "inferiores", Peirce situa as abduções científicas significantes, citando em diversas passagens e com particular satisfação as hipóteses de Kepler. A inferência pela qual Kepler atinge a conclusão hipotética de que a órbita de Marte é elíptica pode ser colocada esquematicamente nos seguintes termos:

Para todos os corpos em movimento,
 o fato de que um determinado corpo se movimente descrevendo um órbita elíptica implica
 que tal corpo passa em determinadas posições geometricamente determinadas de tal e qual modo;

Se Marte passa em determinadas posições geometricamente determinadas de tal e qual modo;
logo Marte se movimenta descrevendo uma órbita elíptica.

Este padrão reflete a forma típica da abdução, ou seja, o raciocínio que parte do conseqüente para o antecedente. Todas as abduções apresentam essa forma. Como vimos, o processo inferencial que faz surgir a sensação e o argumento a partir da definição para o *definitum* remete a esta forma. Nem o princípio de uma sensação (em nosso exemplo a sensação *vermelho*) nem a identificação do *definitum* (em nosso exemplo o termo *scapolo*) se destacam como conclusões particularmente originais ou inovadoras; todo o contrário, são óbvias, repetitivas, até mesmo obrigadas. Por contraste, escreve Peirce, a inferência de Kepler é um "exemplo eterno" (2.96). Mas, em que sentido? Seria apenas porque Kepler aplica a forma canônica de abdução? Muito dificilmente poderíamos afirmar isso, uma vez que essa forma, sempre idêntica, pode também levar a conclusões bastante banais. E, no entanto, escreve Peirce: "Uma Abdução é (...) o único tipo de argumento que inaugura uma idéia nova" (2.96). Onde está a magia criativa dessa forma de inferência? E seria a abdução sempre tão criativa?

Tentemos desvendar um pouco esse problema.

1. Antes de mais nada, uma abdução é uma inferência. Isto quer dizer que o último estágio de um argumento abdutivo consiste em extrair uma conclusão de suas premissas. Nesse sentido, a abdução é tão formal e mecânica quanto a dedução e a indução: o modo pelo qual se tira a conclusão é rigidamente governado por uma regra. Também nesse sentido, a abdução não é mais original ou inventiva do que a dedução e a indução. Tampouco parece haver condições pertinentes para se pensar que uma ou outra das inferências seja psicologicamente mais fácil ou mais difícil do que a outra. Quando tenho diante de mim duas premissas especificamente apropriadas, se as reconheço como tal e me remeto à regra inferencial específica, estarei capacitado a imediatamente tirar minha conclusão – dedutiva, indutiva ou abdutiva. Em outras palavras, para usar a terminologia de Peirce, é igualmente mecânico e automático derivar a *regra* partindo do caso e do resultado (indução), quanto derivar o *resultado* partindo da regra e do caso (dedução), ou, o *caso* partindo da regra e do resultado (abdução).

2. No entanto, do ponto de vista formal, a conclusão abdutiva, à medida que se processa, tão automaticamente quanto a dedução, a partir das premissas, não apenas torna pleno o conteúdo semântico das premissas como também promove uma recomposição do conteúdo semântico. Conseqüentemente, a abdução é "sintética" e inovativa e, como tal, contém também um elemento de risco, uma vez que o valor de verdade

da conclusão abdutiva não é naturalmente *determinado* pela validade das premissas (isto é, as premissas podem ser verdadeiras e a conclusão falsa). A abdução consiste na atribuição ao sujeito da investigação, identificado na premissa expressando o "resultado", as características expressas na prótase ou antecedente da premissa principal ou regra. Portanto, é perfeitamente compreensível que tanto o elemento de risco – acrescido àquele que pode estar contido nas premissas – quanto o grau de novidade da conclusão abdutiva dependem do relacionamento entre as duas proposições (antecedente e conseqüente) que constituem a premissa principal.

No caso da abdução de Kepler, a conclusão implica o risco porque, embora seja verdade que uma elípse suponha certas posições geometricamente determinadas de tal e qual modo, não se pode afirmar que tais posições poderiam ser contidas apenas e necessariamente em uma elipse. Naturalmente, à medida que Kepler aumentou o número de posições registradas e estas provaram ser compatíveis com uma elipse, diminuiu o risco de erro adicional na conclusão porque se estreitaram as condições de correspondência recíproca entre o antecedente e o conseqüente da premissa principal. Se a implicação recíproca entre antecedente e conseqüente chega a ser *total*, isto é, quando o relacionamento entre eles pode ser expresso em termos de *se e somente se p, portanto q*, ou quando há uma relação literal, sem exceção, entre o que está expresso no antecedente e o que está expresso no conseqüente, ou o antecedente não é dado sem o conseqüente ou este sem aquele – então, a hipótese é aparente: ela não expressa nenhum risco adicional e a conclusão da abdução pode ser igualmente alcançada pela dedução, bastando reverter as duas proposições da premissa principal. As abduções que dão origem a sensações ou a um *definitum* estão próximas de ser deste tipo degenerado.

3. Se o grau de novidade de uma conclusão abdutiva depende do teor da premissa principal, então a inventividade, o potencial de descoberta ou a criatividade de um raciocínio abdutivo obviamente reside não na inferência mas na *interpretação* dos dados ou "resultado", que é visto como uma ocorrência particular da conseqüência típica de uma lei ou princípio geral. Em outras palavras, o processo heurístico que dá margem à abdução tem nos dados o seu ponto de partida. Para dar conta de, ou explicar, ou justificar esses dados, devo encará-los como uma conseqüência de uma princípio geral. Uma vez identificado esse princípio geral, a conclusão, enquanto uma asserção do antecedente aplicado ao sujeito da investigação, decorre mecanicamente. Portanto, é o princípio geral ou premissa principal que devo buscar e perseguir. A escolha da premissa principal, ou, mais precisamente, de sua prótase ou antecedente, exercita o todo da imaginação criativa do investigador, e é aqui que

encontramos a raíz da maior ou menor novidade da conclusão abdutiva. De um modo tosco, pode-se dizer que quanto menos usual for a junção de conseqüente e antecedente, ou quanto maior for a distância entre seus campos semânticos, mais prenhe será a abdução. Obviamente, não estaremos indo muito longe com a observação (que serve como premissa principal) "Todos os feijões neste saco são brancos", se se trata de explicar a presença de alguns feijões brancos em um armário para então, concluir que esses feijões brancos provém desse saco. Aqui, inclusive, estamos no domínio dos achados observacionais os mais próximos dos dados.

A premissa principal introduzida por Kepler, ao contrário, tem uma certa audácia: reflete a coragem de trilhar caminhos inexplorados, uma vez que, confrontados com suas observações, Kepler rompe com o modo tradicional de pensar que queria que o movimento de um planeta fosse circular e busca uma curva que possa incluir todos os pontos registrados. A originalidade da hipótese de Kepler, no entanto, não deve ser superestimada, porque a lei expressa por sua premissa principal não é uma invenção criativa mas, antes, um *repolimento* engenhoso e oportuno de um princípio perfeitamente conhecido. A originalidade de Kepler reside na seleção de um princípio adequado (dentre os muitos abstratamente possíveis e *conhecidos*) para explicar uma conseqüência tal qual a expressa na descoberta do "resultado". De fato, o princípio estava razoavelmente à mão, no sentido que não exigia nenhum salto semântico do conseqüente para o antecedente. Mais marcante é a novidade da abdução quando a premissa principal vincula o resultado com uma possível causa remota e "improvável". E a novidade da abdução é ainda mais nítida e mais forte quando o princípio expresso na premissa principal é uma *nova* lei teórica mais do que uma lei científica universalmente aceita. Neste caso, a conclusão abdutiva é uma "idéia nova" em termos absolutos: não é apenas a aplicação do princípio geral ao sujeito da investigação que é nova, também o princípio é novo. Por isso é que a conclusão ainda não estava nem mesmo potencialmente incluída no estoque existente de conhecimento. Para um exemplo deste último tipo de abdução, que é o mais fértil no campo da pesquisa científica, poder-se-ia tomar satisfatoriamente o processo de raciocínio pelo qual Bohr interpretou o mistério dos vácuos nas linhas do espectro hidrogênio (cf. Bonfantini e Maccià 1977:88-102).

V. PARA ALÉM DO PRÓPRIO PEIRCE: DUAS CONCLUSÕES

1. Resumindo e simplificando o resultado desta exposição, diríamos que é necessário distinguir três tipos principais de abdução, com três graus ascendentes de originalidade e criatividade:

ABDUÇÃO DE TIPO UM – a lei de mediação usada para inferir o caso a partir do resultado é dada de modo obrigatório e automático ou semi-automático;

ABDUÇÃO DE TIPO DOIS – a lei de mediação usada para inferir o caso a partir do resultado é encontrada por seleção na enciclopédia disponível;

ABDUÇÃO DE TIPO TRÊS – a lei de mediação usada para inferir o caso a partir do resultado é desenvolvida do novo, *inventada*. É neste último tipo de abdução que o trabalho real de suposição vem à tona.

2. Qual é a base do trabalho de suposição? E de que modo ele se processa para que as suposições sejam tão freqüentemente corretas?

A estas questões Peirce responde com sua teoria da tendência natural, enraizada biologicamente e acumulada no homem no curso de sua evolução: *lume naturale*, modelada de modo sempre crescente pela influência das leis da natureza e cada vez mais, espontaneamente, passível de refletir, por afinidade secreta, os padrões da realidade. Essa teoria de Peirce é pouco defensável cientificamente porque ela implica a herança biológica dos caracteres culturais culturalmente adquiridos, pois mesmo (pelo menos no atual estágio de conhecimento, *pace* Lysenko) a herança dos caracteres físicos adquiridos fisicamente é inaceitável, do ponto de vista científico. Aqui Peirce, de fato, se aproxima da tese da *filosofia influente*. Em nossa opinião, é necessário transformar a teoria de Peirce colocando a expressão *lume culturale* ao invés de *lume naturale*, a qual, além de estar apoiada em uma metafísica ruim, é excessivamente genérica porquanto explica tudo e não explica nada.

Quando o homem não faz suposições, ele se vê guiado por visões complexas e sistemáticas da realidade, por concepções filosóficas, das quais ele tem mais ou menos uma vaga consciência mas que, de todo modo, dão forma a seu modo de pensar, seus mais profundos hábitos, que determinam sua capacidade de julgamento. Essas filosofias sintetizam e organizam, por processos de generalização, analogia e ordenamento hierárquico, as aquisições culturais e o conhecimento depositados no curso de séculos e derivados de práticas sociais extensivas. Portanto, não se deve duvidar que essas filosofias possuem (obviamente em graus variados) sua força de verdade, incluindo a capacidade de inspirar novas e válidas hipóteses científicas[1].

---

1. As fontes cunsultadas para este artigo incluem; Copi (1953), Eco (1976, 1980), Feibleman (1946), Hammet (1930, 1934), Haycraft (1941, 1946), Hoffman (1973), Millar (1969), Peirce (Mss. 475, 682, 689, 690, 1146, 1539), Poe (1927), Robin (1967), Scheglov (1975), Stout (1938) e capítulos 2, 3 e 10 deste volume.

6. Peirce, Holmes, Popper

GIAN PAOLO CAPRETTINI

I. A HISTÓRIA DE DETETIVE COMO UM UNIVERSO DE INDÍCIOS

Nenhuma narração pode se sustentar sem indícios ou sintomas. O texto como um espaço semanticamente homogêneo não existe e isso por uma série de motivos: a gradatividade por meio da qual o sentido de um romance é captado, a contínua reformulação desse sentido na seqüência de ações e no progressivo desvendamento das personagens, a parcialidade e a reticência do olhar do narrador. Juntamente com suas partes claramente demonstradas e definidas, encontramos em um texto outros elementos os quais se ocultam no segundo plano e de onde vibram imperceptivelmente. Dependendo dos diferentes textos, a relação entre sintomas "fortes" ou "fracos" está sujeita a mudanças. Por essa razão, a aparência aristocrática de uma personagem, em uma narração épica, define seu *status* social a ponto mesmo de antecipar sua identificação sem deixar margem a qualquer dúvida pertinente (sua identidade será esboçada, posteriormente, com maior precisão a partir de outros detalhes). Isto pode ser verdade no caso de uma descrição harmoniosa, na qual todos os elementos combinam (mesmo que com diferentes graus de importância) em uma representação não ambígua de uma dada personagem.

Entretanto, as coisas não são assim quando se trata de descrições em histórias de detetives: neste caso, a heterogeneidade dos vários elementos pode ser examinada seletiva e criticamente. É necessário escolher uma abordagem interpretativa que ponha em destaque certos componentes da realidade em detrimento de outros; estes últimos serão isolados e considerados em desacordo, falazes ou simplesmente inúteis. É bastante simples, mesmo para um leitor inteiramente leigo, isolar os detalhes supérfluos, aqueles que são empregados para enfeitar a narração: por exemplo, a descrição apurada de uma personagem que se encontra envolvida na história possivelmente como vítima ou como figura de importância secundária. Do mesmo modo, descrições de paisagens, criando atmosferas que se adequam à tragédia que aconteceu ou que irá acontecer, se prestam à mesma função. É também relativamente fácil distinguir entre um comentário importante e outro inconseqüente em uma dada descrição. Vamos enfatizar esta passagem: "Meu chalé está situado no topo do declive sul da colina, dominando a fantástica vista do Canal. Nesse trecho, a linha da costa é inteiramente demarcada por penhascos calcários e cuja única via de acesso é uma simples trilha, longa e tortuosa, íngreme e escorregadia. Ao final dessa trilha nos deparamos com uma área de centenas de jardas de seixo e cascalho, que mesmo a maré alta não alcança encobrir. Espalhados por ali, no entanto, encontramos recantos e poços que formam esplêndidas piscinas naturais, cujas águas são renovadas a cada maré" (LION).

Sem dúvida, a atenção do leitor é atraída para o detalhe da *trilha*, que cria uma súbita restrição espacial, em contraste com o cenário constituído pelo penhasco. Reconhecemos aqui um típico mecanismo descritivo, também relacionado a artifícios estilísticos. A partir de uma porção indefinida de espaço, para o qual se dirige o olhar do narrador com um movimento que, no cinema, chamamos de "panorâmica", passamos, de súbito, para um *close-up*, e os elementos que estavam originalmente camuflados em segundo plano são agora considerados "pertinentes", isto é, revelados como significativos e relevantes. Entretanto, de um ponto de vista semântico, esse privilégio sintático e morfológico ainda se oferece como imotivado; pressentimos a importância da trilha, "íngreme e escorregadia", mas nos mantemos no escuro quanto a seu sentido e destino. Com referência a outros detalhes descritivos, tais como "Espalhados por ali, no entanto, encontramos recantos e poços que formam esplêndidas piscinas naturais...", estes, é óbvio, têm uma função meramente ornamental.

Portanto, o leitor é compelido a desempenhar um papel ativo, mesmo que ele possa controlar seu grau de participação, interrompendo sua leitura para refletir sobre os dados já adquiridos ou, ao invés disso, deixando que o fluxo dos eventos o transporte para o mais longe possível. À luz da sugestiva teoria de cooperação textual, esboçada por Umberto Eco em *O Papel do Leitor*[*] (1979), a "passividade" do leitor parece ser

---

[*] Cf. Umberto Eco. *Lector in Fábula*. São Paulo, Perspectiva, 1986. (N. da T.)

algo dúbio. Além do mais, os mecanismos das histórias de detetives operam relacionados com certas hipóteses (mais ou menos espontâneas, mais ou menos avaliadas criticamente) às quais o leitor é levado a se referir, de acordo com o modo pelo qual a fábula lhe é apresentada. Se a história de detetive pode ser definida como uma fábula que consiste na *produção de sintomas*, é evidente, portanto, que o leitor, convidado a decifrá-los, não pode escapar completamente dessa pressão. Ao contrário, a leitura implica decisões constantes, de modo a controlar a pressão dos indícios. Sabendo-se que nem tudo é relevante na apresentação (já filtrada) feita pelo narrador, o problema é separar o discurso discreto e enigmático dos sintomas daquele da evidência (freqüentemente, um discurso ruidoso).

Já vimos uma primeira série de exemplos, com relação aos quais não se torna difícil fazer-se uma escolha. Uma segunda série pode ser constituída com as pistas que o detetive encontra na cena do crime. Elas constituiriam, idealmente, um *corpus* claramente definido, que pode ser enriquecido por meio de acumulação durante a investigação (sem provocar conflitos entre os vários detetives). No entanto, mesmo no caso das pistas (isto é, de elementos contíguos ao crime), observamos uma diferença, e mesmo um conflito, entre as várias pessoas que as investigam. Sherlock Holmes sempre censura Watson porque este não vê aquilo que tem a sua frente. Essa imperfeição, porém, não depende de todo da superioridade intelectual de Sherlock Holmes. Obviamente, não esperamos que Watson seja capaz de competir com seu parceiro na determinação do peso de um homem com base na distância entre suas pegadas, ou na classificação detalhada de certos tipos de cinzas. Entretanto, essa informação, mesmo a do tipo mais inacessível ao leitor, está sempre à disposição do narrador e, mesmo assim, este não sabe como tirar dela qualquer proveito. "Você não observou. E, no entanto, você viu" (SCAN). Em outra passagem, Sherlock diz a Watson: "Você não sabia para onde olhar e, assim, você perdeu o que havia de mais importante" (IDEN).

Mais à frente, iremos nos aprofundar no método de Sherlock Holmes mas, por ora, podemos antecipar algo sobre a dificuldade de Watson, a mesma dos detetives da polícia, de se concentrar nos detalhes, nas insignificâncias, isto é, de isolar elementos sintomáticos no contexto no qual eles se encontram aparentemente imersos. Pensemos nos halteres em VALL. É Sherlock Holmes quem decide considerar a ausência deles como um indício: a partir dessa decisão, surge uma nova interpretação.

Portanto, o *status* semiótico de um fato observado é determinado pelas hipóteses: o valor sintomático de certo elemento da realidade, seu valor referencial, deriva da decisão – tomada como conjectura – de considerá-lo pertinente. Por essa razão, percebemos uma incessante redefinição das molduras que estruturam e enquadram um evento. Aquilo que foi, a princípio, considerado como um indício de culpabilidade, como em LION – a reticência do Prof. Murdoch em explicar porque teria visitado os Bellamys – acaba por se revelar como um gesto de delicada humanidade. Neste caso, a percepção de seu *status* semiótico não estava errada (era, de fato, um sintoma), mas o processo inferencial que ele deflagra é sobretudo precipitado. Ao contrário, um fato que supostamente não apresenta nenhum valor como indício – como a temperatura no início de LION – autoriza, mais tarde, a hipótese de que animais bizarros teriam sido transportados pelas águas de Sussex.

A tradicional distinção entre *signo* e *sintoma*, sendo o primeiro baseado na artificialidade, arbitrariedade e convencionalidade, e o segundo na naturalidade, não-arbitrariedade e motivação, não é inteiramente satisfatória no que concerne os textos aqui considerados, pelo menos se pretendemos uma distinção rigorosa. A dificuldade inerente a tal abordagem surge de modo mais flagrante quando se trata de casos de simulação, ou seja, produção voluntária de sintomas. Pensemos, por exemplo, em uma pegada na areia. Mesmo que pareça um caso evidente de "signo natural", há a possibilidade de que, em uma circunstância determinada, tenha sido intencionalmente produzida de modo a desviar o rumo de uma investigação. Depende de uma hipótese interpretativa, da decisão (motivada) do detetive considerá-la ou signo ou um sintoma. Por exemplo, em VALL, o assassino deixou uma pegada no peitoril da janela para fazer crer a todo mundo que ele teria escapado desse modo. Naturalmente, a simulação, enquanto produção de uma realidade fraudulenta, ainda que não totalmente infundada, baseia-se na coerência e na probabilidade das pistas que fabrica. No caso da situação acima, suas incongruências acabaram por voltar-se contra a pessoa que havia originalmente produzido a falsa pista.

Por outro lado, as simulações de Sherlock para desmascarar um velho inimigo acabam funcionando às mil maravilhas (DYIN). Esta é, por uma série de motivos, uma história bastante peculiar: em primeiro lugar, o simulador é uma pessoa que, em geral, desempenha um papel interpretativo (os disfarces de Sherlock são freqüentes, mas apenas neste caso em particular o jogo de mascaramento constitui o centro da narrativa); em segundo lugar, a simulação envolve o próprio narrador muito mais do que em qualquer outra história. Não apenas Watson ignora as maquinações de Sherlock, como sua ignorância é, em si mesma, condição necessária para o sucesso final.

Aqui falta um traço característico das histórias de detetives de Conan Doyle que é o da narração baseada na diferença de pontos de vista: a diferença entre as percepções de Sherlock e de Watson é amplificada ao máximo, tanto qualitativa quanto cronologicamente. O habitual confronto entre os diferentes modos de observação é prorrogado até o *coup de théâtre* final, quando Watson se dá conta de que ele é vítima do mesmo engodo que Culverton Smith, a presa de Sherlock. Mesmo a usual hierarquia de personagens, no que concerne às formas de conhecimento, parece montada de um modo peculiar quando comparadas com a "típica" história de Conan Doyle. De acordo com essa hierarquia, Sherlock sempre paira acima de Watson, mas este não necessariamente paira acima do leitor. Quando o leitor dispõe tanto dos dados perceptivos do narrador quanto das observações de Sherlock, ele pode, pelos menos, pressentir em qual direção o processo inferencial caminha. Entretanto, a identificação entre Watson e o leitor, na história acima, pode ser questionada. De fato, suspeitamos – devemos suspeitar – desse comportamento de algum modo inconsistente (Sherlock fingindo uma doença fatal). Podemos dizer que, dado o *contexto* – "pessoa doente na cama necessita de atenção" – o fato de que Sherlock proibe seu fiel amigo de permanecer a seu lado compromete a inteligente cena armada pelo simulador.

A transmissão da verdade em uma história de detetive é alcançada através de detalhes, de fragmentos aparentemente triviais, de coisas bizarras sobre as quais nossa atenção se concentra sempre com alguma hesitação. Na verdade, somos distraídos por outros detalhes e, mais que tudo, pelos aspectos gerais da história. No entanto, os mais relevantes detalhes são aqueles que provocam rupturas no quadro, revelando sua incoerência. São os "atos falhos".

Portanto, podemos ampliar o conceito de contexto até a solução *falsa*, que em geral é proposta por um policial, ou por Watson ou pelo próprio Sherlock em uma fase inicial da investigação. Obviamente, em certas histórias narradas por Sherlock na primeira pessoa, a função de sugerir uma solução falsa é preenchida por ele mesmo (ver Shklovskij 1925 para o padrão de "história misteriosa").

Encontramos um exemplo concreto do problema da coerência em um conjunto de pistas arranjadas por simulação no mundo dos contos de fadas. Escolhemos, com esse propósito, a fábula entitulada *O Lobo e os Sete Cabritinhos*, da coleção dos irmãos Grimm. O lobo tenta, por três vezes, entrar na casa onde os sete cabritinhos estão trancados, aguardando o retorno da mãe. E por duas vezes ele falha devido a um ato incompleto ou incoerente de simulação. Na primeira vez, ele é traído por sua voz rouca; na segunda vez (após ter amaciado a voz, mascando uma porção de barro), ele se revela através de sua pata negra apoiada contra o vidro da janela. Para a terceira tentativa, ele é mais cauteloso: após ter branqueado as patas com farinha, ele insiste no jogo de iludir os cabritinhos até que estes abrem a porta. Apenas um deles se salva, escondendo-se no velho carrilhão do avô, como se suspeitasse de uma armadilha, em que pese o hábil disfarce do lobo. No entanto, nem mesmo a *coerência* de um conjunto de pistas permite uma atitude crente ou desatenta por parte do investigador. Nesta fábula, os seis cabritinhos "representam" o leitor desavisado, aquele que crê ingenuamente nas aparências; eles, descuidadamente, consideram como *signo* aquilo que, ao contrário, deveria ser também apreendido como um possível *sintoma* de outra realidade. Portanto, se é verdade que o processo de leitura de uma história de detetive implica a transformação de sintomas em signos, é fundamental que esse procedimento de decodificação seja válido para um número suficientemente amplo de casos. Em outros termos, precisa passar por um exame de falsificação de alto grau de dificuldade.

Como já dissemos, a simulação pode ser não apenas o resultado de um ato de dissimulação executado pelo criminoso ou pelo policial que deseja desmascará-lo, mas pode, também, ser resultado de nossas hipóteses. Depende de nossa percepção das coisas considerar uma pista como suficientemente válida, mudando seu *status* de sintoma para signo. O sétimo cabritinho é aquele que não se dá por satisfeito com a coerência dos sintomas porque teme não havê-los reunido em número suficiente, isto é, de não ter um *receptáculo* suficientemente grande. Esse é o papel que Sherlock normalmente desempenha. O universo da história de detetive ostenta não só incompreensíveis *descontinuidades* – uma realidade desbastada, indefinida, na qual os elementos misteriosos brilham no isolamento – bem como *continuidades* fictícias – falsas evidências, conexões equivocadas, hipóteses inadequadas, ficções atraentes, enganos persuasivos. Por um lado, esse universo apresenta dificuldades ou lacunas que podem ser consideradas ridículas; por outro lado, parece ajudar nosso trabalho interpretativo e classificatório, porém com fatos apenas aparentemente unívocos. Por esses motivos, o detetive deve combater a tendência a dissimular dados importantes, reconhecendo-os na uniformidade do conjunto ou na proliferação de elementos não-pertinentes; mas ele deve também combater a tendência, tanto de sua parte como dos outros, de simular respostas que ignora ou de encobrir questões, não as questões espalhafatosas mas aquelas decisivas, enquanto trabalha para o fim de uma investigação.

II. O PARADIGMA, O RECEPTÁCULO E O FAROL

O ideal de Sherlock era o de que a investigação fosse, ou se tornasse, uma ciência: sua mente positivista sonhava com a extensão dos procedimentos racionais e verificáveis até o domínio dos rastros, indícios e sintomas, isto é, ao domínio dos fatos *individuais*. Com essa definição queremos abranger todas aquelas entidades (ou, melhor dito, micro-entidades) cujo significado não parece depender do relacionamento com uma lei geral, mas do vínculo com uma certa porção de realidade. O dever do detetive é o de traçar uma linha que conecte dois pontos – o indício e a parte culpada – mas nunca de acordo com um princípio de regularidades e conexões constantes. A arte da detecção deveria pertencer à esfera daquelas *disciplinas de sintomas e indícios* as quais, como apontou Carlo Ginzburg (Cap. 4), persistem na cultura ocidental (mesmo com o *status* de conhecimento "menor") até o ponto de se constituir em verdadeiro *paradigma*. Suas origens podem estar relacionadas com a caça e a adivinhação. Curiosamente, isso foi reformulado em tempos recentes – e de modo independente – por René Thom (1972), que estabeleceu a *predação* como o padrão fundamental para o nascimento das histórias. (O sentido básico disto é que, no fundo, existem "universais" antropológicos, dificilmente alcançáveis, mesmo com instrumentos os mais elaborados).

Será este o caso de emergência de uma forma específica de racionalidade? À primeira vista, o paradigma parece estar em nítida oposição ao que poderíamos chamar de "paradigma galileano", considerando como a idéia de uma razão universalizadora, abstratizante e quantificadora. Enquanto que o método científico, desenvolvido a partir de Galileu (no que concerne à idade moderna), tendeu a eliminar o individual, identificando-o com uma acidentalidade extrínseca, com um aspecto supérfluo e acessório, o método "circunstancial" enfatiza o mais humilde detalhe devido justamente a sua atitude individualizante. O objetivo dessas duas formas de conhecimento é, no primeiro caso, a universalidade, no segundo, a singularidade. No primeiro caso, uma lei; no segundo, um fato empírico.

Contudo, certas suspeitas foram levantadas acerca da legitimidade de uma oposição absoluta entre os dois paradigmas: M. Vegetti (1978), por exemplo, chamou a atenção sobre a possível permanência de um estilo de racionalidade em métodos que são aparentemente diferentes; o próprio Ginzburg (embora em outro sentido), mencionou a necessidade de desarticular o paradigma durante sua criação.

De fato – voltando a Sherlock Holmes – algumas observações devem ser feitas, à parte a explicação de certos mal-entendidos que não são apenas de natureza terminológica. Consideremos, por exemplo, a imprecisão de Sherlock quando diz que "as faculdades de dedução e de síntese lógica" são seu "território especial" (COPP). O termo "dedução" retorna em outra obra, de modo bastante significativo para a definição da epistemologia de Sherlock: entre as qualidades essenciais de um policial, Sherlock Holmes enumera "poder de observação", "de dedução" e "conhecimento" (SIGN). Porém, como outros já o afirmaram, o procedimento inferencial de um detetive, tendo em vista reconstituições hipotéticas, não pode ser chamado corretamente de "dedução". Régis Messac (1929) nos recorda que a dedução consiste na busca de conclusões particulares a partir de premissas gerais, enquanto que a indução concerne ao processo oposto, e que o raciocínio de Sherlock baseia-se em um fato particular e conduz a outro fato particular, por vias de diferentes extensões. M. Truzzi (Cap. 3) demonstrou a semelhança entre a "dedução" de Conan Doyle e a "abdução" de Peirce, antecipando assim a tese recentemente exposta por Sebeok em "Uma Justaposição de Charles S. Peirce e Sherlock Holmes" (Cap. 2).

É óbvio, portanto, que a racionalidade de Sherlock encontra seu eixo em uma forma inferencial que é também das mais comuns, mas que foi descrita pela primeira vez por Charles S. Peirce. De acordo com o filósofo americano, um dos equívocos mais perigosos consiste "em abordar conjuntamente abdução e indução (às vezes também incluindo a dedução) como um simples argumento" (7.218). Sendo que o detetive sempre inicia sua reflexão partindo dos fatos, um confronto entre abdução e indução torna-se, provavelmente, mais marcante (uma vez que o termo "dedução" é, obviamente, impróprio). A indução baseia-se em um processo comparativo. Trata-se de uma comparação entre fatos homogêneos, exemplos de uma certa classe; a partir dessa comparação, são enunciadas propriedades gerais. A abdução, ao contrário, baseia-se no fato singular, o qual, muitas vezes, se apresenta como enigma, algo inexplicável: neste ponto, o observador postula uma hipótese, ou seja, ele introduz uma idéia na realidade, perguntando-se se aquela pode ser demonstrada. Diante de casos misteriosos, a abdução pode ser descrita do seguinte modo: "X é extraordinário; entretanto, se Y fosse verdade, X não seria mais extraordinário; logo, X é possivelmente verdadeiro". Segundo as palavras do próprio Sherlock: "É uma velha máxima minha que, uma vez excluído o impossível, o que sobra, por mais improvável que seja, deve ser a verdade" (BERY).

Peirce insistia na falta de originalidade da indução, opondo-lhe o caráter criativo das hipóteses geradas pela abdução. Isso nos recorda o motivo sherlockiano da *imaginação*, ausente até mesmo em policiais talentosos: "o Inspetor Gregory, a quem o caso foi atribuído, é um oficial extremamente competente. Fosse ele, no entanto, dotado de imaginação poderia alcançar os píncaros do sucesso em sua carreira profissional" (SILV). O caráter heurístico desse poder, que não é absolutamente vago, pode ser confirmado na seguinte passagem: " 'Veja o valor da imaginação', disse Sherlock. 'É uma qualidade que falta ao Gregory. Nós imaginamos o que poderia ter sucedido, agimos de acordo com essa suposição e, no final, a vimos justificada. Vamos agir' " (*ibid.*).

Por outro lado, todo detetive, necessariamente, é forçado a formular hipóteses; descobrimos, assim, que a principal falha dos policiais pode ser um excesso mais do que uma falta de imaginação. Neste caso, Sherlock opõe a *naturalidade* de seu raciocício aos aspectos *artificiais* e *distorcidos* da mente dos policiais: " 'Este foi um caso interessante', observou Sherlock. '...porque nos serve para demonstrar bem claramente quão simples pode ser a explicação de um caso que, à primeira vista, parece quase incompreensível. Nada poderia ser mais natural do que a seqüência de eventos tal como nos foi narrada por essa senhora, e nada mais estranho do que a abordagem que faz dela, por exemplo, Mr. Lestrade, da Scotland Yard' " (NOBL).

Encontramos outro interessante exemplo em LION. Um homem é morto de modo assustador e inexplicável: "Suas costas estavam marcadas por sulcos de um vermelho bem escuro como se tivessem sido terrivelmente fustigadas por um açoite de arame fino." Muitas dúvidas permanecem no ar acerca do modo pelo qual foi morta a vítima, mesmo após Sherlock ter examinado o cadáver com sua lente de aumento. As hipóteses da polícia – neste caso, Inspetor Bardle – configuram uma espécie de *inferência simples*, imaginativa mas improvável. Considerando a diferença de intensidade das marcas, a polícia é levada a pensar que "se uma rede de arame incandescente tivesse sido colocada ao longo de suas costas, então esses pontos mais marcados poderiam representar os nós onde as malhas se entrecruzavam" (*ibid.*). O fluxo desse raciocínio é mais do que óbvio. Assume a forma de uma inferência de caráter estritamente funcional no que concerne à explicação de um único detalhe; perde sua plausibilidade tão logo se vê relacionada com o contexto (é estritamente "local"). A abdução sherlockiana, ao contrário, é uma tentativa de encontrar uma explicação tanto natural quanto coerente, natural tanto quanto permite o conjunto de elementos que constituem o todo de evidências circunstanciais a serem satisfeitas, sem contradição, omissão ou constrangimento de dados. A abdução não se permite ser seduzida pela semelhança: "*se* (grifo do autor) uma rede de arame incandescente tivesse sido colocada ao longo de sua costas..." Esta hipótese tanto carece de imaginação (porque é por demais "contígua" à evidência circunstancial) quanto, ao mesmo tempo, é excessivamente imaginativa (porque não se submete ao vínculo contextual).

Assim, começamos a entender que o problema da inferência correta não pode ser separado daquele de um método correto de coleta e avaliação de dados. A postulação de uma boa hipótese implica a escolha de um ponto de partida fixável (ainda melhor: um ponto de apoio). Sherlock se vangloria inúmeras vezes diante de Watson de que "Eu nunca faço suposições" (SIGN). Na verdade, como observou Sebeok, a brilhante cadeia de raciocínio com a qual Sherlock surpreende seu amigo (ou outras personagens em sua histórias) não é de todo desprovida de uma certa margem de sorte intuitiva. Porém, na base, o sucesso dessas reconstituições descarta o arbitrário graças a dois procedimentos: antes de mais nada, pela escolha de um ponto de apoio bastante sólido; em segundo, pela eliminação progressiva de hipóteses (ainda muito numerosas) que são legitimadas pela escolha daquele referido ponto. A verificação e exclusão de tais hipóteses freqüentemente significam mais pesquisa, o que gera novas possibilidades narrativas: "Eu arquitetei sete explicações diferentes, cada qual dando cobertura aos fatos até onde os conhecemos. Agora, qual delas é a correta só poderá ser determinado pelas novas informações que, sem dúvida, encontraremos pela frente a nossa espera" (COPP).

Com relação ao círculo "hipóteses/fatos/hipóteses", caberia indagarmos onde, de fato, ele se inicia. Essa questão, em nada insignificante, é remanescente do conjunto de temas fundamentais da epistemologia de Karl Popper (1972), em sua crítica do neopositivismo do Círculo de Viena. Popper é conhecido por haver substituído o método da *falsificação* pelo da *verificação* como critério de julgamento da cientificidade de uma dada teoria. Nenhuma teoria pode ser verificada de uma vez e para sempre. Por outro lado, uma teoria pode ser declarada insatisfatória ou falsa sempre que uma das proposições, derivadas de suas premissas gerais, seja desmentida durante um experimento. Essa transformação radical no que concerne ao problema do controle científico comporta várias conseqüências epistemológicas, entre as quais um modo novo de considerar a relação entre *fatos* e *hipóteses*. Com tal ênfase na falsificação, isto é, na necessidade de o cientista erigir teorias cada vez melhores, capazes de superar controles sempre mais difíceis, enfraquece-se a idéia da existência de fatos que sejam capazes de falar uma linguagem unívoca. Se fosse esse o caso, o problema de uma verificação absoluta e completa de uma teoria não pareceria tão insolúvel. Mas "fatos", mesmo quando constituem núcleos de resistência capazes de se opor ao estabelecimento arbitrário de hipóteses, não consistem em tais entidades atômicas e unívocas nas quais a tradição positivista depositou sua fé, de modo a nelas embasar, irrevogavelmente, suas descobertas científicas. Na interpretação que faz Popper do trabalho científico, as coisas são enfatizadas *a parte subiecti*. Conseqüentemente, ele assevera que a hipótese (ou expectativa, ou teoria, ou não importa que nome possamos lhe dar) precede a observação, mesmo se uma observação que refuta uma certa hipótese possa provocar uma nova (e, portanto, temporalmente anterior) hipótese.

Em uma conferência publicada em *Objective Knowledge* (Popper 1972), encontramos a oposição entre a teoria do farol e a do receptáculo. Esta última, que corresponde à tradição empiricista criticada por Popper, considera a mente humana em termos de um receptáculo no qual podem ser contidos os dados da experiência perceptual. A primeira, ao contrário, baseia-se na teoria de que cada observação é precedida por um problema, uma hipótese. Portanto, nossas observações são sempre seletivas e pressupõem algo equivalente a um princípio seletivo. O pensamento de Sherlock − como já sugeri em outra oportunidade e continuarei a enfatizar − se processa em termos de uma complementaridade entre o *ático* (o receptáculo) e a *lente de aumento* (o farol) em LION.

III. ENTRE O ENIGMA E O MISTÉRIO

Em certos aspectos, Sherlock Holmes parece se colocar como um apologista dos fatos, em contraposição a qualquer tipo de antecipação e prioridade no que concerne às hipóteses. Nós o vemos recomendando um estrito controle sobre sua própria imaginação: "A tentação de formular teorias prematuras a partir de dados insuficientes é a perdição de nossa profissão. Posso, no presente, dar como certas apenas duas coisas: um brilhante cérebro em Londres e um homem morto em Sussex" (VALL). Em outro episódio, Sherlock parece totalmente integrado no contexto da epistemologia de Popper: " 'Não posso compreender como negligenciei isto', disse o Inspetor com uma expressão de aborrecimento (referindo-se a um palito de fósforo). 'Estava invisível, queimado, na lama. Eu o vi apenas porque estava procurando por ele', comentou Sherlock" (SILV). Não poderíamos encontrar uma declaração mais explícita da primazia das hipóteses ou, em outros termos, do fato de que "uma observação é uma percepção planejada e preparada" (Popper). Nosso problema, agora é verificar se há uma real oposição entre as atitudes acima mencionadas.

Apesar de tudo, a resoluta resistência de Sherlock contra a tendência de antecipar uma solução não equivale a se dizer que os próprios fatos, com sua linguagem unívoca, impõem a única interpretação plausível. Em um universo no qual um princípio de simulação tende a ser sempre suspeito, fatos unívocos e evidências irrefutáveis não existem: "'Uma evidência circunstancial é algo verdadeiramente ilusório', respondeu Sherlock pensativamente. 'Parece apontar diretamente para alguma coisa, mas se você desviar um pouco seu próprio ponto de vista, verá que estará apontando de modo igualmente descompromissado para algo inteiramente diferente'" (BOSC). De fato, não podemos nos esquecer que, no contexto da história de detetive, *qualificar um certo dado como "fato" significa dizer que um sintoma foi já, imediata e definitivamente, transformado em signo*. Isso, porém, só se torna possível no estágio final da investigação, quando algumas ou todas as chaves encontram uma posição coerente e fechada. Duas limitações impedem a consideração de um sintoma como um fato: os vínculos contextuais, que lançam sobre ele diferentes luzes, e a possibilidade de simulação, ou seja, da fabricação intencional de "evidências". Por isso é que mesmo o dado mais aparentemente seguro é "algo verdadeiramente ilusório".

Conseqüentemente, o valor de um evento depende do *farol* que o ilumina; é a hipótese que nos permite discernir um elemento *dissimulado* de seu ambiente (vejam o exemplo do fósforo). É porque o significado de dados já visíveis depende de seu relacionamento com dados ainda invisíveis – que podem ser descobertos apenas por intermédio de hipóteses – que nos parece correto concluir que a epistemologia de Conan Doyle encontra-se bem distante da proposta pela filosofia neopositivista.

A antropologia de Sherlock, contudo, parece pelo menos parcialmente positivista: sua suposição geral é a uniformidade das espécies. Essa uniformidade garante a correção de Sherlock em suas reconstituições; isto é, a possibilidade de oferecer uma explicação graças "ao conhecimento de casos pré-existentes" (NOBL). Esse tipo de afirmação tem a tendência de transportar o método de Sherlock de um nível *local*, dominado por variáveis, para um outro *global*. Precisamos nos lembrar que a supremacia do local, que parece ser peculiar a um paradigma baseado em evidência circunstancial, não implica uma exclusão absoluta da regularidade. Pelo contrário, as regularidades constituem o termo médio do processo abdutivo, ao permitir a conexão entre dois fatos particulares. É por exemplo graças à regularidade – "É bastante raro que qualquer homem, a menos que tenha uma compleição sangüínea, sofra uma tal hemorragia devido à emoção" (STUD) – que Sherlock pode dizer ao incrédulo policial que o assassino nesta história era um homem robusto de rosto avermelhado.

Entretanto, nem todas as uniformidades usadas por Sherlock durante suas interpretações correspondem ao mesmo grau de generalidade: de acordo com o detetive, a atitude hesitante de uma mulher diante da campainha da porta "sempre significa um *affaire de coeur*" (IDEN). Tais ousadas generalizações são admissíveis apenas em um universo antropológico imutável e de uma tipologia de caracteres bem definida.

É interessante considerar, uma vez mais, o binômio local/global, de modo a comparar as estratégias cognitivas de Sherlock Holmes e Dr. Watson. O fato de que o segundo seja constantemente sobrepujado pelo primeiro não deveria obscurecer o fato de que o olhar de Watson (tão similar, sob vários pontos de vista, ao olhar do policial) obedece a certas regras e princípios. Para o parceiro de Sherlock, a realidade se caracteriza por uma clara alternância entre zonas de verossimilhança e zonas de mistério. Quando a realidade da evidência circunstancial sugere, por si mesma, uma explicação, "quando o relatório é correto" porque constitui uma reconstituição verossímil, Watson considera isso como o final da investigação, sem quaisquer especulações posteriores visando esclarecer certos *detalhes* ainda não resolvidos. Por proceder dessa maneira, o Inspetor Bardle acredita que é certo prender o Professor Murdoch, apesar das grandes lacunas ainda não preenchidas (como lhe observa Sherlock em LION), tais como as misteriosas palavras pronunciadas por McPherson antes de morrer. O raciocínio do Inspetor pode ser esquematizado da seguinte maneira: uma vez que precisa haver um assassino, e à medida que Murdoch é o único suspeito, é necessário haver uma captura... de modo a evitar a crítica do público.

Em contraposição às zonas de verossimilhança, Watson se vê impotente nas zonas que indicam mistério – áreas nebulosas e impenetráveis – porque ele não sabe se concentrar naquelas ninharias que permitem a Sherlock deslindar o enigma. Parece haver uma relação entre esses dois aspectos: o mistério não é nada mais do que a súbita mudança de uma situação local para uma global. As diferentes estratégias de Sherlock e Watson correspondem às duas diferentes atitudes do leitor de história de detetive. O leitor do tipo Watson, invariavelmente, termina se colocando uma série de questões globais, tais como "quem é o culpado?", enquanto que para o leitor do tipo Sherlock é mais importante compreender (pelo menos naquelas histórias cuja solução não está dada a princípio, como é o caso de RESI) qual a evidência circunstancial que deve ser valorizada, evidência que, provavelmente, na história, já terá sido privilegiada pelo herói de Conan Doyle.

Em Sherlock, a relação entre o local e o global concerne sempre a uma função do raciocínio abdutivo: para resolver o enigma, deve-se encontrar as regularidades. Para Watson, mesmo o local já possui sua própria explicação – evidência irrefutável –, do contrário, ficaríamos perdidos em uma entropia de evidências circunstanciais: nessa zona penumbrosa, as únicas ações possíveis serão inferências simples, isto é, hipóteses improváveis e contraditórias. Portanto, os "pequenos fatos" são a chave para o relacionamento local/global na estratégia de Sherlock Holmes.

A função daqueles não é apenas heurística, mas também corretiva pois, obviamente, até o próprio Sherlock se depara com soluções falsas. Nestes casos, sua superioridade sobre o outro método consiste em não recusar a falsificação de uma hipótese por meio de algum detalhe inexplicado. Se a polícia costuma alardear um sucesso, Sherlock, por seu lado, sempre mantêm uma honestidade profissional que é também uma espécie de rigor científico. De acordo com as teorias de Popper, Sherlock não se recusa a inspecionar rigorosamente suas próprias teorias e desconfia das primeiras confirmações positivas de sua hipóteses.

Após ter examinado o poder de "dedução" (isto é, abdução), e o "poder da observação" (isto é, observar o que é invisível para a maioria das pessoas), devemos agora examinar a terceira qualidade de um policial ideal, tal como está expresso em SIGN: conhecimento. Para Watson, na primeira história de Conan Doyle, uma das coisas mais curiosas e surpreendentes é a vastidão, a heterogeneidade e a descontinuidade do conhecimento de Sherlock Holmes. Ele chega mesmo a arrolar os tipos de conhecimento do detetive, mas falha ao tentar definir tanto um ponto de unificação quanto um objetivo último para esse conhecimento variado. Excepcionalmente extraordinário em alguns campos, Sherlock nem mesmo tenta esconder sua ignorância acerca de certas noções suposta e universalmente conhecidas. Em dado momento, Watson descobre que seu amigo ignora a teoria copernicana e a estrutura do sistema solar (STUD). Fica, porém, ainda mais surpreso quando Sherlock justifica sua extrema especialização de conhecimentos: "originalmente, o cérebro de um homem é semelhante a um pequeno ático vazio, que pode ser povoado com a mobília que se desejar. Um tolo abarrota-o com toda espécie de traste que encontra pela frente, de modo que o conhecimento que lhe pode ser útil fica de fora ou, quando muito, soterrado no meio de muitas outras coisaas, tornando-se assim muito difícil o acesso até ele. Agora, o profissional hábil é extremamente criterioso com aquilo que introduz em seu cérebro-ático. Ele terá ali apenas as ferramentas que poderão auxiliá-lo em seu trabalho, sendo que dessas ele terá um grande sortimento e tudo na mais perfeita ordem" (STUD). Esse ideal, no entanto, é dificilmente alcançável. Posteriormente, Sherlock admite a impossibilidade de sistematização científica de suas teorias: "Minha mente é como um depósito entulhado com caixotes de todo tipo – tantos que só tenho uma vaga percepção do que ali se encontra" (LION). Às vezes, vemos que Sherlock atua com relação a sua mente do mesmo modo como o faz com relação à realidade externa. Na história acima citada, ele perambula por seu quarto repleto de livros, em sua casa, sem saber exatamente o que está procurando: "Eu sabia que havia algo que podia estar relacionado com essa questão. Era uma idéia ainda vaga, mas, pelo menos, sabia como podia torná-la mais clara" (*ibid.*).

O crime introduz a desordem. Os traços de um crime trazem a confusão para a esfera da realidade (pelo menos até então) transparente. Sherlock opõe a tudo isso uma outro tipo de desordem, que parcialmente reflete a primeira. De fato, o detetive precisa se adaptar a seu adversário, às ambiguidades criadas por este último de modo a misturar as coisas e gerar confusão. Vamos analisar esta passagem, de Detienne e Vernant (1978), na qual substituímos por "detetive" a palavra "doutor": "Para encontrar com segurança nosso caminho nesse mundo de sintomas incertos, o *detetive* necessita de todos os recursos de uma inteligência que seja tão polimórfica quanto o adversário é proteiforme". Lembremo-nos da importância do disfarce nas histórias de Conan Doyle. Além disso, é quase *topos* que a parte culpada venha sob disfarce visitar a casa de Sherlock Holmes, após um ato de instigação do detetive. Desse modo, muitas investigações se concluem exatamente no quarto de Sherlock, um quarto cuja aparente confusão indica tanto aquele caos que o detetive reintegrará na ordem quanto aquele ático cheio de objetos de toda espécie que é a mente de Sherlock Holmes.

IV. ÉTICA, LÓGICA E A MÁSCARA

Podemos facilmente comparar o espaço interior de Sherlock Holmes a uma enciclopédia, não apenas pela variedade e vastidão de conhecimentos, mas também pela impossibilidade de ter todos esses dados sob controle, em mesmo nível, do ponto de vista mnemônico: "só tenho uma vaga percepção do que ali se encontra" (LION). Por outro lado, sabemos que Sherlock faz um grande esforço para mantê-los em ordem, uma ordem que lhe permite limitar o número de possíveis cadeias associativas e chegar a uma conclusão; por exemplo, voltar ao *Cyanea Capillata* de modo a explicar a horripilante morte de McPherson (*ibid.*). Neste caso, a memória também trabalha como um mecanismo que produz evidências circunstanciais: o detetive sabe que leu "algo sobre isso, em um livro" (*ibid.*) cujo título já não se recorda. Isso basta para que ele revire o quarto e encontre o livro do qual tem uma vaga memória. Como sempre, Sherlock encontra o que está buscando porque sabe onde procurar.

Retornemos ao conceito de "enciclopédia", de modo mais semiótico, em sua relação com "dicionário" (tal como postulado por Eco 1976). Enquanto que a enciclopédia apresenta a realidade através da enumeração das variáveis culturais por meio das quais seus objetos são pensados, um dicionário lança mão de filtros categoriais muito mais poderosos e enfatiza as mais abstratas redes de conhecimento. Esta é a diferença entre uma competência de conhecimento "histórica" e outra, de natureza "ideal". Mesmo que os textos de Conan Doyle não sejam específicos com referência a esse assunto, fica-nos a impressão de que Sherlock domina a vastidão manifesta e prolífera de seu pensamento por meio de filtros e divisões típicas de dicionário.

No entanto, a exclusão do conhecimento não pertinente à investigação não é a única medida adotada por Sherlock de modo a manter a eficiência de sua mente. É também preciso construir uma segunda barreira, tão sólida e intransponível quanto a primeira, que impeça o risco de paixões, em especial de "paixões que fazem fraquejar". Obviamente, isso vale apenas para casos de envolvimento pessoal. "Elas são algo admirável para o observador – excelentes para desvendar os motivos e ações dos homens" (SCAN). A paixão é, portanto, um atalho para o conhecimento, um meio possível de se chegar à verdade sem o obstáculo da simulação. É a utopia de signos transparentes que garante o conhecimento real de, e o controle sobre, um universo de evidências circunstanciais. Mas, aquilo que é mais valioso para o observador, para o pensador torna-se perigoso: "para o raciocinador treinado, admitir tais intromissões em seu temperamento delicada e finamente ajustado equivale a introduzir um fator que distraia a atenção e que pode semear a dúvida quanto a todos seus resultados mentais. Uma rachadura em um instrumento sensível ou uma ranhura em uma de suas lentes de maior precisão não poderia ser mais perturbadoras do que o efeito de uma emoção forte sobre uma natureza tal como a dele" (*ibid.*). Poderíamos supor que a participação emocional nos sentimentos de um outrem pudesse incrementar nosso próprio conhecimento (tal como sustentado por certa corrente filosófica), mas Sherlock refuta completamente essa possibilidade. Sentimentos e paixões são apenas objetos do conhecimento, jamais seus sujeitos. O "determinismo" deles, que auxilia na interpretação pela eliminação das máscaras, por outro lado obscurece a habilidade estratégica do pesquisador. A misoginia de Sherlock – às vezes interpretada como homossexualismo – tem seu fundamento em uma necessidade teórica: se o detetive deseja que sua mente seja o espelho daquela seqüência de causas e efeitos que desembocam em um crime, então ele precisa se ver livre de todo e qualquer elemento subjetivo de estorvo. A pureza lógica de sua razão não deveria ser perturbada por sentimentos e *pathos*. A mulher, que tem o poder de detonar mecanismos ilógicos (isto é, apaixonados) na mente do homem, deve ser completamente excluída da esfera do raciocínio analítico e abdutivo.

Isto está provado *ex negativo* na única vez que Sherlock foi derrotado: foi por uma mulher – destinada a permanecer "a mulher" para ele (*ibid.*) – que Sherlock sofreu essa humilhação. Para ser honesto, a história não atribui de modo explícito o fracasso à intromissão de um elemento passional. Os sentimento que ela pode ter despertado em Sherlock são ocultados sob o manto de uma formulação impessoal: "Naquele momento, eu apenas captei-lhe um simples olhar, mas ela era uma mulher encantadora, com um rosto que faria um homem morrer por ela" (*ibid.*). Será lícito supor que o enunciante de tais palavras esteja inconscientemente implicado em sua enunciação? Quando ele expressa regularidades do comportamento coletivo, Sherlock, em geral, se coloca como alguém à parte: "Quando uma mulher pensa que sua casa está pegando fogo, seu instinto é correr imediatamente para aquilo que ela valoriza mais" (*ibid.*). O enunciador é a exceção que confirma a verdade de seus enunciados. E essa exceção é possível porque, estando do lado oposto do homem comum, Sherlock sabe como criar dentro de si mesmo uma barreira entre *pathos* e *logos*, graças à qual o primeiro nunca se mistura com o segundo. Isso corresponde ao ideal da investigação como ciência, isto é, uma forma de conhecimento cuja validade não depende das características empíricas dos investigadores.

Vale a pena notar que, em SCAN, Sherlock Holmes não está apaixonado, mas existe pelo menos uma leve evidência circunstancial que nos leva a suspeitar de um esmaecimento de sua habilidade intelectual. Na noite anterior ao *coup de théâtre* final, uma pessoa – "um jovem esguio vestido com um pesado casaco" (*ibid.*) – cumprimenta Sherlock nas imediações de sua casa. Ele tem uma reação bastante estranha: "Agora me pergunto quem diabos seria?" (*ibid.*).

É preciso destacar que Sherlock acabara de dizer a Watson que o caso Irene Adler estava solucionado e que, portanto, ele não iniciaria nenhuma nova investigação a respeito. Entretanto, nesta ocasião, ele se esqueceu de sua próprias regras: desconsiderou um detalhe, a misteriosa identidade da pessoa que o saudou, porque não entendeu que aquilo fosse pertinente ao caso que estava sob seu encargo. Essa foi uma transgressão real à metodologia que ele aplicou com sucesso até então: Sherlock pensou que seu receptáculo já estava preenchido com todos os dados necessários. Fosse outra a ocasião, ele teria tratado de confrontar a hipótese já adotada com qualquer *novo* (e intrigante) *fato* que viesse a ocorrer. No caso em questão, ele não se comportou diferentemente de Watson ou da polícia: um final prematuro para a investigação, a recusa de levar em conta um detalhe que pudesse vir a estragar a harmonia da explicação, a negligência de "pequenos fatos". Tivera ele dirigido a lâmpada do farol para esse cumprimento enigmático, ou seja, aceitando-o como pertinente, e Sherlock teria podido ainda modificar o desenlace da história. Por que isso não ocorreu? Por que desta feita Sherlock deixou-se seduzir pela preguiça? Devido a uma mulher? Será porque a imagem de Irene Adler teria acionado mecanismos de defesa que teriam a função de obliterá-la, tornando-a, desse modo, invisível aos olhos de Sherlock Holmes?

Essa mulher, porém, combate o detetive com as armas dele: à simulação do detetive, ela opõe seu próprio mascaramento. No entanto, quantas e quantas vezes Sherlock foi capaz, mesmo no começo desta história, de reconhecer a verdadeira identidade de uma pessoa por trás da máscara! Aqui é Irene quem age de acordo com todas as regras de Sherlock: levemente desconfiada do padre que vai a sua casa, ela suplanta a preguiça que faz com se esqueça dos detalhes e decide checar suas suspeitas, seguindo Sherlock travestida em rapaz. A situação se inverte. Para Sherlock, a camuflagem e a metamorfose eram uma necessidade real: como um herói mitológico que precisa se colocar no papel de outrem de modo a desvendar-lhes as ações, ele precisa simular uma falsa identidade de modo a poder circular eficientemente em um mundo de evidências circunstanciais, ficções e enigmas. A máscara lhe permite acionar (ou acionar mais rapidamente) cadeias de comunicação as quais, caso contrário, poderiam não funcionar. Neste episódio, ele se divide entre as funções de coletor de dados e processador de dados, o que ocorre *em sua casa*. Apenas ali Sherlock pode ter a liberdade de preservar sua identidade imutável e transparente.

Irene Adler usa os mesmos métodos de Sherlock Holmes e, assim fazendo, ela o desmascara. Mais ainda, se ela sai vitoriosa, é porque Sherlock se abstém de aplicar seus próprios métodos de conhecimento. Na carta que ela lhe remete, Irene deixa isso apontado, não sem uma certa dose de malícia: "Mas, você sabe, já fui também uma atriz. Vestir-me de homem não é para mim nenhuma novidade" (*ibid.*). De fato, Sherlock esqueceu-se de empregar seu procedimento habitual. Lembremo-nos de uma das formulações de Peirce: "X é extraordinário; entretanto, se Y fosse verdade, X não seria mais extraordinário; logo, X é possivelmente verdadeiro". No caso em estudo, Y é conhecido; seria suficiente lembrar-se disso. Por essa razão, Sherlock poderia ter feito a seguinte inferência: "uma pessoa desconhecida me cumprimenta; Irene Adler é uma atriz; logo, ela sabe se portar como se fosse um desconhecido; a pessoa que me cumprimentou é possivelmente Irene Adler".

É parte do *status* de Sherlock-herói que ele seja derrotado apenas por uma mulher, e apenas uma vez: ambos esses aspectos tornam Irene Adler "*a* mulher". Conseqüentemente, a mulher representa uma espécie de tabu, de espaço proibido, alijado. Por outro lado, Dr. Watson representa o transparente e confiável espaço da complementariedade. E essa complementariedade é necessária. Encontramos aqui um *topos* literário amplamente difundido, do mito de Don Juan ao Fausto, aos contos de Maupassant. A dupla mestre-discípulo baseia-se em uma conexão complexa, para a qual concorrem oposições e diferenças, divisões funcionais e alianças. A necessidade de Watson pode ser entendida em diversos aspectos: em primeiro lugar, torna possível a articulação hierárquica do conhecimento, na qual ele, obviamente, ocupa a posição mais humilde. Por outro lado, não poderia haver conclusão correta da parte de Sherlock se não houvesse a conclusão errada da parte de Watson: nenhum bom mestre pode ser considerado como tal se não for confrontado com um mau aprendiz. Muitas das conversas entre Sherlock e Watson são reminiscentes dos diálogos socráticos nos quais o pupilo não sabe como proceder corretamente sem as sugestões e a ajuda contínua do mestre, e tem a tendência de emitir opiniões erradas todas as vezes que tenta operar por conta própria. Alcançamos a conhecer, mesmo que só parcialmente, os princípios corretos empregados por Sherlock devido justamente aos equívocos de Watson. E também devido à teimosia cega de Watson, sua persistência em cometer os mesmos erros, o que, mesmo sendo funcional em termos de busca da verdade, permite um novo controle sobre a eficácia do método.

Watson, mesmo sendo propenso à teimosia e à displicência, revela-se sempre submisso e sempre disposto a aceitar as correções que lhe faz o amigo. De certo modo, isso cria um movimento pendular entre as duas personagens, um espaço que constantemente se expande e se retrai. A distância entre ele alcança sua extensão máxima quando cada um raciocina em separado, ou quando Sherlock atua sem dar satisfações ao amigo (que se vê obrigado a permanecer passivo, à espera da ação do outro); e chega a sua extensão mínima naqueles momentos de inteira colaboração mútua (agir, ouvir e esperar em conjunto). Neste segundo caso, a identidade e a concordância são tão integrais que tornam completamente desnecessária a distância física entre os dois. Destarte, Sherlock diz ao príncipe, o qual deseja consultá-lo em particular: "Pode dizer na frente deste senhor (*i. e.* Watson) tudo o que pretende me contar" (SCAN).

É, sem dúvida, uma frase ambígua. Ela pode significar uma expressão de alta estima mas, ao mesmo tempo, denota um tom malicioso: nenhuma das virtudes de Watson é suficientemente forte para eliminar a suspeita de ser ele um tolo. Sherlock conhece Watson no mínimo tão bem quanto conhece a si próprio; numa ficará surpreso ou desapontado. A relação hierárquica entre eles é tão sólida que permite ao mestre qualquer tipo de manipulação do assistente. Em DYIN, à parte a angústia pela enfermidade de Sherlock, Watson ainda tem de aguentar a amargura dos insultados:: "afinal de contas, você não passa de um clínico geral, com uma experiência bastante limitada e qualificações medíocres" (*ibid.*). Apesar de Watson deixar entrever sua mágoa, o presumível doente não desiste de lhe apontar o quanto o acha ignorante. De fato, sempre encontramos no *topos* mestre/discípulo uma certa forma de sadismo, ainda que vaga e tênue. Porém, devemos distinguir entre duas formas de *topos*. Na primeira delas, vemos a possibilidade de uma reviravolta nas relações de poder (vide *Don Quixote*, quando Sancho se emancipa de seu amo e tira vantagem da loucura deste). Na segunda, a relação hierárquica não se altera, mas subordina-se a toda uma série de meios-tons, da gentileza e cordialidade a uma completa e exacerbada exploração do parceiro.

Analisando de outro ponto de vista, Sherlock e Watson não parecem compor um relacionamento de subordinação e aparente complementaridade, mas sim uma relação de alternância e compensação. A aspiração de Watson é a de estabelecer um sossegado núcleo familiar e, quando decide se casar, sua felicidade e seus interesses domésticos passam a ser o centro de sua atenções. Sherlock, por seu lado, não visa uma integração moral na sociedade que ele protege do crime: "Sherlock, que com sua alma de boêmio despreza qualquer tipo de sociedade, deixava-se ficar em nossos aposentos em Baker Street, enterrado entre seus velhos livros, revezando-se, de semana a semana, entre a cocaína e a ambição, entre o topor da droga e a impetuosa energia de sua própria natureza sagaz. Ele ainda estava, como sempre, profundamente atraído pelo estudo do crime, e ocupava suas excepcionais faculdades e extraordinários poderes de observação em seguir aquelas pistas e esclarecer aqueles mistérios que tinham sido abandonados pela polícia oficial como insolúveis" (SCAN).

No entanto, os fatores "alma boêmia" e "qualquer tipo de sociedade" não devem ser opostos de modo conflituoso, mas, antes, entendidos como complementares. Ambas as personalidades representam uma conciliação de opostos: Sherlock alterna uma energia indomável com períodos de apatia, reforçados pela cocaína, e Watson alterna o sossego da vida familiar com aventuras perigosas que o afastam de seu mundinho cotidiano. Graças a essa duplicidade, eles quase sempre mantém uma relação recíproca de harmonia. Quando Sherlock está apático, encontramos Watson em plena atividade, e quando Sherlock põe em ação suas extraordinárias habilidades, Watson se vê seduzido pelo papel de discípulo, lento, incompetente, distraído, mas sempre fiel. Cada qual, a seu modo, é incapaz de fazer algo por iniciativa própria: as relações de Sherlock com o mundo sempre são definidas por uma demanda ("uma carência", de acordo com os formalistas russos). Sherlock é sempre requisitado para desempenhar o papel de reparador ou transformador (usando o jargão dos antropólogos culturais). Ele pode – como o podem heróis, semideuses, sacerdotes ou xamãs – sobrepujar e eliminar as contradições da realidade. Ele age apenas quando sua ambição e sua natureza perspicaz são estimuladas por algo que vale a pena. Também Watson é impelido a agir por uma causalidade que lhe é externa, e essa causalidade é Sherlock Holmes, simbolicamente representado nas páginas iniciais de SCAN. Watson caminha ao longo de Baker Street e sente um impulso de reencontrar seu velho amigo. Quando ele vislumbra a silhueta de Sherlock, através da janela, atravessando energicamente o quarto, de um lado para outro, não há mais margem para dúvidas: "Para mim, que conhecia dele cada hábito e humor, seu modo e sua atitude me revelaram sua própria história. Ele estava trabalhando novamente" (*ibid.*). Eis aqui Watson, envolvido em uma nova aventura, reconduzido a sua função de narrador, ou seja, ao papel de testemunha passiva da atividade de Sherlock.

O perfeito conhecimento que ele demonstra acerca de seu parceiro é digno de nota. No que concerce ao conhecimento das atitudes, Watson se encontra no mesmo nível de Sherlock, contrabalançando, dessa forma, a subordinação rígida que é estabelecida sempre que nos deslocamos para o nível do método investigativo. Isto nos remete, provavelmente, a outra das duplicidades de Sherlock Holmes: seu objetivo não é ético, porém lógico. Seguir pistas, decifrar enigmas, esclarecer mistérios: fazer com que o caos dos indícios se torne um mundo de signos. Depois disso, sua missão é dada por cumprida, e resta à polícia desfrutar as vantagens morais do sucesso. Sherlock se queixa disso apenas em uma certa medida. Se ele jamais se rende ao ciúme, à rivalidade, ao narcisismo, é simplesmente porque ele sabe que seu poder não extrapola a esfera do *logos*. Podemos dizer – como na assombrada frase de Watson: "Você seguramente teria morrido na fogueira, se tivesse vivido alguns séculos atrás" (SCAN) – que Sherlock age como um feiticeiro ou um adivinho, encarregado de desvendar algum suposto mistério. Ele é o oráculo das sociedades antigas, revelando a todos a verdade. E seu poder teórico termina onde se inicia aquele, prático, da justiça.

7. Sherlock Holmes Confronta a Lógica Moderna

PARA UMA TEORIA DE OBTENÇÃO DA INFORMAÇÃO ATRAVÉS DO QUESTIONAMENTO

JAAKKO HINTIKKA E MERRIL B. HINTIKKA

I. SHERLOCK HOLMES X FILÓSOFOS SOBRE A DEDUÇÃO

Se verificamos as idéias de um leigo perspicaz acerca de conceitos tais como dedução, inferência e lógica, encontraremos um curioso contraste com relação aos enfoques filosóficos preponderantes. Havia – e de certo modo ainda há – uma forte corrente do pensamento popular que atribui à lógica e à inferência lógica um importante papel na obtenção de novas informações sobre praticamente qualquer matéria. Em confronto com essa opinião, Wittgenstein proclamou em seu *Tractatus* que todas as verdades lógicas são tautológicas e a maioria dos filósofos concordou com ele. Mesmo quando algum filósofo herético, posteriormente, manifestou dúvidas a respeito da concepção de Wittgenstein, esses desacordos verbais raras vezes conduziram a qualquer outra tentativa mais séria de decifrar o sentido preciso no qual supõe-se que a dedução produz informação nova. E mesmo aqueles poucos felizes entre nós que se aventuraram a ir mais adiante e, de fato, definiram conceitos de informação dedutiva, admitiram que a inferência lógica não aumenta, em qualquer outro sentido válido, nosso conhecimento da realidade empírica. O que é mais importante: tais recentes teorias da informação dedutiva não lhe atribuem em nada a importância que a outra linha de pensamento imputa à lógica enquanto instrumento de obtenção de nova informação não trivial. Além do mais, a reivindicação de Wittgenstein acrescenta-lhe muito pouca novidade. Ele apenas dá maior fundamento a reivindicações similares feitas por seus compatriotas Ernst Mach e Moritz Schlick. E estes são, por sua vez, parte de uma longa tradição que remonta, pelo menos, às críticas de Descartes acerca do valor do raciocínio silogístico. É, portanto, correto dizer que existe uma corrente de forte tradição que congrega filósofos da lógica que negaram o potencial informativo da lógica e da inferência lógica.

Em contraponto a essa doutrina da natureza tautológica do raciocínio dedutivo, há um outro tipo de pensamento, mencionado anteriormente, e ao qual nos referiremos como sendo o ponto de vista de Sherlock Holmes acerca da lógica, da dedução e da inferência. Em nada surpreendente, a melhor descrição dessas idéias do grande detetive nos são legadas, em parte, pelo inimitável cronista das façanhas de Sherlock Holmes, Dr. Watson, e, por outro lado, pelo próprio extraordinário detetive. De fato, devemos ao Dr. Watson uma súmula do artigo do próprio Sherlock acerca de seu método, o qual, segundo se sabe, repousa precisamente naqueles procedimentos reputados inférteis, ou seja, dedução e inferência.

...ali se procurava demonstrar quanto um homem observador pode aprender através do exame atento e sistemático de tudo o que encontra pela frente... O raciocínio era denso e fechado; a dedução, porém, pareceu-me bastante atraente... Segundo ele, era impossível ludibriar alguém treinado em observação e análise. Suas conclusões seriam tão infalíveis quanto algumas de Euclides. E os resultados seriam tão surpreendentes ao olhar de leigos que estes, antes de apreenderem os processos pelos quais o observador operara, haveriam de considerá-lo um necromante. "De uma gota de água", afirmava o autor (i. e. Sherlock Holmes), "um lógico poderia inferir a possibilidade de um oceano Atlântico ou de um Niágara, sem mesmo ter visto ou ouvido falar de um e outro... A vida é uma grande cadeia, cuja natureza pode ser conhecida mesmo quando conhecemos dela apenas um simples elo. Como todas as outras artes, a Ciência da Dedução e Análise só pode ser adquirida através de longo e paciente estudo..." (STUD)

Isto ilustra a difundida idéia de que a dedução e a lógica são bastante úteis na obtenção de conhecimento substancial no que se refere ao mundo e que podem também produzir, na mente de alguém treinado na "Ciência da Deduçaõ e Análise", resultados completamente inusitados. Mais tarde, inclusive, Sherlock Holmes proclama que "tais regras de dedução esboçadas em meu artigo... são inestimáveis para meu trabalho prático". Testemunhos similares são facilmente detectáveis em pares como Hercule Poirot e Nero Wolfe. Esse ponto de vista representa um contraste extremo com relação à idéia do filósofo do valor da lógica para a obtenção de qualquer informação.

Parece-nos que os filósofos rejeitaram de modo excessivamente casual as deduções dos detetives tanto por ser ilegítimo tratá-las sob esse rótulo quanto por se tratarem de meros entimemas, inferências a partir de premissas apenas parcialmente formuladas. Também é verdade, acreditamos, que não há nada na "Ciência da Dedução e Análise" de Sherlock que seja, em última instância, incompatível com a tese dos filósofos de que, no bom sentido da palavra, as inferências lógicas são tautológicas. Esse enunciado, entretanto, não abrange a tarefa de explicar aqueles usos da lógica – ou isso é "lógico"? – os quais, aparentemente, geram novas informações. Collingwood estava errado ao aclamar os métodos de um detetive engenhoso por sua metodologia idealística da história e da filosofia. Mas, mesmo excetuando Collingwood, a concepção de dedução e lógica de Sherlock Holmes apresenta um importante desafio para os filósofos lógicos. Juntamente com a tarefa de reconciliar, de algum modo, as surpreendentes inferências de um detetive engenhoso com as teses dos filósofos acerca do caráter tautológico de toda dedução lógica, encontramos nos argumentos de Sherlock Holmes e seus descendentes uma divertida e pedagogicamente adequada fonte de aplicação e ilustrações. Acreditamos que a própria estrutura da "dedução" e "inferência" nos termos de Sherlock Holmes apresenta uma importante nova tarefa para a lógica filosófica. Nós não podemos simplesmente tomar as ferramentas familiares à lógica filosófica contemporânea e aplicá-las a toda e qualquer nova área. Para compreender os métodos de um Sherlock Holmes, para discutir e avaliá-los racionalmente, necessitamos novas conceituações. É nosso propósito, neste ensaio, indicar quais os novos conceitos e resultados relevantes que nos permitirão abordar o método sherlockiano. Acreditamos que a nova teoria em lógica filosófica daí resultante breve terá inúmeras outras aplicações, tanto em filosofia quanto em áreas externas a ela, as quais certamente parecerão muito mais valiosas que as minhas (de certo modo aparentemente frívolas) referências a Conan Doyle. Posteriormente, tentaremos indicar quais poderiam ser essas aplicações intra e interdisciplinárias das teses.

II. EXPLICITANDO A INFORMAÇÃO TÁCITA ATRAVÉS DO QUESTIONAMENTO

A primeira observação que realizamos aqui é bastante óbvia, ainda que, posteriormente, demande maiores qualificações. O que Sherlock faz com suas assim chamadas deduções não é nada mais do que extrair inferências explícitas de premissas explícitas. Na maioria das vezes, ele retira as premissas adicionais adequadas de uma enorme massa desclassificada de informação de fundo além daquelas que talvez já tenham sido anunciadas como tais, a partir do que a conclusão aparentemente surpreendente pode ser extraída por nossa familiar lógica dedutiva de senso comum. O quadro esquemático da operação não é, por conseguinte, essa familiar prova da figura da árvore na qual $p_1, p_2,... p_k$ são as premissas explícitas necessárias e $c_1...., c_l$ as conclusões sucessivas.

Como podemos refinar esse quadro esquemático? A parte crucial da tarefa de um "lógico" sherlockiano, nós o sugerimos, não é tanto efetuar deduções lógicas mas *extrair ou tornar explícita informação tácita*. Essa tarefa é deixada de lado em virtualmente todas as exposições filosóficas de raciocínio lógico, de heurística dedutiva e de metodologia de lógica e matemática. A desculpa freqüentemente oferecida a essa omissão é que tais processos de elucidação e explicação não podem ser sistematizados e submetidos a normas. Pode ser também verdade que estamos lidando aqui com problemas que pertencem tanto à heurística quanto à lógica ou à epistemologia e que é também verdade que não podemos usualmente enquadrar processos heurísticos em normas efetivas. O que não quer dizer, no entanto, que eles não possam ser racionalmente discutidos e avaliados, dado um contexto conceitual adequado. Esboçar tal contexto é o principal objetivo deste ensaio.

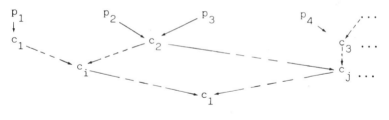

Figura 1

A idéia-chave sobre a qual se estrutura esse quadro contextual é a noção de *pergunta*. Devemos considerar as premissas agora explícitas (antes ignoradas) como sendo respostas a questões endereçadas ao conhecedor tácito. O item de informação anteriormente ignorado é induzido à atualidade pela pergunta da qual ele é a resposta. Nesse sentido, *o processo de ativação do conhecimento tácito é controlado pelas perguntas que servem para extrair essa informação para a atualidade*. Ao estudar essas perguntas e o modo pelo qual elas limitam suas respostas, podemos, por tabela, estudar a "Ciência da Dedução" sherlockiana. Por exemplo: uma questão pode ser melhor que outra no sentido de que as respostas a ela são mais informativas do que seriam à outra. Nossa tarefa de examinar a atualização do conhecimento tácito pré-dedutivo se torna, conseqüentemente, parte de uma tarefa mais ampla de estudar perguntas, respostas e suas interrelações.

Em outros termos, constatamos assim porque uma teoria competente da pergunta questão-resposta é tão absolutamente vital para nossa empresa. Nossa principal idéia é estudar certos tipos de aquisição de informação através do pensar a informação como sendo obtida como respostas a questões. O processo pode ser controlado por meio da escolha apropriada de questões. Ninguém pode entender esse controle, no entanto, sem entender como é que uma pergunta determina suas respostas (completas), isto é, sem entender o relacionamento pergunta/resposta.

III. A ESTRUTURA DOS COMPLEXO PERGUNTA-INFERÊNCIA

Vamos, agora, refinar o esquema da Fig. 1, deixando que as premissas p_1 e p_2 surjam como respostas a questões, respostas que podem ser pensadas como tendo por base informação tácita de fundo. Contudo, isso não é suficiente. Não basta simplesmente pensar em cada uma das premissas p_m como resposta a qualquer questão baseada em premissas tácitas mais profundas $m_1, m_2...$, algo como segue:

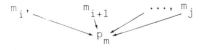

Figura 2

Primeiro, a informação de fundo sobre cuja base as perguntas relevantes são respondidas pode ser impossível de ser captada por qualquer conjunto finito (ou mensurável) de sentenças da linguagem que estamos usando. O conteúdo da informação de alguém é especificado por um conjunto de pontos do espaço-amostra ("mundos possíveis"). Não há necessidade que tal conjunto seja um conjunto de modelos de qualquer conjunto finito ou mensurável de sentenças em uma dada linguagem.

Isso já demonstra uma vantagem do modelo de questionamento do processo de obtenção de informação quando comparado com o modelo inferencial (dedutivo *ou* indutivo). Uma inferência tem de ser uma inferência que parte de sentenças explícitas e resulta em uma conclusão explicitamente formulada, e todas devem ser formuladas em alguma linguagem fixa. Não há necessidade de que uma questão seja respondida na base de informação que seja especificável em alguma dada linguagem, mesmo quando tanto a questão quanto sua resposta sejam formuladas nessa linguagem. Isso oferece ao modelo de questionamento uma flexibilidade extra. Também nos demonstra que a Fig. 2 não é o modo correto de tornar o esquema da Fig. 1 mais compreensivo do modo como pretendemos.

O que podemos indicar explicitamente em nosso esquema são somente as diferentes perguntas que induzem a premissas apropriadas como suas respostas. Essas respostas são, em primeiro lugar, as premissas p_1, p_2.... Logo, o esquema da Fig. 1 tem de ser substituído por algo semelhante a:

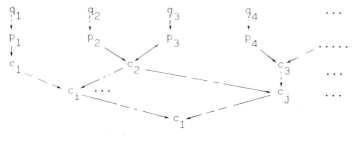

Figura 3

Aqui, as linhas pontilhadas indicam respostas e as linhas cheias as inferências.

Ainda não se trata de um quadro inteiramente realista. Na Fig. 3, todas as questões são pensadas como tendo sido respondidas na base da informação tácita de fundo. Isso não é realista. As respostas podem estar parcialmente baseadas nas conclusões inferenciais c_1. Portanto, qualquer parte da Fig. 3 pode ser substituída por algo como:

Figura 4

Em outros termos, respostas a questões nem sempre precedem (temporal ou logicamente) inferências dedutivas. Todas essas observações concernentes à interação entre perguntas e inferências merecerão, por certo, posteriormente, uma formulação mais explícita, o mesmo sucedendo com as regras de inferência que estamos usando.

Enquanto isso, inúmeros diferentes pontos podem ser levantados por inferência em nosso ensaio de esquematização. Um interessante elo conceitual que podemos discutir no contexto de nosso quadro esquemático é a conexão entre *memória* e *inteligência*. A obtenção de informação tácita por meio do questionamento pode ser encarada como um possível procedimento de evocação. Ao mesmo tempo, pode ser generalizado até tornar-se um modelo comum a inúmeras diferentes espécies de atividades de obtenção de informação, tanto dedutivas quanto indutivas. Esse modelo parcialmente compartilhado de inquirição inteligente e evocativa pode servir, talvez, como uma explicação de um vínculo entre memória e inteligência.

Em segundo lugar, nossa idéia geral não deveria surpreender nenhum aficionado de Sherlock Holmes. O *dénouement* de quase todas as novelas ou histórias bem sucedidas na tradição de Sherlock Holmes pode ser parafraseado na forma de perguntas, reais ou imaginárias, que Sherlock dirige a si mesmo (ou ao leitor). Em alguns casos, o grande detetive tem de executar uma observação ou mesmo um experimento para responder a pergunta. Mais freqüentemente, tudo que ele tem a fazer é recorrer a uma *anamnésia* e relembrar certos itens de informação os quais ele já detém e os quais, de maneira típica, foram registrados na história ou novela para o uso dos leitores ou, então, que são tão elementares que qualquer leitor inteligente deve, na certa, conhecê-los. Tomemos, por exemplo, o conhecido incidente com o cão-de-guarda. Silver Blaze, o famoso cavalo de corrida, foi roubado e seu treinador encontrado morto em uma charneca. Aventou-se a possibilidade de vários suspeitos e o inestimável Dr. Watson levantou todas as espécies de informações acerca dos eventos daquela noite fatídica. A conseqüência do famoso comentário de Sherlock Holmes sobre o "singular incidente do cão-de-guarda" pode ser trazido à tona por duas perguntas: Teria o treinado cão-de-guarda latido quando o cavalo foi levado por quem quer que o tenha roubado? Sabe-se que a resposta foi negativa ("Mas, o cão não latiu!" "*Este* é o incidente singular com o cão-de-guarda"). Qual seria a única pessoa para a qual um cão treinado não latiria? Para seu dono, obviamente!, donde a "dedução" de Sherlock sobre o papel do treinador.

Destarte, o papel que atribuímos ao questionamento na obtenção de informação não é estranho ao contexto que determinamos para discuti-lo. Não obstante, os filósofos podem dar preferência ao uso, como seu paradigma, do método socrático de questionamento ou do processo científico de investigação, especialmente em um contexto clínico. Acreditamos que nestes possamos encontrar os mesmos traços estruturais que estamos tentando descobrir na "Ciência da Dedução" de Sherlock Holmes.

IV. SOBRE O PRINCÍPIO DA EVIDÊNCIA TOTAL: BAYESIANISMO

Podemos também ver um fator que foi deturpado pelos precedentes analistas de coleta de informação humana, tanto dedutiva quanto indutiva. Na filosofia das ciências empíricas, essa suposição distorcida tem sido conhecida como *o princípio da evidência total*. Seu papel e sua justificação relativa são melhor observados nas teorias que lidam com inferências científicas em termos probabilísticos como uma série de passos de condicionalização. Tais teorias são às vezes chamadas (de algum modo inapropriadamente) de teorias bayesianas de inferência científica. Suponhamos que nos tenha sido dada uma distribuição prévia de probabilidade P(x), e suponhamos que dispomos de alguma informação de fundo e_0. Suponhamos que obteremos, então, uma nova evidência e_i. Qual é a distribuição de probabilidade que agora representa nosso estado epistêmico? Obviamente, já não é mais P(x) ou mesmo $P(x/e_i)$. É $P(x/e_0 \& e_i)$. E aqui e_i deve realmente ser pensado como codificação literal de *todas* as informações pertinentes de um sujeito. Do contrário, nosso tratamento probabilístico conduz a paradoxos e a equívocos, como é fácil de ser demonstrado.

Isso pode ser adequado a aplicações de pequena escala, mas tende claramente a tornar as teorias bayesianas modelos de algum modo irrealistas dos vigentes procedimentos científicos de larga escala. Nas aplicações da vida real, é literalmente impossível, em grande parte das vezes, contemplar verdadeiramente ou registrar *todas* as informações potencialmente relevantes. No geral, não há garantias de que tal informação possa ser codificada em qualquer sentença (nosso "e_1") ou em um número mensurável de sentenças em qualquer linguagem dada. Esta é a razão por que a necessidade de impor o requisito da evidência total é geralmente reputada como sendo o ponto fraco nas abordagens probabilísticas do tipo Bayes da inferência científica.

Esse problema foi notado no âmbito da filosofia da ciência e lá discutido em certa medida. Em nossa opinião, trata-se de um dos mais sérios problemas que afetam as idéias bayesianas da inferência científica. Tanto quanto sabemos, não teria sido observado que há um problema precisamente análogo na filosofia das ciências dedutivas. Também lá, ao estudar-se os processos inferenciais, assumiu-se que toda e qualquer informação relevante, em certo sentido, já teria sido apresentada e tornada instantaneamente disponível. Esta é uma das ultra-simplificações envolvidas na conceitualização da situação descrita nas Fig. 3 e 4 como se fossem Fig. 1 ou Fig. 2. Trata-se de uma versão de dedutivistas do problema da evidência total. É, pelo menos, tão desejável desenvolver meios para dispensar a versão dedutivista do princípio da evidência total quanto o é suplantar sua versão indutivista – o que, em última análise, muito provavelmente não pode ser desemaranhada uma da outra. Muito mais importante, desejamos encontrar meios de discutir racionalmente e teorizar sobre esses processos os quais servem para tornar nossa incompleta evidência (premissas) mais e mais total. Quer nos parecer que o estudo deles tem sido extremamente negligenciado pelos filósofos da lógica, da ciência e do conhecimento.

V. O PAPEL DAS OBSERVAÇÕES

No espírito dessas anotações, já podemos presenciar o estabelecimento de uma importante direção no rumo da qual nossas observações podem ser estendidas para além da lógica filosófica e da filosofia da linguagem. (É um dos tipos de aplicações prenunciados no início deste artigo). Nem todos os itens da informação de fundo devem ser pensados como estando no fundo da mente do sujeito, prévios a nosso exercício. Em outros termos, nem todas as questões que conduzem à premissa p_i devem ser pensadas como sendo dirigidas a alguém (i.e., ao lógico em questão). Algumas das premissas p_i e algumas das conclusões intermediárias c_n tal como descritas na Fig. 4 podem estar encobertas por *observações* adequadas ao invés de ser parte do conhecimento de fundo do sujeito. Contudo, o interessante é que *isso não altera essencialmente o quadro geral*, pois ainda podemos pensar nas premissas p_i como tendo sido extraídas de uma massa de conhecimento meramente potencial por meio de questões adequadas. Só que agora algumas delas são perguntas colocadas à natureza na forma de observações pertinentes. Os diferentes itens desse conhecimento potencial não precisam estar escondidos em algum lugar no inconsciente do sujeito. Podem simplesmente ser fatos observáveis ainda que, até então, inobservados. Isso, porém, não altera a situação básica lógica e metodológica. Ainda podemos pensar a informação nova (em especial as premissas p_i) como tendo sido obtidas como respostas a questões adequadas. As observações efetivamente feitas devem ser escolhidas entre um grande número de observações possíveis, na mesma extensão que as premissas efetivamente utilizadas são escolhidas de um rico conjunto de informações colaterais. Podemos tentar entender essa escolha de observações e o restante de seu papel no estabelecimento de certas conclusões pensando-as como respostas a perguntas colocadas à natureza. As virtudes relativas das diferentes perguntas desse tipo podem ser estudadas e estimadas do mesmo modo que os méritos e deméritos das perguntas os quais são calculados para destrinçar informação tácita. É nesse sentido que a teoria da busca de informações por meio do questionamento que nós estamos tentando desenvolver se torna aplicável além de seu primeiro âmbito de aplicações, a saber, além da explicação do conhecimento tácito. Mesmo que não possamos, neste artigo, avançar muito com essas novas aplicações, alguns poucos comentários merecem ser feitos.

Em primeiro lugar, a metáfora kantiana de "colocar perguntas à natureza" recebe, desse modo, uma explicação menos metafórica, pelo menos em uma de suas possíveis aplicações. A aplicação que lhe estamos dando tampouco é meramente metafórica, à medida que podemos fazer com que os mesmos conceitos sejam aplicados a observações do mesmo modo que são aplicáveis a perguntas e suas respostas. Eles incluem conceitos metodológicos governando a escolha de perguntas (incluindo a escolha de observações ou experimentos), comparações informacionais e assim por diante.

Em segundo lugar, a dependência das observações de seu fundo teórico pode, agora, ser discutida de um modo mais penetrante que anteriormente. Por exemplo, muito temos ouvido falar, nos últimos anos, de pejamento de teoria* nas observações. Podemos perceber agora, contudo, que talvez haja um sentido no qual tenhamos uma razão mais forte para falar em pejamento de problema, ou pejamento de pergunta, nas observações. Em nosso modelo ou perspectiva metodológica, uma observação é sempre uma resposta a uma pergunta. Esse pejamento de pergunta, naturalmente, implica pejamento de conceito, pois uma resposta a uma pergunta deve normalmente ser formulada em termos dos mesmos conceitos pelos quais a pergunta foi formulada.

Entretanto, podemos ir mais longe que isso. Freqüentemente, o modo correto de expressar o conteúdo de alguma observação feita se dá sob a forma de uma conclusão que a imaginação despida de imaginário nos permite alcançar, uma conclusão que vai além do mero registro de nosso sentido de impressão. Este é exatamente o tipo de situação descrito na Fig. 4. A observação despida de imaginação pode ser pensada como sendo uma daquelas do tipo m_i da equivocada Fig. 2, enquanto que a conceitualização correta da observação efetiva é aquela que encontramos no esquema da Fig. 4. Aquilo que na Fig. 4 aparenta ser uma conclusão intermediária c_n depende, de fato, tanto da questão q_j, da qual é uma resposta, quanto da conclusão provisória c_i da qual essa questão pode ser pensada como sendo condicional.

Uma das razões principais de estarmos dizendo isso é que a suposta cadeia de raciocínio que parte da informação de fundo e vai até as premissas p_i e as conclusões intermediárias c_j podem ser completamente inconscientes. Uma vez mais podemos contar com um exemplo clássico, retirado dentre os exemplos mais famosos do sherlockianismo:

---

* No original, o autor se refere, respectivamente, a *theory-ladeness, problem-ladeness, question-ladeness* e *concept-ladeness*. (N. do E.)

"Dr. Watson, este é o Senhor Sherlock Holmes", disse Stamford, apresentando-nos.
"Como vai?", saudou-me ele cordialmente... "Noto que esteve no Afganistão".
"Mas, como você sabe disso?", perguntei, assombrado.

Mais tarde, Sherlock responde a essa questão:

"Você pareceu surpreso quando eu lhe disse, em nosso primeiro encontro, que você havia chegado do Afganistão."
"Alguém lhe contou isso, não há dúvida."
"Em absoluto. *Percebi* que você havia estado lá. Devido a um velho hábito, o fluxo de pensamento transcorre tão rápido em minha mente que cheguei a essa conclusão sem mesmo me dar conta das etapas intermediárias. Mas elas ocorreram, no entanto. O fluxo de raciocínio corre: Eis aqui um cavalheiro com tipo de médico, porém com ares de militar. Evidentemente, trata-se de um médico do Exército. Acabou de chegar dos trópicos pois seu rosto está bronzeado e esta não é a cor natural de sua tez, pois os punhos revelam uma pela clara. Passou por privações e enfermidades, como denota a magreza de sua face. Foi ferido no braço esquerdo, pois o mantém em uma posição rígida e pouco natural. Em que lugar dos trópicos poderia um doutor do Exército inglês ter passado por tantas privações e ficar com o braço ferido? No Afganistão, sem dúvida. Toda essa cadeia de pensamentos não ocupou mais de um segundo..."
"Tudo torna-se muito simples depois que você o explica," disse-lhe eu, sorrindo. (STUD)

Esta passagem merece alguns comentários. Em primeiro lugar, uma das etapas intermediárias da reconstituição racional que faz Sherlock Holmes de seu fluxo de pensamento é obtida literalmente como uma resposta a uma pergunta adequada. (Cf. "Em que lugar dos trópicos...?")

Em segundo lugar, a psicologia contemporânea da percepção confirma como sendo apropriado denominar de *observação* a "conclusão" n_j. O que devemos indagar é se as ditas etapas inconscientes do raciocínio são atravessadas tão rapidamente que escapam da atenção ativa ou se elas são, por vezes, verdadeiramente inacessíveis à reflexão consciente e edificadas diretamente nas impressões de sentido não-editadas do sujeito. As respostas que obtemos de psicólogos tais como J. J. Gibson e David Katz confirmam a última alternativa. A percepção, nos dizem eles, implica coleta de informação e não coleta de impressões sensíveis não-estruturadas, como nós afirmamos.

Isso também justifica o hábito de Sherlock de formular suas conclusões alcançadas inconscientemente como tendo *percebido* aquelas asserções, às vezes oferecidas como equivalentes a conclusões de deduções. Por exemplo: referindo-se a uma dedução que estabeleceu, Sherlock pergunta ao fiel Dr. Watson: "Com que então, de fato, você não foi capaz de *ver* que aquele homem era um sargento da Marinha?" (STUD). (Grifo do autor)

Essas observações já demonstram algo da interação sutil entre observação e dedução que é característica de nosso modelo de obtenção de informação através do questionamento. Particularmente, elas nos conduzem à suspeita de que nossa Fig. 2 encontra-se ultrassimplificada em ainda um outro importante aspecto. Pode não haver nenhum estrato fundamental de pontos de partida m_i. O que ocorre em situações verdadeiramente epistêmicas é duplo movimento: para baixo, em direção a conclusões mais ricas, e para cima, em direção a dados mais e mais primitivos. Não há mais razão para esperar que esta último movimento chegue a um fim natural do que há no caso de processo anterior.

Essa mesma estrutura é encontrada em contextos científicos. Em uma situação observacional, muito do abundante conhecimento tácito de fundo é dado como certo. Esse conhecimento de fundo corresponde ao m_i de nosso esquema na Fig. 2. Aquilo que é registrado efetivamente como uma asserção observacional corresponde, em nossa estrutura, a uma conclusão intermediária c_n em algum lugar entre a informação de fundo e a conclusão do produto final, algo como o que ocorre na Fig. 4.

Paralelamente a linhas de algum modo mais gerais e diferenciadas, podemos também agora entender o papel das observações na concepção sherlockiana da lógica e da dedução. Em nossa citação introdutória acima, talvez a mais interessante e a mais intrigante característica, que tem o poder de impressionar o leitor, seja a estranha coexistência de noções de, por um lado, observação e, por outro, raciocínio, dedução, análise, inferência e lógica. O "perfeito lógico" em Sherlock Holmes aparece, às vezes, como o perfeito observador que nota os mais diminutos e reveladores detalhes do mundo em torno de si. Sherlock esperava "por uma expressão momentânea, uma contração de músculo ou o piscar de um olho para penetrar nos pensamentos mais íntimos de um homem" (STUD). Em outras ocasiões, parece-nos estar diante de um raciocinador completo cuja mente tem a capacidade de atravessar com extrema rapidez uma longa série de estádios intermediários do pensamento, seguindo todas as regras da dedução, sem que ele mesmo esteja consciente disso.

VI. SEQÜÊNCIAS DE PERGUNTAS-RESPOSTAS COMO JOGOS PROPOSTOS À NATUREZA

Do ponto a que chegamos, podemos agora ver qual é o elo de conexão entre as duas concepções. O elo perdido é o questionamento. Tanto o destrinçar de premissas previamente não-observadas, – aquilo que Sherlock chama de dedução – quanto a observação podem ser conceitualizadas como processos de pergunta-resposta. Posteriormente, veremos que essa similaridade entre observação e dedução pode ser levada bem mais longe.

Com que grau de precisão estamos aqui interessados em estudar os usos de perguntas e respostas para fins sherlockianos? O primeiro e principal problema com o qual o lógico se confronta é a decifração do relacionamento pergunta-resposta. Algo surpreendentemente, não encontramos para isto uma resposta satisfatória na precedente literatura sobre lógica, semântica, gramática ou pragmatismo das perguntas. (Essa surpresa pode ser minimizada em parte se nos dermos conta do que está envolvido em uma tal resposta à questão a "responsividade", isto é, decifrar a relação lógica e semântica de elocubrações feitas por dois diferentes emissores com diferente informação colateral. Esse conhecimento de fundo tem de ser trazido à tona, o que os lógicos, a exemplo dos lingüistas, se recusaram a fazer.) Jaakko Hintikka analisou o relacionamento pergunta-resposta em diversos trabalhos anteriores (ver, em especial, Hintikka 1976). Aqui, simplesmente assumiremos como certos os resultados de tais análises, incluindo a distinção fundamental entre respostas (réplicas) parciais e completas a uma dada pergunta. Do mesmo modo, a importante noção de pressuposição encontra-se exposta nesses escritos anteriores.

Como se conceitualiza o processo de obtenção de informação por meio do questionamento e da dedução? Apresentaremos uma formalização que parece um tanto diferente daquela esboçada acima mas que, não obstante, abrange as idéias anteriormente apresentadas. Podemos pensar o processo como um jogo proposto à natureza e que pode, alternadamente, ser pensado como um armazenamento de minha própria informação tácita. A razão para que empreguemos os conceitos da teoria do jogo é porque essa teoria é o melhor contexto que existe para o estudo de quaisquer questões de estratégia. No presente caso, as estratégias pertinentes envolveriam tanto estratagemas de questionamento quanto, interconectado com eles, estratagemas de dedução.

O jogo em foco pode ser explicado como segue:

Há dois jogadores, eu e a natureza. Falando intuitiva e experimentalmente, meu objetivo é provar uma certa conclusão. C_0. Inicialmente, tenho à minha disposição uma premissa inicial C_1 (que pode ser vazia). As diferentes sentenças que emergem durante o jogo podem ser pensadas como sendo expressas em alguma linguagem fixa de primeira ordem que se estende apenas para que as questões possam ser respondidas em linguagem ampliada. (Algumas extensões serão explicadas posteriormente.) O desenrolar do jogo pode ser descrito com referência a um aparelho marcador de contagem que é parecido com *tableaux* semânticos de Beth (1955). As diferenças serão explicadas mais adiante. Neste ponto, tudo o que precisa ser notado é que deveremos chamar esta folha de pontos de *tableau* e que podemos empregar com referência a ela a mesma terminologia que se emprega quanto aos *tableaux* de Beth. Em especial, utilizaremos a noção de fechamento, as noções de coluna da esquerda e coluna da direita, e a noção de *subtableau* no mesmo sentido que Beth os utilizou. Os diferentes *subtableaux* de um dado *tableau* estão relacionados do mesmo modo que em Beth, isto é, disjuntivamente. Todos têm de ser fechados para que o próprio *tableau* seja fechado.

Nosso uso dos *tableaux* de Beth está de acordo com as melhores tradições de Sherlock Holmes que, em relação a sua "Ciência da Dedução", fala em *análise*. Como menciona Beth já no primeiro trabalho a respeito deste assunto, o método do *tableau* é uma excelente reconstituição da antiga idéia do método analítico. A reconstituição que faz Beth do método tradicional se aplica, no entanto, apenas no âmbito da dedução. O que estamos fazendo aqui pode ser entendido como uma extensão da "Ciência da Dedução e Análise" de Beth para além de suas aplicações estritamente dedutivas.

De início, o *tableau* contém C_0 na coluna da direita, e C_1 na esquerda. Há três diferentes tipos de movimentos: (1) dedutivo, (2) interrogativo e (3) definitório.

(1) As regras para execução de movimentos dedutivos são as mesmas que em qualquer formulação usual do método do *tableau*.

Como afirmou Jaakko Hintikka em outro texto (1979), apesar disso, há razões para que se modifique todas as regras do *tableau* do mesmo modo como algumas delas são modificadas na transição da lógica clássica para a lógica intuicionista e para que se permita apenas uma sentença para cada um dos tempos na coluna da direita de qualquer dos *subtableau*.

As regras de instanciação* da construção do *tableau* podem ampliar nossa linguagem inicialmente dada por meio da introdução de nomes postiços (individuais indefinidos). Admitimos que isso é possível apenas quando uma sentença existencial é atualizada na coluna da esquerda ou quando uma sentença universalmente quantificada é atualizada na coluna direita do *subtableau*.

---

* "Instanciação" que implica a representação de um abstrato ou universal por meio de uma instância concreta, ou, em outros termos, a instância de atualização do geral no particular. (N. da R.)

(2) Um movimento interrogativo refere-se a um *subtableau* σ_j. Consiste em uma questão por mim enderençada à natureza. O pressuposto da questão deve ocorrer na coluna esquerda do *subtableau*. A natureza deve fornecer uma resposta completa. Seja essa resposta seja A_j. Então, A_j é acrescida à coluna esquerda de σ_j.

Para maior simplicidade, vamos admitir que sempre deve ser dada uma resposta completa, no sentido de uma instância de substituição da matriz da questão a qual, juntamente com certa informação suplementar fornecida por aquele que responde, é uma resposta completa. Essa informação suplementar será introduzida na coluna esquerda de σ_j juntamente com o resto da resposta.

Termos substitutivos devem ser constantes individuais (no caso de perguntas-wh).

A completude da réplica da natureza deve ser julgada com base no meu conhecimento de fundo mais a admissão de que conheço a verdade de todas as setenças da coluna esquerda de σ_j. (É isso que torna a pergunta relativa a σ_j).

(3) Um movimento definitório também se refere ao *subtableau* σ_j. Consiste na introdução de um novo símbolo predicativo, digamos P(x). Este é introduzido através de uma definição explícita, isto é, por sua adição, do mesmo modo, na coluna esquerda de σ_j.

(x) $(P(x) \longleftrightarrow \int(x))$

ou

(x) $(P(x) \ (x=a_1 \ v \ x=a_2 \ v \ldots v \ x=a_k))$

onde $\int$ é uma expressão no vocabulário que tem sido usado em σ_j e tem uma variável livre, e onde $a_1, a_2,\ldots, a_k$ são constantes individuais.

VII. RECOMPENSAS E ESTRATÉGIAS

Como usualmente se dá na teoria do jogo, as considerações estratégicas dos jogadores são determinadas, em essência, pelas recompensas. Não procuraremos especificá-las inteiramente aqui, mas apontamos os seguintes princípios gerais que são, sem dúvida, importantes:

(1) Um movimento interrogativo envolvendo uma pergunta-wh é tanto mais caro quantos mais estratos de quantificadores houver na pergunta, incluindo os quantificadores camuflados em palavras-wh (com a exceção do estrato mais externo de tais quantificadores). Podemos, tentativamente, pensar acerca do "preço" de uma pergunta como sendo equivalente ao mesmo número de unidades tantos quantos forem os es-

tratos de quantificadores da pergunta. Aqui, os quantificadores que ocorrerem fora da pergunta propriamente dita não contam.

(2) Um movimento definitório é tão mais caro quanto mais estratos de quantificadores houver na ∫ *definiens**. De novo, cada estrato adicional pode ser pensado como tendo o custo de uma unidade.

(3) No que concerne aos movimentos dedutivos, cada um daqueles que introduz novos nomes postiços custa uma unidade.

O quanto custa esses princípios em termos intuitivos é que um movimenos é tanto mais caro quanto mais ele complica as configurações de individuais que estão sendo considerados na dedução (no sentido de introduzir novos individuais no argumento). Este "custo" de novos individuais a nosso argumento dedutivo (sejam eles indivíduos efetivos ou "indivíduos arbitrários" representados por nomes testas-de-ferro) reflete a importância de tais movimentos para uma dedução que se quer bem sucedida. A seleção de novos individuais a ser introduzida é a consideração estratégica decisiva em nossos jogos.

Isto também é reflexo daquilo que encontramos nos argumentos efetivos do tipo Sherlock Holmes. Tomemos o exemplo mais próximo à mão: o curioso episódio do cão-de-guarda. O que ocorre nele é que três individuais são, pela primeira vez, relacionados entre si por Sherlock Holmes: o ladrão desconhecido, o cão e o treinador. (Podemos, talvez, dizer que o cão é introduzido no argumento e que os outros dois são interrelacionados por seus significados). A surpresa da "dedução" de sherlock não se refere ao fato de ele relacionar os três individuais (dois dos quais resultam ser idênticos), mas indagar, pela primeira vez, qual é a relação entre eles. E isso, tornou-se possível pela introdução de um deles.

VIII. DEDUÇÕES EVENTUALMENTE SUBSTITUÍVEIS POR QUESTÕES E RESPOSTAS

Um exame mais acurado das gratificações e diferentes estratégias nos levaria muito longe. É suficiente mencionar aqui um fato interessante. A maioria dos movimentos dedutivos – incluindo alguns dos mais interessantes – pode ser substituída por uma questão adequada, admitindo-se que sua resposta seja acessível.

Por exemplo, admitamos que $(F_1 \vee F_2)$ ocorra na coluna esquerda de quaisquer *subtableaux* σ_j . Um movimento dedutivo poderia implicar na divisão de σ_j em dois, sendo que F_1 e F_2 são acrescidos a suas

---

* *Definiens*, em lógica, uma expressão em cujos termos outra pode ser adequadamente definida.

respectivas colunas da esquerda. Entretanto, se ao invés de fazer isso, pudéssemos perguntar "Este é o caso de F_1 ou é este o caso de F_2?". Isso pode ser feito porque o pressuposto desta questão é $(F_1 \vee F_2)$. Qualquer que seja a resposta, nos livramos do aborrecimento de dar continuidade à construção de um dos dois *subtableaux* em que o movimento dedutivo teria dividido σ_j.

De modo semelhante, suponhamos que (Ex)F(x) aconteça na coluna esquerda de σ_j. Então, um movimento dedutivo implicaria a introdução de um novo nome postiço "α", em conseqüência do que "F (α) " é inserido na coluna esquerda de σ_j. Ao invés de fazer isso, poderíamos perguntar: "Quem ou o que (chamemos esse espécime de x) é tal que F(x)". Podemos proceder assim porque o pressuposto dessa questão é (Ex) (Fx). Se a respostas for "b", então, podemos inserir "F(b)" na coluna esquerda de σ_j ao invés de "F (α) ". Uma vez que "b" é um nome real, lidar com ele pode apenas facilitar a dedução quando comparada com o movimento dedutivo. (Notem que presumimos aqui a leitura existencial-quantificadora do *desideratum* da questão).

Outrossim, um movimento definitório pode freqüentemente ser substituído de igual maneira por um movimento de pergunta-resposta. Por exemplo, um movimento definitório poderia implicar a introdução da sentença.

(*) (x) (P(x) $\longleftrightarrow \int(x)$)

na coluna da esquerda de alguns *subtableaux* σ_j. Ao invés disso, poderíamos perguntar: "Quem ou o quê (chamemos um deles x) é tal que $\int (x)$?", pressupondo a leitura universal-quantificadora do *desideratum*. A resposta será, então, uma sentença de mesma forma, exceto que o novo predicado primitivo "P" será substituído por algum predicado previamente usado. Uma vez mais, a tarefa dedutiva pode apenas ser realçada pela mudança.

Essa intermutabilidade extensiva dos movimento dedutivos e interrogativos (bem como entre movimentos definitórios e interrogativos) pode ser tomada como uma defesa da idéia de que a arte da dedução é, no essencial, equivalente à arte de fazer perguntas. Esta idéia é, talvez, o mais fundamental ingrediente na concepção sherlockiana de lógica, dedução e inferência.

8. Sherlock Holmes Formalizado

JAAKKO HINTIKKA

I. PREÂMBULO

Em um artigo anterior (Hintikka 1978), eu argumentava que a melhor maneira de conceituar aquilo que freqüentemente passa por deduções ou interfências no discurso comum é tratá-las como respostas as questões tácitas. O elemento de habilidade e engenho que torna as "deduções", nesse sentido amplo, não triviais emerge através da escolha dessas questões. Um caso paradigmático a esse respeito é constituído pelas 'deduções" de um brilhante detetive, não importa se real ou fictício. Eis porque o nome de tal pessoa encontra-se no título deste capítulo.

A idéia é obviamente sugestiva, embora ainda esteja a merecer um detalhamento mais explícito. O propósito deste capítulo é o de dar um primeiro passo para o tratamento formal, explícito, daquilo que Sherlock Holmes chamou "A Ciência da Dedução e Análise" (STUD, em especial Cap.2). Ao fazê-lo, devo decidir-me por algumas opções importantes, tal como estabelecer quais estruturas conceituais deveriam ser usadas. Parece-me, no entanto, que essas opções não são tão difíceis de serem feitas.

Com base em nossa idéia geral, fica claro que a habilidade de um brilhante e aplicado racionador é uma opção bastante estratégica. Consiste em colocar questões estrategicamente corretas, isto é, questões cujas respostas resultam ser mais informativas e abrem canais futuros de outros questionamentos bem-sucedidos.

O melhor instrumento geral para considerações estratégicas disponível no presente é o ramo de estudo conhecido, algo equivocadamente, como a teoria matemática de jogos. De fato, este deveria ser denominado mais apropriadamente de teoria da estratégia[1]. Por essa razão, esta é apropriada para construir as seqüências de pergunta-reposta que desejamos considerar como jogos (no sentido preciso da teoria de jogos) entre aquele que pergunta e aquele que responde. Este último pode freqüentemente ser pensado como sendo a Natureza, e assim o chamaremos, enquanto que o questionador será denominado, na seqência, como "eu".

A segunda importante escolha que temos de fazer se refere ao método de registro contábil desses *jogos de questionamento* contra a Natureza, como os iremos chamar. O sistema deve me permitir realizar e registrar interferências lógicas no sentido técnico estrito segundo o qual os filósofos do século vinte estão habituados a empregar o termo. Ao mesmo tempo, o sistema de registro de escores deve permitir aos jogadores apontar as respostas da Natureza de modo apropriado.

Parece-me que de longe o melhor sistema de registro contábil desse tipo é oferecido pelo familiar método dos assim chamados *tableaux* semântico, introduzidos por E. E. Beth (1955). As regras de um jogo de questionamento à Natureza podem ser formuladas com referência a um tal *tableau*, chamado de *tableau* de jogo. Devo empregar acerca do *tableau* de jogo a terminologia corriqueira, a qual, se presume, seja familiar ao leitor.

Nos jogos simples considerados neste capítulo, considere-se que eu esteja tentando provar uma certa dada conclusão C, usando como minhas premissas uma dada hipótese inicial T, mais as respostas às questões que coloco à Natureza uma a uma. Assim sendo, em sua etapa inicial, o *tableau* de jogo contém C em sua coluna da direita e T em sua coluna da esquerda, e nada mais.

As regras do jogo são extremamente simples. Elas podem ser formuladas com referência ao *tableau* de jogo. Há três tipos de lances: (i) movimentos dedutivos; (ii) movimentos interrogativos; (iii) movimentos definitórios.

(i) Em um movimento dedutivo, uma das regras usuais de construção do *tableau* é aplicada ao *tableau* de jogo.

(ii) Em um movimento interrogativo, eu dirijo uma pergunta à Natureza, que dará àquela uma resposta a mais conclusiva (completa) possível. Essa resposta é inscrita na coluna esquerda do *tableau* de jogo.

---

1. Por exemplo, o termo "teoria do jogo" sugere uma teoria de conflitos, mesmo embora haja estratégias de cooperação bem como estratégias de conflitos e ambos os tipos de estratégias possam ser - e são - tratadas na teoria do jogo.

(iii) Em um movimento definitório, eu introduzo um novo conceito por meio de uma definição explícita, inserida na coluna da esquerda do *tableau* de jogo. As definições explícitas, em primeiro lugar, são sentenças de uma das duas seguintes formas:

(1) $(z_1) (z_2) \ldots (z_i) (x) \ [P(x, z_1, z_2, \ldots, z_i)$
    $\leftrightarrow S[x, z_1, z_2, \ldots, z_i]]$

(2) $(z_1) (z_2) \ldots (z_i) (x) \ [(f(z_1, z_2 \ldots z_i) = x)$
    $\leftrightarrow S[x, z_1, z_2, \ldots, z_i]]$

Em (1), P é o novo símbolo, e em (2) f é o novo.

Essas regras requerem diversos comentários e explicações posteriores. Em primeiro lugar, tenho de especificar a linguagem que estou pressupondo aqui. Antes de mais nada, devo admitir que estou usando uma linguagem interpretada finita de primeira ordem L, com identidade e símbolos de função. Estarei lidando normalmente com certas extensões de L. A escolha dessa linguagem significa que não estão autorizadas a ocorrer noções intencionais nas perguntas e respostas. O único elemento no jogo que não é prontamente passível de ser expresso em tal linguagem são as perguntas dirigidas à Natureza. No entanto, essas perguntas não são inseridas no *tableau*, apenas as respostas. Conseqüentemente, essa restrição não tem importância aqui.

Por enquanto, as extensões de L que permitiremos são duas: (a) extensões envolvendo novas funções de predicado, ou constantes individuais introduzidas por um movimento definitório; (b) extensões envolvendo constantes especiais chamadas símbolos próprios (para as entidades de diferentes tipos lógicos no modelo pretendido). Incluem nomes próprios de individuais no domínio pretendido, predicados próprios e funções próprias. A pretendida interpretação desses símbolos só pode ser explicada pela referência à semântica de nossos jogos de questionamento. Falando intuitivamente, eles podem ser pensados como nomes (logicamente) próprios de diferentes tipos de entidades no domínio do discurso de alguém (de um sujeito).

(i) As regras do *tableau* usadas nos movimentos dedutivos podem ser quaisquer das usuais. Entretanto, podem ser apropriadas por vários motivos para modificar as regras usuais de construção do *tableau*, de modo a se tornarem as contrapartidas de Beth das regras de dedução linear de Craig (1957) (as quais Craig explicou em termos de conseqüentes (lógicos) mais do que de *tableaux*)

(ii) Um pré-requisito indispensável a nossa empreitada é a análise que ofereci alhures do relacionamento pergunta-resposta (Hintikka 1976, em especial Cap. 2 e 3). Não posso reproduzir aqui a análise e, por essa razão, devo supor familiaridade por parte de meus leitores com relação a seus resultados. Basta explicar que quando me refiro a uma resposta em um movimento interrogativo, no caso de perguntas proporcionais, quero significar uma resposta direta. No caso de perguntas-wh (perguntas-quem?), uma resposta é uma instância de substituição da matriz da pergunta com respeito a algum termo. Esse termo, naturalmente, pertence a L ou a uma extensão admissível de L, explicada acima. No que concerne aos símbolos que ocorrem na resposta após haverem sido introduzidos por lances definitórios, eles devem ser introduzidos mais cedo no mesmo *subtableau*.

É condição prévia de um movimento interrogativo que o pressuposto da questão ocorra na coluna esquerda do *tableau* de jogo. Em um certo sentido, que novamente requer conceitos semânticos para sua formulação, pode-se requerer que uma resposta seja o mais completa possível em uma dada situação.

Cada movimento interrogativo deverá ser feito relativamente a um *subtableau*. O pressuposto da questão precisar ocorrer apenas na coluna esquerda de cada *subtableau*, e a resposta inserida apenas na coluna esquerda daquele *subtableau*. Os requerimentos acerca de respostas a questões-wh pertencerão apenas àquele *subtableau*.

Assumiu-se originalmente em (ii) que ao *desideratum* da questão é dado uma leitura existencial-quantificadora (Hintikka 1976), contudo, pode ser dado (como me aprouver) uma leitura universalmente quantificadora (Hintikka 1976, Cap. 4). Então, uma resposta será uma sentença da seguinte forma:

(3) $(x) [M[x] \leftrightarrow S[x]]$

onde M[x] é a matriz da questão e S[x] uma expressão que satisfaz as seguintes condições:

(a) O vocabulário não-lógico de S[x] consiste naquele de L e naquele das extensões admissíveis de L acima descritas.

(b) S[x] contém x como sua única variável individual livre; x não ocorre implicada em S[x].

De modo mais geral, a pergunta colocada em um movimento interrogativo pode ser de tipo parametrizado, ou seja, uma questão com variáveis livres (referenciadas em quantificadores universais externos). Então, na interpretação existencial da questão, a resposta será da seguinte forma:

(4) $(z_1) (z_2) \ldots (z_i M[t[z_1, z_2, \ldots z_i], z_1, z_2, \ldots z_i]$

onde $M[x, z_1, z_2, \ldots, z_i]$ é a matriz da pergunta (com $z_1, z_2, \ldots, z_i$ como suas variáveis livres) e $t(z_1, z_2, \ldots, z_i)$ é um termo que contém

(a) $z_1, z_2, \ldots, z_i$ (ou alguns deles) como suas únicas variáveis individuais livres;

(b) símbolos de função advindos de L e/ou de suas extensões admissíveis.

Quando uma pergunta variável-livre é interpretada universalmente, temos como resposta, em analogia a (4) e como uma generalização de (3),

(5) $(z_1) (z_2) \ldots (z_i) (x) [M[x, z_1, z_2, \ldots, z_i]$
$\leftrightarrow S[x, z_1, z_2, \ldots, z_i]]$

Aqui S é uma expressão que contém x, $z_1, z_2, \ldots, z_i$ como suas únicas variáveis individuais livres e contém, como constantes não-lógicas, símbolos de L e de extensões admissíveis de L. Uma vez mais, as constantes introduzidas por definições devem ser introduzidas no mesmo *subtableau*.

A pressuposição de uma pergunta-wh existencialmente interpretada com variáveis livres deve ocorrer na coluna esquerda do *subtableau* relevante antes que a pergunta possa ser colocada. Para a pergunta cuja resposta possa ser a forma (4), a pressuposição é:

(6) $(z_1) (z_2) \ldots (z_i) (\exists x) M[x, z_1, z_2, \ldots, z_i]$

A pressuposição de uma pergunta-wh universalmente interpretada é a mesma da correspondente pergunta existencialmente interpretada.

Perguntas de variável-livre podem também ser colocadas relativamente a um predicado. Podemos usar como exemplo um predicado de lugar único P(z). Digamos que a matriz da questão seja M[z,x]. Então, na interpretação existencial da pergunta-wh, os análogos a (4) e (6) (i.e., a uma resposta e a uma pressuposição) são:

(7) $(z)[P(s) \supset M[t[z],x]]$

e

(8) $(z) [P(z) \supset (\exists x) M[x,z]]$,

respectivamente.

O análogo à pergunta (5) a perguntas-wh com variáveis livres universalmente interpretadas é

(9) $(z) [P(z) \supset (x) (M[x,z] \leftrightarrow [x,z])]$

(iii) Movimentos definitórios, como os interrogativos, serão relativos a um *subtableau* do *tableau* de jogo. A definição (1) ou (2) é colocada apenas na coluna esquerda do *subtableau*.

Os símbolos introduzidos por movimentos definitórios não devem ocorrer antecipadamente no mesmo *subtableau*. Em outras palavras, em um movimento definitório, tal como acima definido, P é um símbolo predicado e f um símbolo função que não ocorre no *subtableau* em questão nem em L. Além disso, $S[x, z_1, z_2, \ldots, z_i]$ deve conter como suas únicas variáveis individuais livres de x, $z_1, z_2, \ldots$, e z_i. Em (2), as seguintes sentenças devem ocorrer na coluna esquerda do mesmo *subtableau*:

(10) $(z_1) (z_2) \ldots (z_i) (3x) S[x, z_1, z_2, \ldots, z_i]$

(11) $(z_1) (z_2) \ldots (z_i) (x) (y) [(S[x, z_1, z_2, \ldots, z_i] \& S[y, z_1, z_2, \ldots, z_i])$
$\supset (x = Y)]$

Como caso especial de (2), (10) e (11), devemos tratar sentenças do seguinte tipo:

(12) $(x) [(a = x) \leftrightarrow S[x]]$

(13) $(3x) S[x]$

(14) $(x)(y)[(S[x] \& S[y]) \supset (x = y)]$

Aqui, a é uma constante individual que não ocorre anteriormente no *subtableau*. Admitindo (12)-(14) como casos especiais de (2) e (10)-(11) significa permitir a introdução definitória de símbolos individuais equivalente a predicados e funções definidos.

II. EXEMPLOS

Isto basta para explicar a aparência sintática de um jogo de questionamento à Natureza. Porém, ainda deixa para ser explicada a semântica do jogo e sua estrutura de recompensa. Esta última, em especial, é extremamente importante para minhas considerações estratégicas no jogo. De modo a aguçar nossas percepções, é necessário, contudo, nesta etapa, levar-se em consideração alguns exemplos simples de jogos de questionamento à Natureza. São tanto tirados de diferenças de linguagem natural como podem ser facilmente formulados em termos de simples inglês ordinário. Meu sucesso ao reconstruir essas "deduções" de discurso-ordinário em termos de jogos de questionamento demonstra claramente que estou no rumo certo.

Meus primeiros exemplos de um diálogo de busca-de-informação são uma amplificação de uma parte do raciocínio de Sherlock Holmes em SILV, representando suas deduções acerca do curioso incidente do cão de guarda. (" 'O cão não fez nada naquela noite.' 'Isto é que é um incidente curioso', comentou Sherlock Holmes.") As formulações verbais dos diferentes movimentos são dadas primeiro.

(1) Havia um cão de guarda no estábulo? Sim.
(2) Algum cão no estábulo ladrou para alguém? Não.
(3) Logo, nenhum cão no estábulo latiu para o ladrão.
(4) Diante de quem um cão não late? De seu dono.
(5) Consideramos um dos cães no estábulo, digamos, d.
(6) d não latiu para o ladrão.
(7) A pessoa diante de quem d não late é seu dono.
(8) Logo, o dono de d é o ladrão.

Aqui, algumas explicações devem ser oferecidas. Na história, as respostas (1)-(2) encontram-se entre os fatos conhecidos do caso apresentado anteriormente. Os movimentos dedutivos (3), (5)-(8) são todos diretos. Em (4), a resposta é trivial, tão logo é feita a questão. O engenho de Sherlock Holmes consiste, portanto, com efeito, em trazer a premissa extra correta perguntando a questão correta, precisamente como indicado acima.

Note-se que a questão em (4) é do tipo que contém uma variável livre. Além do mais, ela é colocada com relação ao predicado "cão de guarda".

A formulação do *tableau* do raciocínio de Sherlock Holmes pode se processar como segue. Apenas a coluna esquerda do *tableau* de jogo é registrada.

(1) $(\exists x)(W(x) \& S(x))$
(2) $(y)(x)[(W(x) \& S(x)) \supset \sim B(x, \gamma)]$
(3) $(x)[(W(x) \& S(x)) \supset \sim B(x,th)]$
(4) $(x)[W(x) \supset (y)(\sim B(x,y) \supset (y = m(x)))]$
(5) $W(d) \& S(d)$
(5a) $W(d)$
(6) $(W(d) \& S(d)) \supset \sim B(d,th)$
(6a) $\sim B(d,th)$
(7) $W(d) \supset (y)(\sim B(d,y) \supset (y = m(d))$
(7a) $(y) [\sim B(d,y) \supset (y = m(d))]$
(8) $\sim B(d,th) \supset (th = m(d))$
(8a) $th = m(d)$

*chave**: $W(x)$ = x é um cão de guarda
     $S(x)$ = x estava no estábulo
     $B(x,y)$ = x latiu para y
     $m(x)$ = o dono de x
     th = o ladrão

No segundo exemplo, começo com a representação do *tabelau* e apenas posteriormente explico as entradas do *tableau* e forneço um exemplo verbal que apresente a mesma estrutura.

Tableau de jogo

(1) $(x)(\exists y) R(x,y)$ $(\exists u)(z) R(z,u)$ (2)
(3) $(x)[T(x) \leftrightarrow$ $(z) R(z,c)$ (10)
      $((\exists y) R(x,y) \supset ((z)R(z,x))]$

* Mantivemos as iniciais inglesas das palavras correspondentes.

(4) (($\exists$ x) T(x)
(5) T(c)
(6) T(c) ↔
    (($\exists$ y) R(c,y) ⊃ (z) R(z,c))
(7) ($\exists$ y) R(c,y) ⊃ (z) R(z,c)
(8) ($\exists$ y) R(c,y)
(9) (z) R(z,c)

Explicações do diálogo:
(1) é a premissa dada
(2) é a conclusão desejada
(3) resulta como a resposta à pergunta: Quem são todos os indivíduos x tais que (($\exists$ y) R(x,y) ⊃ (z) R(z,x))?
(4) resulta como uma resposta à pergunta: Há indivíduos x tais que T(x)?
(5) resulta como uma resposta à pergunta: Quem (digamos x) é (entre outros) tal que T(x)?
(6) resulta de (3) pela instanciação L-universal com respeito a c.
(7) resulta de (5) e (4) pela regra derivada do *tableau* de substituição de equivalência.
(8) resulta de (1) pela instanciação L-universal.
(9) resulta de (7) e (8) por uma versão adequada do *tableau* de *modus ponens*.
(10) resulta de (2) por uma instanciação R-existencial.

Formulações verbais
(com perguntas incluídas):
   Chave: R(x,y) = x trai y
           T(x) = x é um terrorista
           c = Carlos

(1) Todos traem alguém. (Premissa)
(3) Quem é tal que cada um trai todos se eles traem alguém?
    (Pergunta-wh universalmente interpretada)
    Terroristas (resposta).
(4) Existem terroristas? (Pergunta tipo sim ou não)
    Sim (resposta)
(5) Quem é terrorista? (Pergunta-wh existencialmente interpretada cuja pressuposição foi estabelecida em (4).)
(6) Carlos é um terrorista se e somente se todos o traem se ele trai alguém. (De (3) por instanciação universal)
(7) Todos traem Carlos se ele trai alguém. (de (5) e (6).)

(8) Carlos trai alguém. (De (1) por instanciação.)
(9) Todos traem Carlos. (De (7) e (8) por *modus ponens*.)
(2) Alguém é traído por todos. (A conclusão a ser provada; procede de (9) por generalização existencial).

Explicações alternativas:
Alguns dos movimentos no diálogo amostra podem ser substituídos por movimentos diferentes embora, em essência (neste caso), por movimentos equivalentes. Aqui está um outro modo de conduzir essencialmente o mesmo diálogo. Neste exemplo particular, é preciso mudar apenas as explicações dos diferentes movimentos.

(1)-(2) como antes
(3) movimento definitório introduzindo um novo predicado T(x)
(4) como antes
(5) de (4) por instanciação L-existencial
(6)-(10) como antes

Isto ilustra o fato de que diferentes tipos de movimentos são amiúde permutáveis. Com freqüência, um movimento interrogativo por ser substituído por um movimento dedutivo, ou vice-versa. Isso demonstra quão natural é o sentido mais amplo dos conceitos de dedução e inferência, que estivemos tentando capturar neste capítulo: inferências lógicas no estrito sentido técnico são em geral permutáveis, proveitosamente, por respostas a perguntas adequadas, as quais estou tomando como "deduções" no sentido mais amplo (no sentido de Sherlock Holmes").

9. O Arcabouço do Modelo de Detetive

CHARLES S. PEIRCE E EDGAR ALLAN POE

NANCY HARROWITZ

Edgar Allan Poe é considerado, pela maioria dos historiadores da ficção detetivesca, como sendo o pai fundador do gênero, e seu "Os Crimes da Rua Morgue" como sendo a primeira estória de detetive do mundo. Um tal auspicioso começo estabelecido para qualquer gênero literário deveria ser sempre suspeito, e os suspeitos, neste caso, são os próprios historiadores. Howard Haycraft, provavelmente o mais renomado desse grupo, divide os historiadores de ficção detetivesca em duas escolas: a maioria, no qual ele próprio se inclui, sustenta que o gênero detetivesco teria su.gido com Poe; e uma minoria que sustenta que elementos de história de detetive estão presentes em literaturas tão antigas quanto a Bíblia e, falando de modo mais rigoroso, Poe não seria o inventor do tipo mas, talvez, seu principal proponente.

Haycraft, em seu livro *Murder for Pleasure: Life and Times of Detective Story* (1941:6), discute amplamente os argumentos fundamentais desses dois campos. O primeiro se baseia em uma abordagem fenomenológica que proclama que, para haver histórias de detetives – de modo a se distinguir das de mistério, é claro – é preciso haver forças policiais e detetives. Estes não existem, *per se*, antes dos primórdios do século dezenove, quando os departamentos de investigação criminal começam a se multiplicar em Paris e Londres. Como argumento final, Haycraft cita a opinião do bibliófilo inglês George Bates: "A causa do silêncio de Chaucer com respeito a aeroplanos deve-se ao fato de que ele nunca chegou a ver um deles. Não se pode escrever acerca de um policial antes que exista um policial que possa ser descrito". O método detetivesco é, portanto, encarado por esses historiadores como menos essencial para o gênero do que os elementos trama/estrutura.

A corrente minoritária da historiografia detetivesca, por seu lado, dá maior ênfase ao método do detetive do que às presenças de um detetive e de um crime. Julian Symons, em seu *Bloody Murder; From the Detective Story to the Crime Novel: A History* (1972), traça um perfil das duas facções, ele próprio, como Haycraft, se incluindo no grupo majoritário. Suas críticas à corrente minoritária traz à tona uma questão crucial ainda que grandemente ignorada, como veremos:

> Os historiadores das histórias de detetive se dividem entre aqueles que dizem que não poderia haver histórias de detetives antes de existirem forças organizadas de policiais e detetives, e aqueles que encontram exemplos de dedução racional em fontes tão variadas quanto a Bíblia e Voltaire, sugerindo que estes seriam primitivos jogos de quebra-cabeça de detecção... O ponto decisivo é que deveríamos estar falando sobre literatura do crime; no entanto, aqueles que buscam fragmentos de detecção na Bíblia e em Heródoto estão apenas à caça de enigmas. O enigma é fundamental para a história de detetive mas não é, em si, a história de detetive, e seu lugar na literatura do crime é, em geral, comparativamente pequeno... (um) interessante exercício se encontra em *Zadig*, de Voltaire (1747). Sem ter visto a cadela de estimação da rainha ou o cavalo do Rei, ambos desaparecidos, Zadig é capaz de dizer que a cachorra havia tido filhotes recentemente, que era manca da pata esquerda e que possuía longas orelhas... Quando insiste que nunca havia visto tais animais, Zadig é sentenciado ao açoite. Sua explicação, depois que os animais foram encontrados, é um exemplo de verdadeira dedução. No caso da cadela, marcas deixadas na areia pelas tetas penduradas e pelas orelhas, bem como a marca de uma pata impressa de modo mais fundo que as outras, forneceram as pistas (Symons, 1972:24-25).

O fato de Symons chamar o método de análise de pistas de Zadig de "exemplo de verdadeira dedução" assinala um problema subjacente no contexto da tentativa de definição do gênero detetivesco e de suas origens, um problema que perpassa tanto esse tipo de crítica histórica do gênero, quanto a crítica do próprio trabalho de Poe[1]. Sem que se especifique precisamente em que consiste o método detetivesco, e como e por que o método é essencial para a história de detetive, torna-se difícil, no mínimo, justificar tanto a abordagem genealógica das origens do gênero, quanto a abordagem estritamente histórica, que proclama que a história de detetive nasceu na Filadélfia, Pensilvania, em abril de 1841, com o aparecimento de "Os Crimes da Rua Morgue", de Poe, no *Graham's Magazine*.

---

1. Para uma análise semiótica desse capítulo em *Zadig*, a qual revela a distinção de tipos de pistas e debate o papel da abdução, ver Eco, cap. 10.

Por um lado, há uma tendência infeliz que agrupa categorias lógicas sob o título genérico de "dedução racional". Por outro lado, há uma tendência de redução estrábica da importância do próprio método detetivesco. A tarefa desta pesquisa particular não será tal que possa analisar os primórdios literários do método detetivesco de forma rigorosa, embora esse trabalho seja certamente necessário. Aqui, o objetivo será duplo: em primeiro lugar, uma tentativa empírica de ser rigoroso acerca da natureza do método detetivesco na ficção do gênero em Poe, textos que são primários à medida que constituem os primeiros exemplos de inquirição abdutiva no contexto da fórmula detetive-crime. Em segundo lugar, um esforço para situar o modelo de detetive abdutivo, de definir seus parâmetros no contexto semiótico e epistemológico.

"ABDUÇÃO É, AFINAL DE CONTAS, APENAS SUPOSIÇÃO" – CHARLES SANDERS PEIRCE (7:219)

C. S. Peirce, em seus *Collected Papers* (1935-66) e em outras partes de seus manuscritos, apresenta um conceito o qual, em diferentes ocasiões, ele chama de "abdução", "retrodução", "hipótese", "presunção" e "argumento originário". Dar uma conferida em uma colagem dos comentários de Peirce acerca da abdução é, talvez, o caminho mais rápido para se chegar a uma definição proveitosa:

...uma conclusão retrodutiva é justificada apenas à medida que explica um fato observado. Uma explicação é um silogismo no qual a premissa principal, ou regra, é uma conhecida lei ou regra da natureza ou outra verdade geral; a premissa menor, ou caso, é a hipótese ou conclusão retrodutiva, e a conclusão, ou resultado, é o fato observado (ou, de outro modo, estabelecido) (1:89)

A *presunção*, ou, mais precisamente, a *abdução*, provê o raciocinador com a teoria problemática a qual a indução verifica. Vendo-se confrontado com um fenômeno distinto daquele que seria esperado de acordo com as circunstâncias, o raciocinador examina suas particularidades e percebe algum traço marcante ou relações entre elas, o que, de imediato, reconhece como sendo característico de alguma concepção que já se encontra estocada em sua mente e, assim, sugere-se uma teoria que poderia *explicar* (isto é, tornar necessário) aquilo que é surpreendente nesse fenômeno. (2:776)

Cada etapa do desenvolvimento de noções primitivas em direção à ciência moderna foi, em primeira instância, um mero trabalho de suposição ou, pelo menos, mera conjectura. Porém, o estímulo à suposição, o palpite da conjectura foi derivado da experiência. O sentido do percurso da sugestão, na retrodução, é o que vai da experiência até a hipótese. (2:755)

Abdução é o processo de formação de uma hipótese explanatória. Trata-se da única operação lógica que introduz uma idéia nova, pois a indução nada faz senão determinar um valor, e a dedução apenas desenvolve as conseqüências necessárias de uma hipótese pura.

A dedução prova que algo *deve* ser; a indução demonstra que algo *é de fato* operativo, e a abdução sugere meramente que algo *pode ser*. (5:171)

Um homem precisa ser um rematado demente para negar que a ciência efetuou muitas descobertas verdadeiras. No entanto, cada simples item da teoria científica que hoje se encontra estabelecido deve-se à abdução. (5:172)

A construção que faz Peirce da abdução descreve, em essência, um processo no qual o sujeito é confrontado com um fato observado que precisa de explicação e que aparenta ser importante. De modo a explicar o fato observado, ele(a) precisa recorrer a uma "conhecida lei ou regra da natureza ou outra verdade geral", que irá tanto explicar o fato retrospectivamente quanto, espera-se, revelar sua importância. A abdução é um degrau entre um fato e sua origem; o salto instintivo, perceptivo, que permite ao sujeito supor uma origem, a qual pode, então, ser testada para provar, ou negar, a hipótese. A abdução é uma teoria desenvolvida para explicar um fato pré-existente. Diz Peirce que a "dedução prova algo que *deve* ser" (5:172), e que a indução "determina o valor de uma relação" (1:67). A abdução é diferenciada destas outras duas categorias, dedução e indução, no esquema de Peirce (2:623-625), como segue:

Dedução

Regra	Todos os feijões deste saco são brancos.
Caso	Estes feijões provêm deste saco.
∴ *Resultado*	Estes feijões são brancos.

Indução

Caso	Estes feijões provêm deste saco.
Resultado	Estes feijões são brancos.
∴ *Regra*	Todos os feijões deste saco são brancos.

Abdução

Regra	Todos os feijões deste saco são brancos.
Resultado	Estes feijões são brancos.
∴ *Caso*	Estes feijões provêm deste saco.

É importante lembrar que Peirce também usa os termos "lei da natureza, verdade geral" e "experiência" para indicar aquilo que, na categoria abdutiva do esquema acima, é chamado "regra". Em conseqüência, "fato observado" é o mesmo que "resultado", e "conclusão abdutiva" (ou abdução, retrodução, presunção, hipótese, argumento originário) é equivalente a "caso". Nas categorias de dedução e indução, "regra" e "caso", ambos, podem indicar um fato observado. Isso nos conduz a outro problema. Obviamente, a cronologia da obtenção de informação é importante aqui, mas não necessariamente aparece nesses diagramas. Se você caminhar pelo armazém estocado com esses sacos de feijões usados aqui como exemplo, parece-nos que o processo pelo qual chegaria à conclusão acerca dos sacos e dos feijões dependeria daquilo para o qual você olhou primeiro. Há, de certo modo, um enredamento nestes diagramas pois toda informação é igualmente disponível. Esse enredamentos, juntamente com a confusão de termos, deve-se, sem dúvida, à excessiva simplicidade do modelo de saco-de-feijão que é usado para descrever um conjunto razoavelmente complicado de princípios.

Um diagrama para abdução que pode resultar de algum modo mais preciso poderia ser o seguinte:

Resultado (fato observado)   Estes feijões são brancos.

processo abdutivo começa aqui   ....
Regra   Todos os feijões deste saco
                                são brancos.
∴ Caso (resultado da abdução)   Estes feijões provêm deste saco.

Traduzindo o diagrama em palavras: você observa um fato (estes feijões são brancos). A fim de explicar e compreender isso, você busca em sua mente algum vislumbre de teoria, explicação, iluminação e assim por diante. O processo de abdução tem lugar entre o resultado e a regra, e conclui com a postulação de uma hipótese auspiciosamente satisfatória. Agora, nos diz Peirce, tudo o que resta fazer é testar a nova hipótese.

O MODELO CONJECTURAL

Carlo Ginzburg, em seu artigo "Morelli, Freud e Sherlock Holmes: Indícios e Método Científico" (1980b; Cap. 4), examina um conceito que ele chama de "modelo conjectural para a construção de conhecimento". O modelo conjectural, diz Ginzburg, "surge silenciosamente na esfera das ciências sociais por volta dos fins do século dezenove e ainda não mereceu a devida atenção". Ginzburg sustenta que a idéia de utilizar pistas obscuras ou remotas de um modo especulativo para construir um modelo epistemológico foi um componente essencial – ainda que bastante ignorado – de nossa herança cultural. Ginzburg propõe como exemplos desse paradigma o trabalho de três grandes "detetives", Giovani Morelli, Sigmund Freud e Sherlock Holmes.

Giovanni Morelli, um arte-historiador do século dezenove, ficou conhecido por indexar pintores famosos pelo modo como habitualmente eles caracterizavam pequenos detalhes "insignificantes" do corpo, tais como orelhas, unhas e dedos dos pés. Concentrando-se em uma familiaridade enciclopédica que ele tinha com esses detalhes, Morelli foi capaz de facilmente descobrir imitações e atribuições incorretas, uma vez que imitadores estariam mais interessados em características convencionalmente estilizadas, mais amplas, de um artista ou escola em particular. Morelli, durante sua carreira, fez inúmeras novas atribuições de obras nos principais museus e galerias da Europa. Posteriormente, seu método foi desacreditado e legado ao esquecimento. Muito mais tarde, o arte-historiador Edgar Wind (citado por Ginzburg) recuperou os métodos de Morelli, fazendo acerca deles o seguinte comentário:

> Os livros de Morelli parecem diferentes daqueles de qualquer outro escritor sobre arte. Eles são recheados de ilustrações de dedos e orelhas, de cuidadosos registros de detalhes característicos, através dos quais um artista se revela, do mesmo modo que um criminoso pode ser denunciado por uma impressão digital... qualquer galeria de arte estudada por Morelli começa a se assemelhar a um arquivo policial...

Ginzburg prossegue traçando um paralelo entre os métodos de Morelli, o interesse de Freud pelos "pequenos detalhes" que revelam realidades psicológicas, e o desvendamento de crimes através da leitura de indícios tal como o realiza Sherlock Holmes. Todos os três métodos "propiciam a chave para uma realidade mais profunda" – uma realidade que, como a doença em um corpo, não pode ser "vista exceto por meio de seus sintomas". As atividades da humanidade primitiva são evocadas enquanto origem do modelo conjectural:

> Por milhares de anos, a humanidade viveu da caça. No curso de infindáveis perseguições, os caçadores aprenderam a reconstituir a aparência e os movimentos de seus alvos esquivos a partir de seus rastros – pegadas na terra úmida, estalidos de galhos, estercos, penas e tufos de pêlos, odores, marcas na lama, filetes de saliva. Aprenderam a cheirar, a observar, a dar sentido e contexto ao mais sutil traço...
> Sucessivas gerações de caçadores ampliaram e passaram adiante essa herança de conhecimentos... Seu traço característico é o de permitir saltar de fatos aparentemente insignificantes, que podem ser observados, para uma realidade complexa, a qual, pelo menos diretamente, não é dada à observação. E esses fatos podem ser ordenados pelo observador de modo a proporcionar uma seqüência narrativa em sua versão mais simples: "alguém passou por aqui".

A importância do modelo conjectural não se encontra na noção de leitura de signos codificados tais como os impressos mas, principalmente, no fato de os sistemas debatidos por Ginzburg serem desenvolvidos e investidos de sentido através de um processo que muito se assemelha à abdução. As regras foram postuladas para explicar os fatos observados até que pudesse se provar uma causalidade, testar uma hipótese. Como na abdução, é preciso um conhecimento cultural ou experencial para codificar um sistema. A abdução é, literalmente, a base necessária que antecede a codificação de um signo. Como nos diz Peirce, a abdução cria uma idéia nova.

A categoria de regra em Peirce é extremamente ampla e vaga. Permite incorporar todo tipo de conhecimento, do cultural ao pessoal. Peirce a chama "lei ou regra da Natureza ou outra verdade geral"; em outros termos, qualquer informação que seja comum a todos. Além do mais, a categoria de regra também inclui "experiência", e experiência tanto pode ser pública quanto particular. É o tipo de "suposição" na abdução – vaga, como já vimos, pela amplitude da regra – e as implicações de longo alcance, quase genéricas, do modelo de Ginzburg que criam a bela e a fera deste método. Isto será mais amplamente discutido quando terminarmos de examinar o texto de abdução por excelência, os contos de Poe.

POE E A RACIOCINAÇÃO

A ficção narrativa de Edgar Allan Poe caracteriza-se por construções do hiperreal, tateamentos ou explorações completas de uma realidade interior totalmente fantástica cujos parâmetros são dados apenas pelos limites de uma mente imaginativa ao extremo. Em sua obra de ficção, Poe se sustenta firmemente sobre um conceito que ele chama de *ratiocination*, um termo infelizmente ambíguo. De acordo com o Dicionário Oxford de inglês, *ratiocination* significa "raciocinar, desenvolver um processo de raciocínio, o processo de raciocínio". É interessante a ênfase no processo, que aponta para o "como" do raciocínio, o que, naturalmente, é o que nos preocupa aqui. Para além dessa indicação, o termo é bastante vago e precisamos nos voltar diretamente para os contos de Poe de modo a entender o que ele pretende significar.

Em muitos dos contos de Poe, inclusive alguns daqueles que não são exatamente histórias de detetives, "raciocinação" é um estado da mente do narrador, e abduções são atos que se tornam possíveis por meio da existência desse estado da mente. Os atos abdutivos são um termo mediador entre o mundo da mente do narrador e o mundo físico que ele habita. Raciocinação e abdução são parte e parcela de um mesmo fenômeno. Servem para impor ordem – pelo menos uma aparência de – ao, de outro modo, opressivo caos do hiperreal em Poe, como podemos constatar em "Uma Descida no Maelstrom".

Nessa história, o narrador, relatando sua aterrorizante aventura de ter caído em um enorme remoinho de água, recorda-se de como se salvou por meio da análise dos tipos de formas físicas dos objetos que flutuavam a seu redor. O remoinho havia danificado esses objetos por meio de um movimento de, primeiro, tragá-los para, em seguida, cuspi-los de volta à superfície do mar. Ele, então, abduziu que um objeto de forma cilíndrica não seria arrastado para o fundo e, assim, ele se salvou abrançando-se a um barril até que o *maelstrom** entrasse em um período de mais calma:

> Não era um novo terror que assim me afetava, mas o despertar de uma mais excitante *esperança*. Essa esperança surgiu em parte da memória, e em parte da observação do momento. Lembrei-me da grande variedade de matéria flutuante que se espalhava pela costa de Lofoden, que havia sido tragada e depois devolvida pelo *Moskoe-strom*. Decididamente, a grande maioria dos artigos estava danificada do modo mais extraordinário... mas, então, eu percebi nitidamente que alguns deles não estavam em nada desfigurados... Fiz, também, três importantes observações. A primeira foi que, como regra geral, quanto maiores fossem os objetos mais rapidamente eles afundavam; a segunda que, entre duas massas de igual tamanho, uma esférica e outra de qualquer outra forma, a superioridade em velocidade de descenso ficava com o objeto esférico, e, terceiro, que, entre duas massas de igual tamanho, uma cilíndrica, a outra de qualquer outro formato, o cilindro era absorvido mais lentamente... Havia uma circunstância surpreendente que contribuiu grandemente para o esforço dessas observações e que deixou-me ansioso para disto tirar vantagem: foi o fato de que, a cada revolução, passavamos por algo semelhante a um barril, ou mesmo a verga ou mastro de uma embarcação, e que muitas dessas coisas, que estavam no mesmo nível que nós quando abri meus olhos pela primeira vez sobre a maravilha do remoinho, estavam agora acima de nós, e pareciam haver se movido muito pouco de sua posição original. (Poe 1927:565).

O trabalho raciocinante da mente do narrador permitiu que a voz serena, e calmante da razão prevalescesse sobre a cena de terror, o mar agitado, opressivo, terrível, os ventos uivantes, o medo da morte que o acossava. O narrador possuia um conhecimento científico particular, conquistado por meio de observações prévias, e um agudo poder de observação em face da morte que lhe possibilitou fazer conjecturas acerca dos objetos no mar a seu redor. Ele, então, postulou uma regra que poderia explicar certos fatos físicos com relação a esses objetos. Chega à abdução: "objetos cilíndricos que são também pequenos constituem as derradeiras forma e tamanho a serem tragados pelo turbilhão, se é que chegam a ser tragados". Ele, então, se salva, agarrando-se nesse barril cilíndrico o qual, de fato, não é engulido pelo redemoinho. O narrador, assim, escapa ileso (exceto pelo fato de que, devido à tão terrível expe-

---

* Remoinho da Costa da Noruega, perto das ilhas Lofoden. (N. da T.)

riência, seus cabelos ficam brancos) e nós aprendemos uma lição acerca da importância da razão, ou, em outras palavras, da abdução.

Há copiosos exemplos de atos abdutivos em contos como "O Gato Preto", "A Carta Roubada", "Tu és o Homem", "O Escaravelho de Ouro". Em alguns casos, a raciocinação, e a sua forma expressa, a abdução, fornecem os meios pelos quais o narrador rechaça uma insanidade continuamente à espreita. Mas, antes de avançar com Poe mais a fundo no tunel abdutivo, vamos examinar o que o autor tem a dizer sobre o que ele denomina "análise", retirando a citação das primeiras páginas de "Os Crimes da Rua Morgue":

> A faculdade de re-solução encontra-se, possivelmente, bastante revigorada pelo estudo matemático, em especial por esse ramo mais nobre o qual, injustamente, e por certo devido a suas operações retrógradas, foi chamado, como que por excelência, de análise. Contudo, calcular não é, em si, analisar (Poe 1927:78).

Poe prossegue estabelecendo as diferenças entre cálculo e análise. O cálculo depende de operações indutivas e dedutivas, como o demonstra claramente com o exemplo do jogo de xadrez. Quanto à análise, porém, trata-se de uma habilidade muito mais complexa:

> É em assuntos que extrapolam os limites da simples regra que a habilidade do analista se evidencia. Ele efetua, em silêncio, inúmeras observações e inferências. O mesmo talvez façam seus colegas, mas a diferença quanto à extensão da informação obtida reside menos na validade da inferência do que na qualidade da observação. O conhecimento necessário refere-se a *que* observar. Nosso jogador não se encerra em si mesmo, assim como tampouco, ainda que o jogo seja o objeto, rejeita deduções oferecidas por elementos externos ao jogo. Ele examina o semblante de seu parceiro, comparando-o cuidadosamente com o de cada um de seus oponentes. Ele leva em conta o modo com que as cartas se encontram distribuídas em cada mão, freqüentemente contando trunfo por trunfo, ponto por ponto, através dos olhares lançados às cartas pelos jogadores. Ele percebe cada variação nos rostos à medida que o jogo progride, captando um fundo de pensamento a partir das diferenças nas expressões de certeza, surpresa, triunfo, pesar. Da maneira como articula uma jogada, ele pode julgar se a pessoa que a fez pode fazê-lo de novo em seguida. Ele reconhece um blefe pela maneira como as cartas são jogadas sobre a mesa (Poe 1927:79).

Poe, o semiótico, está aqui levantando o rol de possibilidades: inferências, raciocínios retrospectivos, signos visuais, sensuais e auriculares, leitura de fisionomia. Jogar cartas com ele teria sido uma experiência interessante! O trecho acima não é apenas um manifesto que garante o sucesso absoluto nas cartas, mas, também, um plano de jogo para a abdução. Como nos diz Poe, os resultados da análise, "produzidos pela alma e essência mesmas do método, têm, na verdade, todo o ar de intuição" (Poe 1927:78).

A primeira narração do raciocínio abdutivo em "Os Crimes da Rua Morgue" começa justamente após a definição de análise que nos oferece Poe, e serve como uma ilustração do método. O narrador está descrevendo sua vida em Paris com um certo C. Auguste Dupin. Ambos estão fazendo um passeio, certa noite. Haviam-se mantido em silêncio durante, no mínimo, os últimos quinze minutos, quando Dupin o interrompeu, comentando: "Ele é um tipo bastante franzino, é verdade, e se daria melhor no *Théâtre des Variétes*". O narrador replicou: Não há dúvidas quanto a isso" e, então, mostrou-se surpreendido para além da compreensão e insistiu em saber como Dupin havia adivinhado que ele estava, naquele momento, pensando no ator Chantilly. Dupin refaz o percurso de seu pensamento:

Se bem me recordo, estávamos falando de cavalos, pouco antes de deixarmos a rua C... Foi o último assunto sobre o qual conversávamos. Assim que entramos nesta rua, um vendedor de frutas, com um grande cesto sobre a cabeça, passando rápido por nós, empurrou você sobre uma pilha de paralelepípedos, amontoados num trecho da rua que está sob reparos. Você tropeçou em uma das pedras soltas, escorregou, contundiu ligeiramente o tornozelo, manifestou desagrado ou mal-humor, murmurou algumas palavras, voltou-se para observar a pilha de pedras e, depois, prosseguiu em silêncio. Eu não estava particularmente atento ao que você fazia, mas observação tornou-se para mim, nos últimos tempos, uma espécie de necessidade.

Você manteve o olhar no chão – fixando-o com uma expressão petulante nos buracos e sulcos do pavimento, (portanto, ainda estava pensando nas pedras) até que alcançamos a pequena travessa chamada Lamartine, que havia sido pavimentada, a título de experiência, com os paralelepípedos talhados e justapostos. Neste momento, seu semblante iluminou-se e, percebendo um movimento de lábios, não tive dúvidas de que você murmurava a palavra "estereotomia", termo aplicado, apropriadamente, a esse tipo de pavimento. Sabia que você não poderia estar dizendo a si mesmo "estereotomia" sem que fosse levado a pensar em átomos e, conseqüentemente, nas teorias de Epicuro; e, uma vez que, quando falamos desse assunto não faz muito tempo, eu mencionei a você o modo singular, embora tão pouco notado, com que as vagas suposições desse nobre grego haviam sido confirmadas pela recente cosmogonia nebular, notei que seria inevitável que você lançasse seu olhar para a grande nebulosa de Orion, e, com segurança, esperei que você assim o fizesse. Você olhou para o alto e, então, tive certeza de ter acompanhado corretamente a trajetória de seu pensamento. Porém, naquela crítica implacável sobre Chantilly, publicada ontem no *Musee*, o autor, satírico, fez algumas alusões deselegantes à mudança de nome do sapateiro após aderir ao gênero trágico, e mencionou um dito em latim, sobre o qual conversamos bastante. Falo do verso *Perdidit antiquum litera prima sonum*.* Eu lhe disse que isto se referia a Orion, que inicialmente se escrevia Urion, e dadas as circunstâncias pungentes relacionadas a esta conversa, tinha certeza de que você não a iria esquecer. Estava claro, portanto, que você não deixaria de combinar as duas idéias, de Orion e Chantilly. Que você, de fato, fez isso ficou demonstrado pelo tipo de sorriso que se esboçou em seus lábios. Você pensou na imolação do pobre sapateiro. Até então, você estivera andando um tanto encurvado, mas, então, vi que se endireitava, empertigando-se. Tive a certeza de que estava pensando na estatura diminuta de Chantilly. Nesse momento, interrompi suas meditações para comentar que, de fato, tratava-se de um tipo bastante franzino – esse Chantilly – e que ele teria se dado melhor no *Théâtre des Variétes* (Poe 1927:82-82).

O primeiro parágrafo deste trecho detalha os eventos físicos reais da cena, ou seja, a colisão com o vendedor de frutas que gerou a seqüência de eventos (as reações do narrador à colisão). O segundo parágrafo, no entanto, assinala uma mudança na narrativa, pois trata-se da descrição de como os eventos seqüentes foram lidos por Dupin. O diagrama a seguir representa uma tentativa de adequar as categorias peirceanas de fato observado, regra e caso à leitura de Dupin, de modo que possamos avaliar se e como a noção de abdução é operante na análise de Dupin.

Fato Observado	Regra	Caso
1. N. mantém o olhar no chão	Se você está olhando para algo, você está pensando nisso.	N. está pensando no chão.
2. N. olha para os buracos e sulcos.	Buracos e sulcos são encontrados sempre que uma via está em reparos.	N. tropeça em pedras destinadas ao reparo da via; logo, vincula buracos/sulcos/pedras; logo, se está olhando para buracos e sulcos, está pensando em pedras (regra 1)
3. a. Lábios moveram-se; b. Fisionomia iluminou-se.	a. Movimento de lábios indica que se está dizendo algo para si mesmo; b. Expressão facial reflete pensamento ou emoção.	Caso 2 + regras 3a + b + c = Caso 3: N. está pensando em estereotomia.

* As antigas letras perderam seu primitivo som. (N. da T.)

Fato Observado	Regra	Caso
	c. Há a palavra "estereotomia" que é aplicada, apropriadamente, ao tipo de pedras para as quais está olhando N.	
4. Casos 2 + 3.	Se você pensa em estereotomia, deve pensar em átomo.	N. deve estar pensando nas teorias de Epicuro.
5.	Conversa anterior entre N. e Dupin remete a Epicuro e à nebulosa em Orion.	N. deve estar fazendo a conexão entre Epicuro e a nebulosa.
6. N. olha para o alto.	(Confirmação dos casos 3 e 4)	
7.	Em tirada contra Chantilly, menção satírica a dito em latim. Em conversa anterior, N. e Dupin, feita conexão entre dito-Orion.	Orion conduz a Chantilly; N. deve estar pensando em Chantilly.
8. Sorriso característico de N.	(Confirmação do caso 7) baseado na suposição de que o caso 7 produziria um sorriso.	
9.	Chantilly é inferiorizado por não ser alto; se N. está pensando em Chantilly, está também pensando em sua estatura.	N. está pensando na estatura de Chantilly.
10. N. se empertiga.	(Confirmação do caso 9) baseado em que a expressão física reflete pensamento; se você se empertiga é porque está pensando em estatura.	N. está pensando na estatura de Chantilly.

Cronologicamente, o processo de abdução e a relação entre o processo com o fato observado e o caso é problemático. O processo opera não apenas "retrospectivamente" (tal como implicado no termo retrodução, empregado por Peirce), mas também "projetivamente". Notar o fato observado é o primeiro passo. Uma regra, então, sugere a si mesma para explicar a origem do fato observado. Conseqüentemente, o fato observado é lido através da regra hipoteticamente postulada e o caso é abduzido. A regra, então, gera a inteligibilidade do fato observado, e o fato observado é lido através da regra. Existe, aqui, um jogo recíproco que é importante para a natureza do modelo:

1. Se .... > regra
2. Se < .... regra
   ↓   ↓
3. .... > caso

Os fatos observados e, depois, os casos, especialmente se as hipóteses forem testadas, servem para demonstrar a veracidade e a eficácia das regras em certas situações.

Algumas regras são mais hipotéticas e problemáticas do que outras, como podemos verificar no primeiro diagrama. Como já notamos, no entanto, a conceituação que Peirce oferece de regra é bastante vasta e facilmente abarca o tipo de informação pela qual Dupin chega a suas conclusões.

Estudando o primeiro diagrama, podemos constatar que as duas primeiras abduções são bastante diretas: há um fato observado, uma regra que o explica, e uma conclusão. A partir da abdução 3, no entanto, a coisa muda. No número 3, os dois fatos observados são considerados conjuntamente devido a sua aparição simultânea na narrativa e a sua natureza contígua similar. O tipo de fatos observados permanece o mesmo para o presente; o que muda é o tipo de regra em operação. As regras 3a e 3b são semelhantes às regras 1 e 2, regras que são baseadas em um conhecimento bastante geral do comportamento humano, processos mentais e informação ambiental. A regra 3c começa a nos introduzir em diferentes campo e categoria de regras, uma vez que é baseada em uma familiaridade específica, localizada, com um tipo particular de pavimento e com uma nomenclatura particular para esse pavimento usado possivelmente apenas naquela vizinhança ou cidade. Poderíamos admitir que a informação contida na regra 3c pode não ser acessível nem a um leitor nem a um detetive que fosse de fora da cidade. Isso seria importante, é claro, se Dupin não tivesse reconstituído para nós seu procedimento e se esta fosse uma situação de investigação de um delito ao invés da simples ilustração de um método abdutivo desvinculado de um contexto de resolução de crime.

A regra 3c inicia um processo no qual os casos de 2 e 3 tomam lugar de um fato observado no número 4. Também na abdução número 5 está faltando um fato observado. A cronologia da narração é decisiva aqui. Dupin nos informa que chegou aos casos 4 e 5 antes que o narrador levantasse o olhar. Olhar para o alto é a confirmação hipotética desses casos. Não se trata de um teste para os casos 4 e 5, porque não é uma confirmação conclusiva baseada seja na dedução ou na indução, como Peirce diria que deve ser o teste de uma hipótese. Quando se testa uma abdução com outra abdução, o que teremos é ainda uma abdução.

A ausência de verdadeiros fatos externos observados após a abdução 3 é indicativa do movimento que parte do mundo conhecido dos fenômenos observáveis, identificáveis, para o mundo interior particular da mente, partilhado apenas por Dupin e pelo narrador: "...as trevas fantásticas de nosso temperamento comum... nossa reclusão era perfeita. Não admitíamos visitantes... existíamos apenas dentro de nós mesmos" (Poe 1927:81).

A regra 5 é particularmente indicativa do movimento acima mencionado, bem como é totalmente baseada nas conversas anteriores que Dupin e o narrador travaram acerca de Epicuro e da nebulosa em Orion. A regra 4, por outro lado, demonstra um subterfúgio particular da filosofia linguística de Dupin, que ele busca, então, atribuir ao narrador: "Sabia que você não poderia estar dizendo a si mesmo, "estereotomia", sem que fosse levado a pensar em átomos". A suposição que subjaz à regra 4 é de que a linguagem é tanto metonímica quanto paranomástica. Estereotomia contém -tomo, seu sufixo. Dupin assevera que -tomo leva a pensar em átomo. É interessante que a palavra estereotomia, que significa o corte de pedras, pudesse seccionar a si mesma e destacar sua parte mais simples, -tomo, que coincide ser a parte da palavra que significa corte. Ao mesmo tempo, essa palavra, que se fragmenta e se reduz à parte que significa corte, adquire um prefixo que lhe possibilita significar átomo, a menor partícula de todas. E tudo isso configura um processo o qual Dupin atribui ao narrador como coisa natural!

Agora já deve estar claro que Dupin está realizando um certo número de projeções, ensaiando associações que ele próprio teria feito em situação semelhante e atribuindo-as ao narrador. Os fatos observados são poucos e raros naquela passagem, enquanto que as suposições transcorrem fertilmente. Ainda assim, trata-se de abdução e a explicação de Dupin é, de algum modo, factível, embora forçada em alguns pontos, devido à natureza de algumas das regras. É importante ter presente que o objetivo dessa abdução é ler o que o narrador está pensando, e não solucionar um crime cometido por um estranho. Há, obviamente, uma grande diferença quanto a objetivos entre esses dois tipos de motivos, e os meios demonstram essa diferença.

Acima de tudo, esta passagem abdutiva caracteriza-se por falta generalizada de codificação das pistas (embora as regras sejam tentativas de fornecer códigos), pela resoluta interferência de linguagem que fica evidente no exemplo da estereotomia bem como na citação do dito em latim, e pelo fato de que muitas das regras são extraídas de um estoque privado de experiência. Não se trata ainda de um método de investigação detetivesca plenamente realizado, uma vez que não há crime. Esse trecho fornece um pano de fundo metodológico diante do qual a verdadeira história se inicia, imediatamente em seguida. Como nos informa Poe, "a narrativa que se segue parecerá ao leitor como se fosse um comentário acerca das proposições já aventadas" (Poe 1927:80). A explanação de Poe sobre o método analítico compõe-se de três partes: primeiro, uma definição de análise; segundo, um exemplo de análise de um contexto não detetivesco, e, terceiro, a resolução dos crimes da Rue Morgue.

Uma mulher e sua filha são encontradas mortas, brutalmente assassinadas, em seu apartamento. Há inúmeros aspectos no caso que deixam a polícia totalmente confundida. As duas mulheres encontram-se mutiladas, uma delas socada dentro da chaminé - um feito que exigiria uma força extraordinária da parte do assassino. Aparentemente, não existe um modo pelo qual o criminoso pudesse ter entrado ou deixado a propriedade uma vez que as portas encontravam-se trancadas e as janelas bloqueadas. As testemunhas auriculares foram unânimes em afirmar que a voz que ouviram no apartamento imediatamente antes do crime era a voz de um estrangeiro.

Ao solucionar esse seu primeiro crime, Dupin estabeleceu uma metodologia e uma filosofia inéditas para a investigação criminal que se tornaram famosas e são utilizadas ainda hoje na ficção do gênero. De fato, a maioria dos princípios do método de Dupin foi apropriada diretamente por Conan Doyle e imortalizada em sua criação de Sherlock Holmes.

A base desses princípios, naturalmente, é o método abdutivo. O restante dos princípios é, de certo modo, um refinamento da abdução, um plano mestre para o uso mais frutífero da noção. Aqui estão alguns comentários de Dupin acerca de seu método, enunciados que revelam seu *modus operandi*:

> A polícia parisiense, tão exaltada por sua sagacidade, é habilidosa, mas apenas isso. Não há método em seu procedimento, afora o método do momento. Ela faz um grande alarde de medidas, porém, não raramente, estas são tão pouco

adaptadas aos desígnios propostos, que apenas nos fazem recordar o senhor Jourdain solicitado seu *"robe-de-chambre"* — para assim melhor entender a música" (Poe 1927:88).

Vidocq, por exemplo, era um bom conjecturador, e homem perseverante. Entretanto, sem um pensamento treinado, equivocou-se continuamente, de modo cabal, em suas investigações. Ele prejudicou sua visão ao sustentar o objeto muito próximo de si. Pode ter enxergado, talvez, um ou dois pontos com clareza inusual, mas, ao fazer isso, inevitavelmente, perdeu a visão do todo (Poe 1927:89).

...todas as impossibilidades aparentes precisam ser comprovadas, para deixarem de ser impossibilidades na realidade (Poe 1927:93).

Em resumo, os princípios de Dupin são estes: nunca assuma algo, a natureza do objeto sob exame deve ditar a natureza do inquérito, é preciso manter a visão do assunto como um todo, é preciso provar que as "impossibilidades aparentes" são possíveis (se, de fato, o forem).

Lançando mão desses princípios, Dupin é capaz de resolver um crime enquanto a polícia acumula insucessos. A visão estrábica e a insistência quanto a noções e hipóteses pré-concebidas limitam a ação da polícia, como no caso de "A Carta Roubada", onde o âmbito da investigação não é suficientemente amplo para que os policiais vejam o objeto diretamente a sua frente. A questão das hipóteses aparece claramente nesta charada: Você entra em um apartamento. Harry e Joan jazem no chão, mortos. Há um vidro quebrado ao lado deles. Há um gato no sofá, costas arqueadas, olhando fixamente para eles. Portas e janelas estão fechadas. Não há mais ninguém no apartamento. Questão: Como escapou o criminoso? Resposta: O criminoso ainda não escapou. Harry e Joan são dois peixinhos dourados.

Em "Os Crimes da Rua Morgue", a polícia não conseguiu ir além de sua suposição de que o assassino era um ser humano. Foi, portanto, incapaz de compreender quaisquer das pistas ou mesmo se dar conta do que significavam. O problema de o quê procurar, como dirigir a pesquisa, quais pistas são importantes e quais não o são, qual "verdade" procurar — todos estes são problemas com os quais tanto Poe quanto Peirce se preocupam. A relevância desse tipo de questionamento — e o posicionamento hipotético do tipo de mente equipada para lidar com isso — constitui importante parte da abdução.

A MENTE RACIOCINATIVA/ABDUTIVA: POE E PEIRCE

Como tanto Dupin quanto o narrador nos informam, é preciso um tipo especial de mente para solucionar essas espécies de quebra-cabeças. À parte essa rubrica especial de "raciocinação", Poe denomina essa tendência mental de "alma bipartida" e "poeta-matemático". O assunto, quando implica um enigma que requer "um pensamento a posteriori", como o coloca Dupin, envereda pelo devaneio: "Seus modos, nesse momento, eram frígidos e abstratos; seu olhar era vago de expressão, enquanto que sua voz, usualmente um notável tenor, ascendia para soprano, o que poderia soar petulante não fosse pelo caráter deliberado e pela total clareza da expressão" (Poe 1927:81)[2].

Daniel Hoffman, um crítico interessante e imaginativo, contemporâneo do trabalho de Poe, explora as implicações mais amplas da raciocinação em seu livro *Poe Poe Poe Poe Poe Poe Poe Poe*:

...a mente de Dupin trabalha por associação. Seu método é mais refinado, um mecanismo conveniente muito mais sensual do que os processos ordinários de cálculo racional. Ele compartilha do irracional e, por conseguinte, é a mais elevada espécie de raciocínio, uma vez que não é escrava de suas próprias premissas. Aquilo de que Dupin é tão adepto parece-me muito como sendo o que os "analistas" de nossos dias chamam de *mente pré-consciente*. Dupin pode invocar e se render ao acoplamento associativo do pensamento pré-consciente, essa rede miraculosa de símiles a qual o restante de nós preteriu em favor do pensamento racional, consciente. Por essa razão é que ele é muito mais sofisticado do que nós, com seu poder de desenredar enigmas, porque se encontra muito mais próximo das origens do nosso ser. Sua mente, trabalhando por meio de analogias metafóricas, combina intuição poética com exatidão matemática (Hoffman 1973:107-08).

O interessante aqui não é tanto o tom místico que Hoffman empresta à raciocinação, tom que, neste caso, poderia levar à negação da sua própria natureza sistemática. O ponto decisivo é a idéia de que a raciocinação é um operativo que pode penetrar vários níveis de realidade, um devaneio criativo que transcende hipóteses e razão positivistas. Isso nos remete diretamente a Peirce, a um conceito que ele chama de "Jogo de Ruminação".

Desde então, é razoável admiti-lo, com relação a qualquer problema dado, que ele poderia ser prontamente resolvido pelo homem desde que uma suficiên-

---

2. É preciso destacar, aqui, que a criação de Conan Doyle, Sherlock Holmes, envereda por um devaneio semelhante quando se encontra meditando sobre um caso; ver cap. 2.

cia de tempo e atenção a ele fosse devotada. Além do mais, aqueles problemas que, a primeira vista, parecem totalmente insolúveis recebem, na própria circunstância, como nota Edgar Poe em seu "Os Crimes da Rua Morgue", suas chaves mais reveladoras. Isso os habilita, em particular, para o Jogo de Ruminação. (Comentário de Poe: "Parece-me que este mistério é considerado insolúvel pela mesma razão que o faria ser encarado como de fácil solução. Refiro-me ao caráter *outré* de seus delineamentos").

Quarenta ou cinqüenta minutos de um pensamento analítico vigoroso e ágil dedicado a qualquer um deles é, em geral, suficiente para eduzir dele tudo o que há para ser eduzido, sua solução geral... Entre no barco da Ruminação, solte-o no lago do pensamento e deixe que os ventos dos céus inflem as velas. Com seus olhos abertos, atento ao que ocorre dentro de você, inicie uma conversa consigo mesmo, pois isso é pura meditação (6.460-461).

Os paralelos entre Jogo de Ruminação e abdução, em Peirce, e raciocinação, em Poe, são claros. O que não fica suficientemente claro é em que medida Poe influenciou Peirce, embora essa questão mereça ser colocada. Não há dúvidas quanto ao fato de que Peirce foi um leitor de Poe – até mesmo um leitor atento e entusiasta. Poe é mencionado inúmeras vezes nos *Collected Papers* e nos manuscritos de Peirce. Na verdade, um dos manuscritos leva o título de "Quirografia de Arte" e trata-se de uma tentativa de, através do estilo de escrita, transmitir informação sobre os primeiros versos de "O Corvo", de Poe. Evidentemente, este não é um ato de um leitor indiferente ou casual (Peirce s/d: Ms. 1539).

A questão do "grau de influência" nunca é algo fácil de responder e pode facilmente cair no campo do reducionismo. Por ora, seria suficiente fazer menção à leitura atenta e apontar as preocupações similares compartilhadas por Poe e Peirce. Como um exemplo final disso, citamos o manuscrito 475 de Peirce, que foi o texto de uma conferência em Lowell, distribuído em Cambridge, Massachusetts, em 1903, entitulada "Abdução". Nessa conferência, Peirce comenta as origens da abdução, a qual ele atribui ao capítulo vinte e cinco de *Primeiros Analíticos* de Aristóteles. Peirce lança a hipótese de que uma tradução medíocre provocou a perda da palavra significando "abdução" e que houve um conseqüente preenchimento da palavra significando redução. Peirce faz nova tradução desse trecho, substituindo redução por abdução. O sentido da passagem muda consideravelmente com essa substituição e o conceito que Aristóteles debate passa a soar bastante próximo do que é a abdução de Peirce. O resto da conferência é dedicado a uma especulação epistemológica das implicações da abdução:

> Como é isso de dizer que o homem nunca obtém teorias corretas acerca da natureza? Sabemos, por indução, que o homem possui teorias corretas pois estas

fazem predições que são plenamente confirmadas. Mas, por qual processo ou pensamento elas ocorrem em sua mente? (Peirce s/d.: Ms. 475).

Peirce aponta vários fatores, tais como sonhos proféticos, que são usados para serem levados em conta na acumulação do conhecimento. Ele estima que haja "trilhões" de teorias e diz: "Cada pintinho que sai do ovo tem de esquadrinhar todas as teorias possíveis antes de chegar à boa idéia de ciscar algo e comê-lo?" (*ibid*). O contra argumento poderia ser de que a galinha tem idéias ou instintos inatos sobre o que fazer consigo mesma. Peirce contesta dizendo que "cada pobre galinha é contemplada com uma tendência inata para a verdade positiva? Seria o caso de pensar que apenas ao homem esse dom é negado?" (*ibid*.).

Ele limita o âmbito da abdução afirmando que acreditar em uma outra vida futura é ir longe demais. Peirce termina sua conferência com uma especulação de natureza tautológica: "A questão é quais teorias e conceitos *devemos* acolher" (*ibid*.).

CONCLUSÃO: UMA SISTEMATIZAÇÃO DO HIPERREAL?

Em resumo, há um conjunto de preocupações similares nos pensamentos de Poe e Peirce. Generalizando de modo grosseiro, são inquirições sobre o método da mente, a definição de razão, daquilo que vai além da razão, a topologia dos limites do instinto, como novo conhecimento é adquirido, o relacionamento entre intuição e razão.

Poe e Peirce também compartilham uma interessante atitude de natureza dupla acerca dessas questões e do método abdutivo que foi estruturado para confrontá-las. Por um lado, há uma abordagem sistemática empiricamente fundamentada do modelo. Isto é particularmente claro em Peirce, aparecendo em menor escala em Poe. O modelo de detetive é um bom exemplo dessa atitude dupla à medida que ele é operante apenas das leis e experiências deste mundo. Ainda assim, como demonstram Peirce e Poe, baseia-se fortemente na intuição.

Isso nos leva ao segundo ponto. Há um movimento bastante certeiro em direção ao místico implícito nos tipos de questões que tanto Poe quanto Peirce colocam. Quando sonhos proféticos e intuição são incluídos no campo de experiência do qual emerge um novo conhecimento, estamos falando de possibilidades epistemológicas que apresentam âmbito mais amplo que o usual. Ginzburg vai dizer que esse é o lugar de encontro entre o racional e o irracional. A questão seria que uma natureza dupla, sob a luz deste debate, torna-se dupla face.

As implicações da abdução e as questões que o método abdutivo promove são similarmente sem parâmetros. Ginzburg, Hoffman, Poe e

Peirce, todos eles sugerem isso. Eles põem em jogo preocupações maiores tais como a natureza do conhecimento científico e cultural que possuímos, por quais processos esse conhecimento é adquirido, como sabemos o que queremos e o que necessitamos conhecer.

O que tudo isto tem a ver com a ficção de gênero detetivesco?, você deve estar se perguntando impacientemente. A resposta é a seguinte: a ficção detetivesca foi e ainda é a forma literária devotada à expressão da abdução. O legado de Poe, um detetive especial com um método especial (e, talvez, um parceiro), tem sido transmitido através de gerações de detetives por mais de cem anos, de Conan Doyle a Dashiell Hammett a Raymond Chandler a Ross MacDonald. O fato de o método abdutivo de Poe ser preservado quase literalmente fica óbvio quando lemos as obras detetivescas de qualquer das principais autoridades do gênero. As histórias de detetives se tornaram extremamente populares e amplamente difundidas. O método detetivesco possui um inegável apelo que deve ser entendido por meio de sua natureza poética e científica, de sua face dupla.

10. Chifres, Cascos, Canelas

ALGUMAS HIPÓTESES ACERCA DE TRÊS TIPOS DE ABDUÇÃO

Umberto Eco

I. CHIFRES

I.1 Aristóteles Acerca sobre os Ruminantes

Em *Segundos Analíticos* (II, 98a 15ss.), Aristóteles, debatendo o problema do tipo de divisão requerido de modo a formular uma definição correta, nos dá um curioso exemplo:

> Usamos, atualmente, os tradicionais nomes de classe, mas não devemos nos limitar a eles em nossa pesquisa; precisamos coletar qualquer outra característica comum observada e, então, avaliar com quais espécies encontra-se relacionada e quais propriedades tem como legado. Por exemplo, no caso de animais com chifres, a existência de um terceiro estômago e uma única fileira de dentes. Uma vez que esses animais claramente possuem esses atributos porque têm chifres, a questão é: "quais espécies de animais têm a propriedade de possuir chifres?"

Definir algo significa, para Aristóteles, estipular um *genus* e uma *differentia specifica**, *genus* plus *differentia* circunscrevendo as espécies. Uma definição é diferente de um silogismo: aqueles que definem não provam a existência do *definiendum* (*Segundos* II, 92b 20), uma vez que

---

* O autor usa no texto em inglês as formas latinas *genus/genera* e *differentia specifica* para as denominações de lógica aristotélica. Decidimos mantê-las desse modo ao invés de traduzi-las para gênero (s) e diferença específica. (N. do E.)

uma definição apenas diz *o quê* uma coisa é e não *que* uma coisa *é*. Contudo, dizer o que uma coisa é também significa dizer *porque* é assim, ou seja, conhecer a causa de ser assim (*ibid.*, 93a 5ss.). Essa causa irá atuar como um termo médio na futura dedução, capaz de inferir a existência da coisa definida (*ibid.*, 93a 4-5ss.).

Suponhamos que uma determinada espécie S é definida como M (*genus plus differentia*): M deveria ser a razão pela qual S também possui as característica de ser P. Não fica claro se Aristóteles está pensando em termos de classificação (ou seja, de enquadramento a partir da espécie para *genera* mais elevados) ou em termos de aglomerado de muitas propriedades, mais ou menos acidental. No primeiro caso, ele diria que S, sendo definido como M, pertence ao *genus* superior P; no segundo caso, ele diria que S, à medida que é M, envolve de algum modo a propriedade P (por exemplo, um homem, à medida que é um animal mortal racional, também é capaz de rir). É objeto de controvérsia se Aristóteles acreditava que animais pudessem ser classificados de acordo com uma única e "global" Árvore Porfírica, ou se estava pronto a aceitar muitas divisões complementárias e "locais". Em *Segundos Analíticos*, ele parece encorajar a primeira suposição, mas em *Partes dos Animais* (bem como na *História dos Animais*) ele (a) critica a divisão dicotômica como ineficiente (o que não exclui a possibilidade de um outro tipo de divisão não dicotômica), e (b) ele fragorosamente fracassa em delinear uma classificação completa e coerente.

Como Balme (1975) demonstrou persuasivamente, a maioria dos nomes de grupo de Aristóteles não denota *genera* mas diagnostica carácteres. O filósofo "seleciona apenas aquelas *differentiae* que parecem relevantes no momento, como que oferecendo uma chave para o problema sob discussão... Não faz diferença se ele fala de "ovíparos entre quadrúpedes"..... ou "quadrúpedes entre ovíparos"... Ele constantemente agrupa e reagrupa (as *differentiae*) para focalizar problemas específicos" e ele assim procede porque entende que as *differentiae* não podem formar um sistema hierárquico, uma vez que elas se inter-dividem e "muitas sobreposições ocorrem entre espécies".

Tudo isso, porém, não põe em risco aquilo que ele admite nos *Segundos Analíticos* (II, 93a 4ss.), quer dizer, que uma boa definição (não importando se obtida por meio de uma divisão dicotômica ou não), ao dizer *o quê* uma coisa é, também explica a razão do *porque* essa alguma coisa é assim. Logo, da definição de S como M, pode-se retirar um bom silogismo demonstrativo, como segue:

(1) todos M são P
    todos S são M
    todos S são P

o que representa um exemplo correto de Barbara e um exemplo preeminente de dedução. Usando o esquema dedutivo como um artifício de previsão, está-se em posição de verificar se as conseqüências deduzidas ocorreram de fato.

Assim, definição e silogismo, embora radicalmente diferentes, estão, de algum modo, vinculados. A definição não pode ser demonstrada como a conclusão de um silogismo (uma vez que é apenas postulada), embora seja um silogismo ulterior que pode nos capacitar a conferir se há relação correspondente entre *fatos*.

Aristóteles, então, oferece uma boa definição para animais com chifres. Ele conhece muitas coisas acerca desse problema, ao qual dedica duas longas explanações em *Partes dos Animais*. As evidências que reúne são as seguintes:

(2) Todos os animais com chifres possuem uma única fileira de dentes, isto é, eles carecem de incisos superiores (663b-664a).

(3) Animais sem chifres têm alguns outros meios de defesa (663a-664a). Isso vale para animais com dentes ou presas, mas também para o camelo (o qual, como veremos, possui várias características em comum com animais com chifres), protegido por seu enorme corpanzil.

(4) Todos os animais com chifres possuem quatro estômagos (674a, b).

(5) Nem todos os animais com quatro estômagos possuem chifres, vide camelos e corças (*ibid.*).

(6) Todos os animais com quatro estômagos carecem de incisos superiores (674a).

Há, sem dúvida, "fatos surpreendentes" e Aristóteles quer determinar se há uma causa que pode desempenhar o papel de termo médio em um possível silogismo e que corresponde à definição de animais com chifres. Ele, assim, busca uma hipótese capaz de "substituir inúmeras séries de predicados, que não formam uma unidade em si mesmas, uma unidade única que envolve a todos" (Peirce 1965-1966:5.276).

Em *Partes dos Animais*, Aristóteles propõe algumas explicações: em animais que precisam de proteção, o material extra grosseiro (duro) para os cornos é garantido à custa dos incisos superiores. Aristóteles sugere que na evolução biológica, dentre as famosas quatro causas (formal, material, eficiente e final), a final desempenha um papel privilegiado e chifres são o alvo que a natureza tem à vista; assim, a natureza desvia para o topo da cabeça o material duro que forma a mandíbula superior para com ele produzir os chifres. Chifres são, portanto, a causa final da falta de incisos superiores. Desse modo, podemos dizer que os chifres são responsáveis pela falta de dentes (663b 31ss.).

Aristóteles se mostra mais ambíguo no que concerne à relação de causa/efeito entre a falta dos incisivos superiores e a existência de um terceiro estômago. Ele tanto poderia ter dito que a ausência de incisivos superiores teria produzido a formação de um terceiro estômago, de modo que esses animais pudessem ruminar aquilo que não mastigaram o suficiente, quanto que o crescimento de um terceiro estômago teria liberado os dentes superiores de qualquer função, contribuindo, portanto, para seu desaparecimento.

Uma possível resposta encontra-se sugerida na discussão acerca dos pássaros (674a ss.), onde Aristóteles diz que a natureza compensa com maiores atividade e calor no estômago as deficiências do bico. Devido às deficiências da boca, então, o estômago dos pássaros cresceria.

Por enquanto, podemos dizer que, para Aristóteles, a necessidade de proteção é a causa dos chifres, chifres a causa do desvio do material duro da boca para a cabeça, esse desvio a causa da falta de dente e esta última deficiência a causa do surgimento de mais estômagos. Aristóteles diz também que os camelos, que não possuem chifres porque estão protegidos por seu tamanho, preservam o material duro e o transformam em uma dura cartilagem na mandíbula superior, isto porque precisam comer alimentos espinhosos.

Com essas idéias em mente, Aristóteles deveria estar apto a arriscar uma definição de animais com chifres (definição esta que se encontra apenas sugerida mas não elaborada em *Segundos Analíticos*). Definir, porém, significa isolar o termo médio (a causa), e escolher o termo médio significa decidir o que deve ser explicado.

Vamos supor que Aristóteles deva explicar, primeiramente, por que animais com chifres não possuem incisivos superiores. Ele precisa imaginar uma Regra de modo que, se o Resultado que ele deseja explicar fosse a Causa dessa Regra, o Resultado não seria mais surpreendente. Portanto, ele supõe que, provavelmente, o material rígido teria sido desviado da boca para formar os chifres. Vamos supor que:

(7) M = animais com desvio (ou seja, animais nos quais foi desviado o material rígido da boca para a cabeça)
P = animais nos quais faltam os incisivos superiores
S = animais com chifres

Se "hipótese se dá onde encontramos algumas circunstâncias bastante curiosas, que serão explicadas pela suposição de que ela seria a causa de uma certa regra geral e, por isso, se adota essa suposição" (Peirce 1965-1966:2.624), então Aristóteles pode ensaiar o seguinte silogismo:

(8)   *Regra*   Todo animal com desvio carece de incisivos superiores.

Caso   Todo animal com chifres sofreu um desvio
∴ *Resultado*   Todo animal com chifres carece dos incisivos superiores.

Este silogismo corresponde às exigências do modelo (I).

O resultado é considerado como a causa de uma regra e a causa do resultado é o termo médio de um silogismo, conseqüência de uma definição experimental: "animais com chifres são aqueles animais (*genus*) que sofreram um desvio de matéria rígida da boca para a cabeça (*differentia*)"; essa natureza essencial faz com que eles pertençam ao *genus* mais amplo daqueles animais que carecem de incisivos superiores; ou, essa natureza essencial faz com que eles sejam dotados da propriedade adicional de ausência de incisivos superiores – um *genus* que também inclui (ou uma propriedade que também pertence a) animais sem chifres como os camelos. Se, por acaso, ao longo de futuras observações, suceder de se encontrar um S que não é um P (ou seja, um animal com chifres e com os incisivos superiores), a hipótese representada pela definição será falsa. No que concerne ao fenômeno dos quatro estômagos, tal característica parece estar vinculada à ausência de incisivos superiores, como já foi sugerido, de modo que, provavelmente, dado um tipo de animal que desenvolveu um aparelho digestivo especial (compreendendo não apenas ruminantes mas também pássaros), alguns deles o fizeram devido ao fato de não possuirem incisivos superiores. A definição, então, seria: são ruminantes aqueles animais com um aparelho digestivo especial porque não possuem incisivos superiores. Sobre essa base, podemos elaborar o seguinte silogismo:

(9)   *Regra*   Todos animais sem incisivos superiores possuem um aparelho digestivo especial.
       Caso   Todos ruminantes carecem de incisivos superiores.
∴ *Resultado*   Todos ruminantes possuem um aparelho digestivo especial.

É preciso ressaltar que Aristóteles se mostra bastante atrapalhado quando tenta explicar a situação específica dos camelos, e isso prova o quanto é difícil delinear uma "boa" divisão que sustente um sistema global de definições correlatas (como aparece claramente em *Partes dos Animais* 642b 20-644a 10). Porém, tendo em vista os objetivos da presente exposição, podemos desconsiderar esse ponto.

I.2 Peirce Acerca de Feijões

É evidente que as inferências (8) e (9) acima, ambas reguladas pelo modelo (I), são semelhantes ao bem conhecido problema dos feijões brancos proposto por Peirce (2.623). Diante do surpreendente fato representado por alguns feijões brancos, Peirce define-os de fato como "os feijões brancos que provêm deste saco". *Provenientes deste saco* é o termo médio, o mesmo que opera na lei proposta e no seguinte silogismo:

(10)   *Regra*   Todos os feijões deste saco são brancos.
      Caso   Estes feijões provêm deste saco.
∴ *Resultado*   Estes feijões são brancos.

Não há diferença entre o que Peirce chamou de Hipótese ou Abdução e o esforço pelo qual, de acordo com Aristóteles, imaginamos uma definição dizendo *o quê* uma coisa é através da explicação experimental de *porque* ela é como tal, expondo, desse modo, todos os elementos capazes de estabelecer uma dedução de acordo com a qual, se a Regra estiver correta, todo Resultado comprovará *que* essa coisa *é*.

Uma questão interessante é o fato de Aristóteles devotar algumas observações à *apagōgē* como sendo a inferência que fazemos "quando é óbvio que o primeiro termo se aplica ao médio, mas não é óbvio que o médio se aplique ao último termo, ainda que, no entanto, é mais provável, ou não menos provável, que a conclusão" (*Primeiros Analíticos* II, 69a20), embora, aparentemente, ele não identifique *apagōgē* com a atividade definitória.

É verdade que ele estava pensando em definição enquanto procedimento científico visando a expressão de uma verdade irrefutável, onde o *definiens* encontra-se em relação inteiramente recíproca com o *definiendum*; no entanto, ele estava cônscio do fato de que muitas definições de um mesmo fenômeno podem ser estabelecidas de acordo com diferentes causas (*Segundos* II, 99b), dependendo do tipo de questão que é colocada, ou seja, de acordo com a identificação (ou escolha) do fato *mais surpreendente*. Tivesse Aristóteles admitido explicitamente as conseqüências dessa assunção, o caráter experimental e abducional de *toda* definição científica teria ficado absolutamente claro para ele.

Já Peirce não tem dúvidas. Ele não apenas identifica Abdução com *apagōgē*, como também sustenta que a Abdução rege todas as formas de conhecimento, até mesmo a percepção (5.181) e a memória (2.625).

É evidente, contudo, que, para Aristóteles, definir fatos surpreendentes (ver os casos dos eclipses ou do trovão) significa imaginar uma hierarquia de vínculos causais através de uma espécie de hipótese que somente pode ser validada quando dá origem a um silogismo dedutivo, o qual atua como prognóstico para testes posteriores.

Considerando-se os comentários acima, a definição peirceana de Abdução deveria ser reconsiderada. Peirce diz (2.623) que, enquanto a Indução é a inferência de uma Regra a partir de um Caso e um Resultado, a Hipótese é a inferência de um Caso a partir de uma Regra e um

Resultado. De acordo com Thagard (1978), há uma diferença entre Hipótese enquanto *inferência de um Caso*, e Abdução enquanto inferência de uma Regra. Veremos melhor esse ponto no item I.4 a seguir, mas, por ora, é importante ressaltar que o problema real não se refere a se devemos encontrar primeiro o Caso ou a Regra mas, antes, como configurar tanto a Regra quanto o Caso *ao mesmo tempo*, uma vez que são inversamente relacionados, vinculados por uma espécie de quiasma – no qual o termo médio é a base de todo movimento inferencial.

O termo médio é o mecanismo de propulsão de todo o processo. Peirce poderia ter decidido que o elemento crucial não era de onde teriam vindo os feijões mas, digamos assim, quem os teria levado até lá; ou que a origem dos feijões seria mais provavelmente uma dispensa ou uma panela não distante do saco. No mesmo veio, Aristóteles poderia ter decidido que os elementos relevantes, em seu problema, não se referiam ao desvio de material rígido (de fato, uma explicação bastante sofisticada) ou à necessidade de proteção, mas à alguma outra causa. A invenção de um bom termo médio, esta é a idéia engenhosa!

Obviamente, há regras que são tão evidentes que sugerem de modo imediato como procurar o termo médio. Suponhamos que em um cômodo haja apenas uma mesa, um punhado de feijões brancos e um saco. A identificação de que os feijões "provêm deste saco", enquanto elemento decisivo, torna-se algo extremamente fácil. Se encontramos sobre uma mesa um prato com atum em conserva e, a uma distância razoável, uma lata aberta de atum, a hipótese conseqüente é *quase* automática: é, porém, o *quase* que ainda faz desse raciocínio automático uma hipótese.

Portanto, mesmo nos casos nos quais a regra é evidente, e que a inferência concerne apenas ao caso, uma hipótese nunca é objeto de certeza. Peirce sugere (2.265) que quando encontramos fósseis de peixes no interior distante de uma região, podemos supor que o mar em certa ocasião banhou essa terra. Toda uma tradição paleontológica anterior vem corroborar tal abdução. Mas, por que não privilegiar qualquer outra explicação como, por exemplo, a de que monstros alienígenas teriam deixado ali os restos de um pic-nic, ou que um diretor de cinema teria preparado nesse lugar uma ambientação para as filmagens de *O Homem de Neanderthal Ataca Outra Vez*?

Coeteris paribus (se não há atores ou outros integrantes de uma equipe cinematográfica por perto, se os jornais não noticiaram recentemente quaisquer fenômenos similares e misteriosos relacionados a uma provável ação de invasores do outro mundo, e assim por diante), a explicação paleontológica se configura como a mais econômica. Há, porém, inúmeras falsas explicações científicas que aparentam ser econômicas (por exemplo, o paradigma geocêntrico, o flogisto e outros), que tiveram de ser substituídas, no entanto, por algo aparentemente menos "regular" ou menos "normal".

I.3 Leis e Fatos

Ainda que pareça paradoxal, essa última série de questões nos faz pensar sobre dois diferentes tipos de abdução: o primeiro tem início com um ou mais fatos particulares surpreendentes e termina com a hipótese de uma lei geral (este parece ser o caso de todas as descobertas científicas), enquanto que o segundo se inicia com um ou mais fatos particulares surpreendentes e termina com a hipótese de um outro fato particular que se supõe ser a causa do primeiro (este parece ser o caso da investigação criminal). No exemplo acima, seriam os fósseis o caso de uma lei geral ou o efeito de uma causa viciosa particular (a qual, de fato, poderia ser definida como uma violação de normas em voga)?

Podemos dizer que o primeiro tipo concerne à natureza de *universos* e que o segundo concerne à natureza dos *textos*. Quero significar com "universos", intuitivamente, mundos tais como aquele que os cientistas utilizam para explicar as leis; com "texto", uma série coerente de proposições, unidas por um *topic* ou tema comum (ver Eco 1979). Nesse sentido, mesmo a seqüência de eventos investigada por um detetive pode ser definida como um texto, não apenas porque pode ser reduzida a uma seqüência de proposições (uma novela de detetive, um relatório oficial ou uma investigação real não é outra coisa senão isso), mas também porque textos verbais ou pictóricos, bem como casos criminais, requerem, de modo a serem reconhecidos como um todo coerente e auto-explicativo, uma "norma idioletal"* um código próprio, uma explicação que pode trabalhar para e dentro deles, e que não pode ser transportada para o interior de outros textos.

Essa distinção, no entanto, não é de todo convincente. Se a abdução é um princípio geral que regula o conjunto do conhecimento humano, não deveria haver diferenças substanciais entre esses dois tipos de abdução. A fim de explicar um texto, usamos freqüentemente regras intertextuais: não apenas regras de gênero em textos literários, mas também normas comuns, *endoxa* retórica (tal como a regra *cherchez la femme*, quando lidando com um caso criminal). Do mesmo modo, para explicar universos, freqüentemente lançamos mão de leis que operam apenas em

---

* No original, *"idiolectal rule"*, sendo o adjetivo formado a partir da raiz grega *idio* (próprio, peculiar) e referido a *idiolect* (padrão de linguagem ou fala de um indivíduo em determinado período de sua vida. (N. da T.)

uma porção específica daquele universo, sem ser *ad hoc*, como no caso de um princípio de complementariedade em física.

Penso que o mecanismo geral de abdução pode ser tornado claro apenas se assumirmos que estamos lidando com universos como se eles fossem textos, e com textos como se fossem universos. Nessa perspectiva, a diferença entre os dois tipos de abdução desaparece. Quando um fato singular é tomado como hipótese explanatória de outro fato singular, o primeiro funciona (em um dado universo textual) como a lei geral que explica o segundo. Leis gerais, à medida que estão sujeitas a falsificação e·conflito potencial com leis alternativas que poderiam explicar igualmente bem os mesmos fatos, deveriam ser tomadas como fatos de uma natureza particular, ou como modelos gerais de certos fatos que fazem com que os fatos sejam explicados. Além disso, na descoberta científica, imaginamos leis através da descoberta mediadora de muitos fatos futuros; e na interpretação textual, identificamos novos fatos relevantes pela pressuposição de certas leis gerais (intertextuais).

Muitas pesquisas contemporâneas têm identificado abdução com os procedimentos conjecturais de médicos e historiadores (ver o ensaio de Ginzburg, cap. 4 deste livro). Atualmente, um médico busca tanto leis gerais quanto causas específicas e idiossincráticas, e um historiador trabalha para identificar tanto leis históricas quanto causas particulares de eventos particulares. Em ambos os casos, historiadores e médicos estão conjecturando acerca da qualidade textual de uma série de elementos aparentemente desconexos. Eles estão operando um *reductio ad unum* de uma pluralidade. Descobertas científicas, investigações médicas e criminais, reconstituições históricas, interpretações filológicas de textos literários (atribuição a um determinado autor de *grounds** de chaves estilísticas, "suposições razoáveis"** acerca de sentenças ou palavras perdidas) são todos casos de *pensamento conjectural*.

É por esse motivo, acredito eu, que a análise dos procedimentos conjecturais na investigação criminal pode lançar nova luz sobre os procedimentos conjecturais na ciência, bem como a descrição de procedimentos conjecturais na filologia pode lançar nova luz sobre a diagnose médica. E é por essa razão que os ensaios deste livro, embora tratando da relação Peirce – Poe – Conan Doyle, contribuem para um esforço epistemológico mais amplo.

---

* Para o conceito de *ground* que Eco define como o conteúdo de uma expressão sob certo perfil, ver o seu livro *Lector in Fabula*, São Paulo, Perspectiva, 1986, p. 15. (N. da T.)

** No original, *"fair guesses"*. (N. da T.)

I.4 Hipótese, Abdução, Meta-Abdução

Como sugerimos no item 1.2 (cf. os relevantes comentários de Thagard 1978). Peirce pensou provavelmente em dois tipos de raciocínio inferencial: *hipótese*, que é o isolamento de uma regra já codificada, à qual um caso é correlacionado por inferência; e *abdução*, que é o acolhimento provisório de uma inferência explanatória, com vistas a futuros testes, e que visa isolar, junto com o caso, também a regra. Talvez seja conveniente (independente dos termos com os quais Peirce os denomina) isolar três tipos de abdução. Seguirei algumas sugestões oferecidas por Bonfantini e Proni (cap. 5 deste livro), muitas das propostas de Thagard, e acrescentarei à lista o novo conceito de meta-abdução.

(a) *Hipótese ou abdução hipercodificada*. A lei é dada automática ou semi-automaticamente. Chamemos a esse tipo de lei uma lei *codificada*. É muito importante considerarmos que mesmo a interpretação através de códigos pressupõe um esforço abdutivo, embora mínimo. Supondo que eu saiba que /*man*/ em inglês significa "macho humano adulto" (um caso perfeito de codificação lingüística), e supondo que eu *acredite* ter ouvido a elocução /*man*/, de modo a entendê-la no seu significado, preciso primeiro admitir que se trata da elocução (*token*) de um tipo de palavra inglesa. Aparentemente, realizamos esse tipo de tarefa interpretativa de modo automático, mas, se por um acaso, estamos vivendo em um ambiente internacional, onde se supõe que as pessoas falem diferentes línguas, nos damos conta de que a escolha não é radicalmente automática. Reconhecer um determinado fenômeno como sinalizante de um dado tipo pressupõe alguma hipótese acerca do contexto de elocução e do co-texto discursivo. Thagard sugere que esse tipo (para ele correspondente à hipótese) é próximo de minha noção de *hipercodificação* (ver Eco 1976:2.14) como caso-inferência de uma explicação melhor.

(b) *Abdução hipocodificada*. A regra deve ser escolhida a partir de uma série de regras equiprováveis colocadas a nossa disposição pelo conhecimento do mundo atual (ou enciclopédia semiótica, ver Eco 1979). Nesse sentido, temos, sem dúvida, uma inferência de uma regra, o que Thagard chama "abdução" *stricto sensu* (observem que a noção de abdução de Thagard abrangerá também meu terceiro tipo de abdução). Uma vez que a regra é selecionada como a mais plausível entre muitas – embora não seja certo que ela é ou não a "correta" – a explicação é apenas *cogitada*, aguardando testes posteriores. Quando Kepler descobriu a forma elíptica da órbita de Marte, deparou-se com um fato surpreendente (a posição inicial do planeta) e, então, teve de escolher entre as várias curvas geométricas, cujo número entretanto não era infinito.

Algumas presunções anteriores acerca da regularidade do universo levaram-no a procurar apenas por curvas fechadas não-transcendentais (os planetas não dão pulos aleatórios bem como não caminham por espirais ou ondas senoidais). A mesma experiência aconteceu com a Aristóteles: não apenas sua mente finalista mas inúmeras opiniões estabelecidas convenceram-no de que a auto-proteção era a mais plausível das causas finais da evolução biológica.

(c) *Abdução criativa*. A lei precisa ser *inventada ex novo*. Inventar uma lei não é algo tão difícil, uma vez que nossa mente é suficientemente "criativa". Como iremos ver no item 3.1, essa criatividade envolve também aspectos estéticos. Em qualquer dos casos, esse tipo de invenção nos obriga (mais do que nos casos de abduções hipercodificadas ou hipocodificadas) a realizar uma meta-abdução. Encontramos exemplos de abduções criativas nessas descobertas "revolucionárias" que alteram um paradigma científico estabelecido (Kuhn 1962).

(d) *Meta-abdução*. Consiste em decidir se o universo possível delineado por nossas abduções de primeiro nível é o mesmo que o universo de nossa experiência. Em abduções hiper e hipocodificadas, esse metanível de inferência não é compulsório, uma vez que retiramos a lei de um estoque de experiência de mundo real já checado. Em outros termos, estamos autorizados pelo conhecimento mundano a pensar que, assegurado que a lei é a adequada, ela já pertence ao mundo de nossa experiência. Tratando-se de abduções criativas, não temos esse tipo de certeza. Estamos realizando uma verdadeira "suposição razoável" não apenas acerca da natureza do resultado (sua causa) como também acerca da enciclopédia (de modo que, se ocorre de a nova lei ser confirmada, nossa descoberta conduz a uma mudança de paradigma). Como veremos, a meta-abdução não é apenas decisiva em descobertas científicas "revolucionárias" mas também (e normalmente) em investigações criminais.

A hipótese acima será agora confirmada por um texto que, de acordo com uma ampla bibliografia, exibe muitas analogias com os métodos de Sherlock Holmes e que, ao mesmo tempo, representa um exemplo perfeito (ou um modelo alegórico) de investigação científica. Refiro-me ao terceiro capítulo de *Zadig*, de Voltaire.

II. CASCOS

II.1 O Texto de Voltaire

Zadig achava que a primeira lua do casamento, assim como está escrito no livro de Zenda, é de mel, e a segunda de absíntio. Após um tempo, ele teve de livrar-se de Azora, com quem havia se tornado muito difícil conviver, e tentou encontrar sua felicidade no estudo da natureza. "Ninguém é mais feliz", dizia ele, "do que um filósofo que lê no grande livro que Deus colocou diante de nossos olhos. As verdades que ele descobre lhe pertencem. Ele alimenta e enobrece sua alma. Ele vive em paz, sem nada temer dos homens, e sua cara esposa não lhe vem cortar o nariz".

Tomado por essas idéias, retirou-se para sua casa no campo às margens do Eufrates. Lá, não se dedicou a passar o tempo calculando quantas polegadas de água correm por segundo sob os arcos de uma ponte, ou se no mês do rato cai uma linha cúbica de chuva a mais do que no mês do carneiro. Não planejou produzir seda com teias de aranhas ou porcelana com cacos de vidros, mas, acima de tudo, estudou as características de animais e plantas, e logo adquiriu uma sagacidade que lhe possibilitou discernir milhares de diferenças onde outros homens apenas viam uniformidade.

Caminhando, certo dia, próximo de um pequeno bosque, viu um dos eunucos da rainha vindo apressado em sua direção, seguido por inúmeros oficiais, que pareciam estar profundamente perturbados, correndo para lá e para cá, enlouquecidos, como que a procura de algo precioso que teriam perdido.

"Jovem senhor", gritou o Chefe Eunuco, "por acaso não vistes o cão da rainha?"

"Não é um cão", respondeu Zadig com modéstia, "mas uma cadela".

"De fato", disse o Chefe Eunuco.

"É um pequeno animal de raça *spaniel*", acrescentou Zadig, "que teve filhotes recentemente; é coxa da pata esquerda dianteira, e possui longas orelhas".

"Então você a viu?", disse o Eunuco, quase perdendo o fôlego.

"Oh, não!", retrucou Zadig. "Eu não vi o animal, e nunca soube que a rainha tivesse uma cadela".

Naquele exato momento, por um desses caprichos do destino, o mais nobre cavalo dos estábulos do rei escapou das mãos de um cavalariço e correu para as planícies da Babilônia. O Mestre dos Caçadores do Rei e todos os outros oficiais lançaram-se em busca do animal com a mesma ansiedade com que o Chefe Eunuco corria atrás da cadela. O Mestre dos Caçadores do Rei veio até Zadig e perguntou-lhe se não havia visto passar o cavalo do rei.

"O cavalo que procuram é o melhor corredor dos estábulos", respondeu Zadig. "Ele tem quinze palmos de altura e um casco bastante pequeno. Seu rabo tem três pés e meio de comprimento. Os rebites de seu local são de ouro de vinte e três quilates e suas ferraduras de onze escrópulos de prata".

"Qual caminho ele tomou?", perguntou o Mestre dos Caçadores do Rei. "Onde ele está?"

"Eu não vi o cavalo", respondeu Zadig, "e nunca ouvi falar dele".

O Mestre dos Caçadores do Rei e o Chefe Eunuco não tiveram dúvidas de que Zadig havia roubado o cavalo do rei e o pequeno animal da rainha, e o levaram diante do Grande Destur, que o condenou ao açoite e, depois, a passar o resto de seus dias na Sibéria. Nem mesmo havia sido pronunciada a sentença, o cavalo e a cadela foram encontrados. Os jurados se viram na ingrata necessidade de rever seu julgamento, mas decidiram condenar Zadig a pagar quatrocentas onças de ouro por haver negado ter visto o que viu. Apenas após o pagamento da fiança é que Zadig foi autorizado a defender-se, o que ele fez nos seguintes termos.

"Estrelas da Justiça", disse ele, "Incomensuráveis Fontes de Conhecimento, Espelhos da Verdade, que possuem a solidez do chumbo, a dureza do ferro, a luminosidade do diamante, e muitas afinidades com o ouro, uma vez que me foi permitido falar diante de tão augusta assembléia, juro por Ormuzd que jamais vi a honorável cadela que pertence à rainha como tampouco o sagrado cavalo do rei dos reis. Deixe-me dizer-vos o que sucedeu.

"Eu caminhava em direção ao pequeno bosque onde mais tarde encontrei-me com o venerável Chefe Eunuco e o mui ilustre Mestre dos Caçadores do Rei. Observei na areia os rastros de um animal e conclui, sem dificuldade, tratar-se dos traços de um pequeno cão. Leves e extensos sulcos impressos nos montículos de areia, entre as marcas das patas, informaram-me que o animal era uma cadela com as tetas penduradas, de onde concluí que havia tido filhotes recentemente. Outros traços, em outra direção, que pareciam como se algo houvesse roçado a superfície da areia lateralmente às patas dianteiras, deu-me a idéia de que a cadela possuia longas orelhas; e, como notei que a areia estava menos marcada por uma das patas do que pelas outras três, concluí que a augusta cadela era coxa, se posso ousar dizê-lo.

"Quanto ao cavalo do rei dos reis, devo informar-lhes que, enquanto caminhava ao longo da trilha do bosque, vi as marcas de ferradura, marcas essas equidistantes umas das outras. Esse cavalo, disse a mim mesmo, tem um galope perfeito. A poeira nas árvores que ladeiam essa estreita trilha de apenas sete palmos de largura encontrava-se levemente acumulada à esquerda e à direita, a três e meio pés a contar do meio da trilha. Esse cavalo, disse a mim mesmo, possui um rabo de três e meio pés de comprimento, e seu balançar à esquerda e à direita varreu essa poeira. Vi, sob as árvores, as quais formavam um dossel de cinco pés de altura, algumas folhas recentemente desprendidas dos galhos e entendi que aquele cavalo havia tocado ali e que, portanto, teria quinze palmos de altura. No que concerne ao bocal, deveria ser de ouro de vinte e três quilates pois ele raspou os rebites em uma pedra, que eu sabia ser uma pedra de toque, e eu comprovei o fato. Pelas marcas que suas ferraduras deixaram em alguns pedrigulhos, soube que o cavalo estava aparelhado com ferraduras de onze escrópulos de prata".

Todos os juízes admiraram a profunda e sutil perspicácia de Zadig e essa notícia chegou aos ouvidos do rei e da rainha. Pelas antes-salas, na sala do trono e nos gabinetes, Zadig se tornara o principal tema das conversas e, embora alguns dos magos do reino pensassem que ele devesse ser queimado como feiticeiro, o rei ordenou que lhe fosse devolvida a fiança de quatrocentas onças de ouro que lhe haviam exigido pagar. O escriturário da corte, os oficiais de justiça, os juriconsultos visitaram-no com grande pompa a fim de lhe devolver essa quantia. Retiveram apenas trezentas e noventa e oito onças a título de custas do processo e gratificações para os empregados.

Zadig aprendeu que, às vezes, é muito perigoso ser demasiado sábio e prometeu a si mesmo nunca mais dizer aquilo que via.

Não tardou muito para que a oportunidade se apresentasse. Um prisioneiro escapou da cadeia e passou sob a janela da casa de Zadig. Este foi interrogado, mas nada disse. No entanto, ficou provado que ele havia olhado pela janela na ocasião. Por esse crime, foi condenado a pagar quinhentas onças de ouro e, como era praxe na Babilônia, teve de agradecer aos juízes por sua indulgência.

"Bom Deus", exclamou para si mesmo, "Um homem que caminha por um bosque no qual passaram a cadela da rainha ou o cavalo do rei é digno de piedade! E como é perigoso olhar-se pela janela! Como é difícil ser feliz nesta vida!" (Voltaire 1931).

II.2 Abduções Hipercodificadas

Não é por acaso que Zadig chama a Natureza de "grande livro"; ele está preocupado com a Natureza enquanto um sistema de signos codificados. Ele não passa seu tempo calculando quantas polegadas de água passam sob a ponte (uma atividade que teria agradado tanto a Peirce quanto a Holmes) e tampouco tenta fazer porcelana de cacos de vidro (uma atividade para a qual Peirce teria tentado adquirir o *hábito* correto). Zadig estuda "as características de animais e plantas". Procura relações gerais de significação (deseja saber se qualquer S é um P) e não parece estar preocupado com a verificação em extensão de seu conhecimento. Quando Zadig vê rastros animais na areia, reconhece como sendo marcas de um cão e de um cavalo. Ambos os casos (cão e cavalo) demonstram o mesmo mecanismo semiótico, mas o caso do cavalo é mais complexo, e nos será mais útil analisar cuidadosamente o modo pelo qual Zadig reconhece as marcas de um cavalo. Estar apto a isolar rastos como ocorrência (*token*) de um rasto-tipo, reconhecendo-os, portanto, como significativos de uma determinada classe de animais, significa possuir uma competência precisa (codificada) acerca de impressões (cf. Eco 1976:3.6).

As impressões representam o caso mais elementar de produção de signo uma vez que a impressão, correlata a um dado conteúdo, não é produzida normalmente como um signo (pode inclusive haver impressões causadas por eventos naturais, como os traços de uma avalanche e, no caso do cavalo do rei, o animal não teve intenções de produzir um signo), até o momento em que alguém a reconhece e decide assumi-la enquanto signo. Interpretar uma impressão significa correlacioná-la com uma possível causa física. Tal causa física não precisa ser concreta: pode apenas ser uma causa meramente possível, pois podemos reconhecer uma impressão até mesmo por meio das páginas de um manual de escoteiros: uma experiência prévia produziu um hábito de acordo com o qual uma forma-tipo remete à classe de suas causas possíveis. Nessa relação semiótica tipo-a-tipo, indivíduos concretos ainda não são referidos.

Pode-se ensinar a um computador como reconhecer a impressão de uma taça de vinho tinto sobre uma mesa fornecendo-lhe instruções precisas, ou seja, que a impressão deve ser circular, que o diâmetro do círculo deve ser de duas ou três polegadas e que esse círculo é marcado com uma substância líquida vermelha cuja fórmula química pode ser obtida junto com dados espectrais sobre a tonalidade necessária do vermelho. Uma expressão-tipo não é nada senão esse conjunto de instruções. Note-se que esse modo de definir a expressão-tipo corresponde ao tipo de definição como preceito oferecida por Peirce a propósito do /lítio/ (2.330). Uma vez alimentado com uma tal definição de expressão-tipo, o computador deve ser alimentado com instruções correspondentes ao conteúdo-tipo correlato e, nesse ponto, estará em condições de reconhecer todas as impressões desse tipo.

Contudo, um código de impressões envolve inferências sinedóquicas, pois a impressão de uma taça não reproduz visualmente a forma da taça mas, quando muito, a forma de seu fundo; do mesmo modo, uma marca de casco reproduz a parte inferior do casco e só pode ser correlacionada à classe dos cavalos por meio de um vínculo extra. Além disso, o código pode arrolar impressões em diferentes níveis de pertinência, ou seja, uma impressão pode ser correlacionada tanto a um *genus* quanto a uma espécie. Zadig, por exemplo, não apenas reconhece "cão" mas também *"spaniel"*, e não apenas "cavalo" mas também (dada a uma inferência acerca da distância entre as marcas) "garanhão".

Zadig, porém, percebe outros lineamentos semióticos, ou seja, sintomas e indícios (cf. Eco 1976:3.6.2). Nos sintomas, a expressão tipo é uma classe de eventos físicos pré-formados os quais remetem à classe de suas causas possíveis (pontos vermelhos no rosto significam sarampo): mas, são diferentes das impressões desde que a forma de uma impressão é uma projeção das características pertinentes da forma-tipo dos possíveis impressores, enquanto que não há correspondência ponto-a-ponto entre um sintoma e sua causa. A causa de um sintoma não é uma característica da forma de sua expressão-tipo, mas uma característica de seu conteúdo-tipo (a causa é um marcador da análise composicional do significado de uma dada expressão-sintoma). Zadig reconhece sintomas quando detecta que a poeira das árvores foi levantada à direita e à esquerda, a três e meio pés a contar do meio da trilha. A posição da poeira é o sintoma de que alguma coisa provocou sua disposição. O mesmo acontece com as folhas despreendidas dos galhos. De acordo com o código, Zadig sabe que ambos os fenômenos são sintomas de uma força externa que agiu sobre uma matéria resistente, mas o código não lhe fornece nenhuma informação concernente à natureza da causa.

Indícios, por outro lado, são objetos deixados por um agente externo no local onde esteve fazendo alguma coisa, e são reconhecidos, de algum modo, como estando fisicamente ligados àquele agente, e, portanto, a presença passada, real ou possível, do agente pode ser detectada a partir da presença, real ou possível, dos indícios.

A diferença entre sintomas e indícios deve-se ao fato de que, com os sintomas, a enciclopédia registra uma contiguidade presente ou passada *necessária* entre o efeito e a causa, e a presença do efeito remete-nos à presença necessária da causa; enquanto que com os indícios, a enciclopédia registra apenas uma contiguidade passada *possível* entre o agente e o indício e a presença do indício nos remete à possível presença do agente. De certo modo, os indícios são sintomas complexos, uma vez que é preciso primeiramente detectar a presença necessária de um indeterminado agente causador e, então, tomar esse sintoma como o indício que remete a um agente possivelmente mais determinado – convencionalmente reconhecido como o mais provável dono do objeto deixado no local. É por esse motivo que uma novela criminal é, naturalmente, mais intrigante do que a detecção de uma pneumonia.

Zadig reconhece indícios quando ele detecta, a partir dos resquícios de ouro e de prata nas pedras, que o bocal do cavalo era de ouro de vinte e três quilates e que as ferraduras eram de prata. Contudo, o código apenas diz a Zadig que se ouro e prata marcaram as pedras, então, teria sido algum possuidor de ouro e prata que teria deixado essas marcas ali, mas uma informação enciclopédica pode assegurá-lo de que teria sido um cavalo, ou seja, aquilo significado pelas impressões. Por essa razão, à primeira vista, ouro e prata atuam ainda como sintomas e não são ainda indícios: quando muito, a enciclopédia lhe informa que mesmo cavalos, entre outros possíveis agentes, podem ser portadores de equipamentos de ouro e prata. Até esse ponto, Zadig, porém, sabe apenas as regras que ele conhece previamente, isto é, que certas impressões, sintomas e indícios se referem a certas classes de causas. Ele ainda está vinculado às abduções hipercodificadas.

Sem embargo, tendo descoberto aqueles rastos *naquele* bosque e *naquele* preciso momento, ele pode tomá-los como ocorrência concreta da enunciação indicial "um cavalo passou por aqui". Deslocando-se, de novo, do tipo para o signo (*token*), Zadig passa do universo de intensidades para o universo de extensões. Mesmo neste caso, estaremos testemunhando um esforço abdutivo hipercodificado: decidir, quando da produção de um enunciado indicial, que tal é produzido de modo a mencionar estados do mundo de nossa experiência, é ainda questão de convenção pragmática.

Embora realizadas com êxito todas essas abduções decodificadas, Zadig, só conhece, no entanto, surpreendentes fatos desconexos, isto é:
- um x que é um cavalo passou naquele lugar;
- um y (não-identificado) desfolhou os galhos;
- um k (não-identificado) arranhou um objeto de ouro em uma pedra;
- um j (não-identificado) deixou indícios de prata em certos pedregulhos;
- um z (não-identificado) varreu a poeira das árvores.

II.3 Abduções Hipocodificadas

Os vários enunciados visuais com os quais Zadig está lidando podem representar tanto uma *série* desconexa quanto uma *seqüência* coerente, ou seja, um texto. Reconhecer uma série como uma seqüência textual significa encontrar um *topic* textual, ou essa *"aboutness"** do texto que estabelece uma relação coerente entre dados textuais diferentes e ainda desconexos. A identificação de um *topic* textual é um caso de esforço abdutivo hipocodificado.

Freqüentemente, no que se refere a um *topic* descoberto, não se sabe se se trata de um *topic* "bom" ou não, e a atividade de interpretação textual pode resultar em diferentes e conflitantes atualizações semânticas. Isso prova que todo intérprete de texto efetua abduções entre muitas possíveis leituras de um texto. Assim procede Zadig.

Uma vez que uma série de convenções ou *referenciais* intertextuais codificados tenha sido suposta, de acordo com a qual (a) cavalos normalmente varrem a poeira com suas caudas, (b) cavalos usam bocais de ouro e ferraduras de prata, (c) as pedras, em geral, retêm pequenos fragmentos de objetos de metais maleáveis que colidem violentamente contra elas, e assim por diante, neste ponto (mesmo que outros fenômenos possam ter produzido os mesmos efeitos), Zadig está apto a experimentar sua reconstituição textual.

Forma-se um quadro geral coerente: uma história com *apenas um* objeto, co-referido por diferentes sintomas e indícios, encontra-se definitivamente delineada. Zadig poderia ter tentado uma reconstituição totalmente diferente. Por exemplo, que um cavaleiro, com armadura de ouro e lança de prata, lançado da sela por seu cavalo, teria, na queda, desfolhado os galhos e se chocado contra as pedras com todo o seu ar-

---

* *Aboutness* poderia ser traduzido por um estar-em-volta-de-algo. Cf. Eco, *Lector in Fabula*, p. 74. (N. da T.)

mamento... Com certeza, Zadig não escolheu a interpretação "correta" devido a um misterioso "instinto adivinhatório". Antes de mais nada, houve razões de economia: um cavalo solitário era mais econômico que um cavalo mais um cavaleiro. Além do mais, Zadig sabia de muitos quadros intertextuais análogos (histórias canônicas de cavalos que fugiam dos estábulos) e, assim, por uma abdução hipocodificada, ele selecionou, entre as muitas leis intertextuais possíveis, aquela mais verossímel.

Mas isto não foi suficiente. Voltaire não é explícito quanto a este ponto, mas deixa espaço à suposição de que Zadig teria revolvido em sua mente muitas hipóteses alternativas e teria se decidido definitivamente pela hipótese final apenas quando encontrou os oficiais da Corte à procura do cavalo. Apenas nesse momento, Zadig ousou experimentar a meta-abdução final, como veremos mais adiante. Na seqüência, não aparece dito que tudo o que foi falado acerca do cavalo também valeria para o caso da cadela.

Como comentário final, parece que o quadro geral teria sido concebido através de esforços abdutivos hipocodificados, sem o recurso a abduções criativas. Zadig, por fim, configura uma história "normal".

II.4 No Limiar da Meta-Abdução

Zadig não possui a certeza científica de que sua hipótese textual, seja *verdadeira*: ela é apenas *textualmente verossímel*. Zadig profere, por assim dizer, um juízo *teleológico*. Decide-se por interpretar os dados que reuniu como se estes fossem harmoniosamente interrelacionados.

Ele *sabia* de antemão que havia um cavalo e que havia quatro outros agentes não-identificados. Ele *sabia* que esses cinco agentes eram indivíduos do mundo real de sua própria experiência. Agora, ele também *acredita* que havia um cavalo com uma cauda longa, quinze palmos de altura, com um bocal de ouro e ferraduras de prata. Tal cavalo, porém, não pertence necessariamente ao mundo real da experiência de Zadig. Pertence sim ao possível mundo textual que Zadig construiu, ao mundo das crenças fortemente motivadas de Zadig, ao mundo de atitudes proposicionais de Zadig. As abduções hipocodificadas – para não mencionar as abduções criativas – são artifícios de fabricação de mundo. É importante reconhecer a natureza modal da abdução textual de Zadig para compreender o que sucederá posteriormente.

O Mestre dos Caçadores do Rei e o Chefe Eunuco não tiveram qualquer sutileza semiótica. Eles estavam interessados apenas nos dois individuais que conhecem e que *mencionam* por meio de descrições pseudo-definidas (ou "nomes próprios degenerados") tais como "o cão da rainha" e "O cavalo do rei". Uma vez que eles estão procurando por dois individuais precisos, usam corretamente artigos definidos: "*o* cão, *o* cavalo".

Para responder a essas questões, Zadig tem duas alternativas. Pode aceitar o jogo extensional: lidando com pessoas interessadas em separar individuais dados, ele pode tentar a meta-abdução, isto é, ele está em condições de efetuar uma "suposição razoável" de acordo com a qual tanto o cavalo quanto o cão de *seu próprio* mundo textual são os mesmo que aqueles conhecidos pelos oficiais. Trata-se do tipo de abdução normalmente efetuada por um detetive: "O individual possível que engendrei como habitante do mundo de *minhas crenças* é o mesmo que o individual do *mundo real* por quem alguém está procurando". Esse é o tipo de procedimento normalmente executado por Sherlock Holmes. Porém, Sherlock e seus congêneres estão interessados exatamente naquilo que não interessa a Zadig: saber qual a quantidade de água que flui sob uma ponte e como fazer porcelana de cacos de vidro.

Dedicado apenas ao estudo do livro da natureza, Zadig deveria ter uma segunda alternativa. Ele responderia "De acordo com o mundo de *minhas* hipóteses, *acredito* firmemente que *um* cavalo e *um* cão passaram por aqui; não *sei* se eles são *os mesmos* individuais aos quais *vocês* estão se referindo".

Zadig principia com a primeira alternativa. Como um bom Sherlock Holmes, ele blefa: "O *seu* cão é uma cadela e o *seu* cavalo é o melhor corredor dos estábulos..." Agindo como Dr. Watson, os oficicias se espantam: "De fato!"

A investigação foi coroada de sucesso. Zadig poderia orgulhosamente desfrutar de seu triunfo. Porém, quando os oficiais tomam por certo o fato de que Zadig conhece os seus animais e, compreensivelmente, perguntam por seu paradeiro, então, Zadig diz que jamais os vira antes e que tampouco ouvira falar neles. Ele recua de sua meta-abdução justo no momento no qual ele se assegura de que estava correta.

Provavelmente, ele está tão orgulhoso de sua habilidade em estabelecer mundos textuais que não deseja se engajar em um jogo meramente extensional. Ele se encontra dividido entre seu imenso poder de criar mundos possíveis e seu sucesso prático. Ele deseja ser festejado como um mestre das abduções e não como um portador de verdades empíricas. Em outras palavras, ele está mais interessado em uma *teoria* da abdução do que em *descoberta* científica. Obviamente, nem os oficiais nem os juízes são capazes de entender esse interessante caso de esquizofrenia epistemológica. Portanto, eles condenam Zadig "por ter negado ver aquilo que (indubitavelmente) teria visto". Que esplêndido modelo para um diálogo entre um homem de boa compreensão e alguns homens de limitações extensas.

Entretanto, Zadig não compreende que ele concordou em participar do jogo de seus oponentes quando aceitou o jogo lingüístico dos artigos e pronomes definidos enquanto operadores de identidade (durante sua conversa com os oficiais, ele constantemente se refere aos animais por meio de termos definidos: "*Ele* é uma cadela... *ela* possui longas orelhas... *sua* cauda... *O* cavalo..." Esses índices se referem (para ele) a seu mundo possível; para os oficiais, a seu mundo "real". Zadig, oprimido por sua esquizofrenia, não foi esperto o suficiente ao manipular a linguagem. Incapaz de aceitar seu destino como um Sherlock Holmes, Zadig foi amedrontado pela meta-abdução.

III. CANELAS

III.1 Abduções Criativas

Muitas das assim chamadas "deduções" de Sherlock Holmes são de fato, instâncias de abdução criativa. Em CARD, Sherlock detecta aquilo que Watson está matutando consigo mesmo, e lê o fluxo de pensamento do colega observando-lhe as feições e, sobretudo, através do olhar. O fato de que o fluxo de pensamento imaginado por Sherlock coincida perfeitamente com aquilo que Watson estava pensando é a prova de que o detetive inventou "bem" (ou em concordância com um certo curso "natural"). Não obstante isso, ele, de fato, *inventou*.

Etimologicamente, "invenção" é o ato de descobrir aquilo que, de algum modo, já existia, e Sherlock inventa no sentido empregado por Michelangelo quando este diz que o escultor desvenda na pedra a estátua que a matéria já circunscrevera e que estaria dissimulada pela matéria pétrea excedente (*soverchio*).

Watson deixou de lado o jornal e, então, fixou o olhar no retrato do General Gordon. Isso, sem dúvida, configurou *um fato*. Que ele tenha, posteriormente, olhado para um outro quadro (sem moldura), estabelece um outro *fato*. Que ele tenha pensado na relação entre os dois retratos já é um caso de abdução hipocodificada, que tem por base o conhecimento de Sherlock acerca do interesse que tem Watson por assuntos de decoração. Porém, a partir deste momento, que Sherlock perceba que Watson dirige seus pensamentos para os incidentes da carreira de Beecher representa, sem dúvida, um caso de abdução criativa. Watson poderia ter relembrado algum episódio da Guerra Civil americana, para comparar a galanteria da guerra com os horrores da escravidão. Ou poderia ter pensado nos horrores da guerra do Afeganistão e, então, esboçado um sorri-

ao se dar conta de que seu ferimento, afinal de contas, havia sido um tributo aceitável em troca de sua sobrevivência.

Notem que, no universo da história – governada por uma espécie de cumplicidade entre o autor e suas personagens –, Watson não poderia ter pensado senão aquilo que de fato pensou, de modo que temos a impressão de que Sherlock isolou o único lineamento possível do fluxo de consciência de Watson. Mas, se o mundo da história fosse o mundo "real", o fluxo de consciência de Watson poderia ter tomado muitas outras direções. Sherlock, certamente, está tentando imitar o modo pelo qual Watson estaria pensando (*ars imitatur naturam in sua operatione*!), mas ele foi obrigado a escolher, entre os muitos percursos mentais possíveis de Watson (os quais ele, provavelmente, mentalizou, todos, ao mesmo tempo), aquele que demonstrava maior coerência estética, ou maior "elegância". Sherlock inventou uma história. Aconteceu, simplesmente, que a história possível foi análoga à história real.

Os mesmos critérios estéticos conduziram a intuição copernicana de heliocentrismo em *De revolutionibus orbium coelestium*. Copérnico entendeu que o sistema ptolomaico era pouco elegante, carecendo de harmonia, como em um retrato no qual o pintor teria reproduzido todos os membros sem compô-los como um corpo coeso. Então, para Copérnico, o sol *deveria estar* no centro do universo porque, só dessa maneira, poderia manifestar-se a admirável simetria do mundo criado. Copérnico não observou as posições dos planetas como o fizeram Galileu e Kepler. Ele configurou um mundo possível cuja garantia seria estar bem estruturado, "gestalticamente" elegante.

Vamos acompanhar, agora, o fluxo de pensamento que fez com que Sherlock (SIGN) inferisse que Watson teria ido à agência de correios de Wigmore Street para despachar um telegrama. O único fato surpreendente era que Watson tinha os sapatos ligeiramente sujos com lama vermelha. Na verdade, na Londres do século dezenove, ainda não pavimentada para carros a motor, esse fato não era de todo surpreendente. Sherlock concentrou sua atenção nos sapatos de Watson porque já tinha uma idéia em mente. Entretanto, confiemos em Conan Doyle e admitamos que esse fato seria por si mesmo bastante surpreendente.

A primeira abdução é de tipo hipercodificada: pessoas com os sapatos sujos de lama devem ter estado em ruas não pavimentadas, e assim por diante. A segunda abdução é hipocodificada: por que Wigmore Street? Porque a terra nesse local tem essa cor particular. Mas, por que não supor que Watson possa ter tomado um taxi e, então, ido até algum lugar na vizinhança? Porque a seleção da rua mais próxima implica critérios razoáveis de economia. Elementar. Essas duas abduções, (as quais, no jargão de Doyle-Holmes, são chamadas mera "observação"), no entanto, não informam ainda que Watson teria visitado a agência de correios. Notem que, se é verdade que Sherlock, no terreno de seu conhecimento de mundo, encontrava-se em posição de pensar na agência de correios como o mais provável destino de Watson, todas as evidências colocavam-se *contra* essa suposição: Sherlock sabia que Watson não precisava de selos ou de cartões postais. Para poder pensar na derradeira probabilidade (telegrama), Sherlock já teria de ter decidido que Watson desejava despachar um telegrama! Sherlock nos faz pensar no juíz que, diante de fortes evidências que demonstravam que um certo acusado não estava presente no local do crime na hora exata em que esse foi cometido, conclui que, por essa razão, essa pessoa estaria cometendo um outro crime em outro lugar naquela hora específica. Uma vez que Watson carecia de 93% de razões para ir à agência de correios, Sherlock (ao invés de concluir que, conseqüentemente, essa hipótese era inviável) decidiu que, portanto, Watson fora até lá devido aos 7% de razões remanecentes. Uma curiosa e alucinatória solução de 7%, sem dúvida! Para reputar como plausível uma probabilidade tão frágil quanto essa, Sherlock deve ter considerado que Watson, de certo modo, era um usuário regular dos correios. Apenas sob essas circunstâncias a presença de selos e cartões postais podem ser admitidos como evidência de que Watson enviou um telegrama. Portanto, Sherlock não está selecionando, entre as possibilidades razoáveis, aquela que poderia representar um caso de abdução hipocodificada. Pelo contrário, ele está apostando contra todas as bizarrices; está inventando, apenas pelo gosto pela elegância.

III.2 Meta-Abduções

Deslocar-se da abdução criativa para a meta-abdução é algo típico de uma mente racionalista, no veio do racionalismo dos séculos dezessete e dezoito. Para se raciocinar como faz Sherlock Holmes, é preciso estar fortemente convencido que *ordo et connexio idearum idem est ac ordo et connexio rerum* (Espinoza, *Ethica*, II, 7) e que a validade de um conceito complexo consiste na possibilidade de analisá-lo em suas partes mais simples, cada uma das quais deve sustentar-se como racionalmente *possível*: uma tarefa de livre configuração de conceitos à qual Leibniz chamou "intuição" (*Noveaux essais sur l'entendement humain* IV, 1, 1; cf. Gerhardt 1875-1890: V, 347). Para Leibniz, a expressão pode ser *similar* ao objeto expressado desde que uma certa analogia entre suas respectivas estruturas seja observada, pois Deus, sendo o autor de ambas, coisas e mentes, inculcou em nossa alma uma faculdade pensante que pode operar de acordo com as leis da natureza (*Quid sit idea*, Gerhardt

1875-1890: VII, 263) "Definitio realis est ex qua constat definitum esse possible nec implicare contradictionem... Ideas quoque rerum non cogitamus, nisi quatemus earum possibilitatem intuemur" (*Specimen inventorum de admirandis naturae generalis arcanis*, Gerhardt, 1875-1890, VII, 310).

Sherlock pode experimentar sua meta-abdução apenas porque ele pensa que suas abduções criativas estão justificadas por um forte vínculo entre mente e mundo externo. Provavelmente, é seu *background* racionalista que explica sua insistência em chamar de "dedução" a esse tipo de raciocínio. Em um universo regido por um paralelismo inato entre *res extensa* e *res cogitans* (ou por uma harmonia pré-estabelecida), o conceito completo de uma substância individual implica todos os seus predicados, passados e futuros (Leibniz, *Primae veritates*, Couturat 1903:518-523).

Peirce fala de símbolos como uma lei ou uma regularidade do futuro indefinido (2.293) e diz que toda proposição é um argumento rudimentar (2.344); em diversas ocasiões ele demonstra uma certa confiança na existência de um *"lume naturale"* enquanto uma afinidade entre mente e natureza (1.630; 2.753 ss.; 5.604. 5.591; 6.604). Porém, mesmo quando afirma que "esses princípios gerais são realmente operativos na natureza" (5.501), ele pretende fazer uma afirmação "realista" (escocesa), e em muitas ocasiões ele é bastante crítico do racionalismo leibniziano (ver, por exemplo, 2.370).

Peirce assegura que as conjecturas são formas válidas de inferência à medida que são alimentadas por observação prévia, embora elas *possam* antecipar todas as suas remotas conseqüências ilativas. A confiança de Peirce em tal acordo entre mente e fluxo de eventos é mais evolucionista que racionalista (Fann 1970:2.3). A certeza oferecida pela abdução não exclui o *falibilismo* que domina toda investigação científica (1.9), "pois *falibilismo* é a crença de que nosso conhecimento nunca é absoluto, mas sempre flutua, por assim dizer, em um *continuum* de incerteza e indeterminação" (1.171).

Sherlock Holmes, ao contrário, nunca erra. Diferentemente de Zadig, Sherlock não hesita em meta-apostar que o mundo possível por ele imaginado seja o mesmo que o "real". Como ele tem o privilégio de viver em um mundo construído por Conan Doyle que, adequadamente, se encaixa em suas necessidades egocêntricas, então, ele não carece de provas imediatas de sua perspicácia. Watson existe (do ponto de vista narrativo) apenas para verificar suas hipóteses: "O que é isto, Holmes? Vai além de toda minha imaginação!" (CARD). "Certo! Mas, confesso que não entendo como você chegou até aí..." (SIGN). Watson representa a garantia inquestionável de que as hipóteses de Sherlock não podem ser mais falsificadas.

Este é um privilégio com o qual Karl Popper não pode contar, embora essa falta de privilégio lhe tenha dado a chance de elaborar uma lógica para a descoberta científica. Enquanto que nas histórias criminais um onipotente Deus verifica as hipóteses para todo o sempre, nas pesquisas científicas "reais" (bem como na investigação real nas áreas criminal, médica e filológica), as meta-abduções são uma matéria assustadora. Zadig não é uma história de investigação, mas um conto filosófico porque o seu tema profundo é exatamente a vertigem da meta-abdução. Para escapar de tal vertigem, Peirce vinculou estritamente a fase da abdução com a fase da dedução:

> A retrodução não proporciona segurança. A hipótese deve ser testada. Este teste, para ser logicamente válido, deve começar, da forma honesta, não como começa a retrodução, com o escrutínio do fenômeno, mas com o exame da hipótese e uma revisão de todos os tipos de conseqüências condicionais experenciais que se seguem de sua veracidade. Isto constitui o segundo estádio da investigação. (6.470)

Essa consciência clara do que deveria ser uma pesquisa científica rigorosa não impede que o próprio Peirce, em muitas ocasiões, faça o jogo da meta-abdução. Somos impelidos a fazer abduções em nossa vida cotidiana, a qualquer momento, e, freqüentemente, não podemos esperar por testes posteriores. Consideremos, por exemplo, um homem sob um dossel:

> Certa ocasião, desembarquei em um porto numa província da Turquia. Quando caminhava em direção à casa que deveria visitar, encontrei-me com um homem a cavalo, cercado por quatro cavaleiros que sustentavam sobre ele um dossel. Como imaginei que a única personalidade que poderia receber tal honraria fosse o governador da província, conclui que se tratava do próprio. Isso era uma hipótese. 92.265)

Na verdade, Peirce fez duas inferências. A primeira delas foi uma hipótese ou uma abdução hipercodificada: ele conhecia a regra geral segundo a qual, na Turquia, um homem com um dossel sobre a cabeça não pode ser outro a não ser uma autoridade, e imaginou que aquele homem que encontrara representasse um caso de uma regra inquestionável. A segunda foi uma abdução hipocodificada: entre as várias autoridades que poderiam estar no local (por que não um ministro visitante de Istambul?), pareceu-lhe mais plausível que se tratasse do governador da província. Penso que, a partir deste ponto, Peirce assumiu sua segunda abdução como se este fosse o caso, e agiu conseqüentemente.

Na história analisada neste livro (Cap. 2) por Sebeok e Umiker-Sebeck (acerca do relógio roubado), há uma seqüência de ousadas abduções criativas nas quais Peirce acredita, sem maiores testes posteriores, agindo como se elas fossem caso até o próprio fim. A meta-abdução de Peirce consiste em apostar no resultado final sem aguardar por testes intermediários.

Provavelmente, a verdadeira diferença entre abduções que partem do fato para as leis e abdução que partem de fatos para fatos, resida na flexibilidade meta-abdutiva, ou seja, na coragem de desafiar sem testes posteriores o *falibilismo* básico que governa o conhecimento humano. É por isso que, na vida "real" os detetives cometem erros mais freqüentemente (ou erros mais freqüentemente visíveis) do que os cientistas. Os detetives são recompensados pela sociedade por seu descaramento em arriscar palpites por meio de meta-abdução, enquanto que os cientistas são socialmente gratificados por sua paciência em testar suas abduções. Naturalmente, de modo a conseguir a força intelectual e moral para testar, e solicitar novos testes, e sustentar teimosamente uma abdução antes de que ela tenha sido definitivamente testada, os cientistas também necessitam da meta-abdução. A diferença que apresentam com relação aos detetives reside em que os cientistas recusam-se a impor suas crenças como dogmas e procuram firmemente não repudiar suas conjecturas motivadas. *Leben des Galilei*, de Bertolt Brecht é a história da dificuldade de sustentar uma conjectura contra as abduções de todos (bem como a história da contínua tentação de abdicar de uma tal suposição "não-razoável").

Nos mundos possíveis da ficção as coisas andam melhor. Nero Wolfe inventa soluções elegantes para situações inextricáveis e, então, reúne todos os suspeitos em seu aposento e decifra sua história *como se* fosse o caso. Rex Stout é tão generoso para com o suspeito que faz o criminoso "real" sucumbir e confessar sua culpa, admitindo a superioridade mental de Wolfe. Nem Galileu nem Peirce foram assim socialmente bem sucedidos em suas vidas e deveria haver também uma razão epistemológica para tais desventuras. Portanto, enquanto que a história das canelas foi uma fábula da infalibilidade e enquanto que a história do cascos foi uma fábula da ansiedade diante da vertigem da infalibilidade, a história dos chifres e feijões foi e ainda é a fábula da falibilidade humana. Há pelo menos um ponto acerca do qual Peirce e Conan Doyle (via Voltaire) não contam a mesma história.

Referências Bibliográficas

Agamben, G.
1975 "Aby Warburg e la scienza senza nome." *Prospettive Settanta* (Jul.-Set.).

Alpher, Ralph A., Hans Bethe, e George Gamow
1948 "The Origin of Chemical Elements." *Physical Review* 73(7): 803-804.

Anderson. Sir Robert
1903 "Sherlock Holmes, Detective, as Seen by Scotland Yard." *T.P.'s Weekly* 2 (Out. 2): 557-558.

Anônimo
1959 *Sir Arthur Conan Doyle Centenary 1859-1959*. London: John Murray.

Argan, Giulio. C., e Maurizio Fagiolo
1974 *Guida alla storia dell'arte*. Sansoni.

Aristóteles
1938 *Categories, On Interpretation, Prior Analytics*, trad. de H. P. Cooke e Hugh Tredennick. Cambridge, Mass.: Harvard University Press.
1960 *Posterior Analytics*, Hugh Tredennick. Cambridge, Mass.: Harvard University Press.

Ashton-Wolfe, H.
1932 "The Debt of the Police to Detective Fiction." *The Illustrated London News*, Fev. 27:320-328.

Averlino, A. (pseud. Filarete)
1972 *Trattato di architettura*, ed. por A. M. Finoli e L. Grassi. Vol. I. Milão

Ayim, Maryann
1974 "Retroduction: The Rational Instinct". *Transactions of the Charles S. Peirce Society* 10:34-43.

Baldi, Camillo
1925 *Trattato*. Milão. G. B. Bidelli.

Baldinucci, Filippo
1681 *Lettera... nella quale risponde ad alcuni quesiti in materie di pittura*. Roma: Tinassi.

Ball, John
1958 "The Twenty-Three Deductions." *The Baker Street Journal*, n.s., 8 (Out.) 234-237.

Baring-Gould, William S.
1955 *The Chronological Holmes*. Nova York: Privately pinted.
1962 *Sherlock Holmes of Baker Street: A Life of the World's First Consulting Detective*. Nova York: Clarkson N. Potter.
1967 (ed.) *The Annotated Sherlock Holmes*. 2 vols. Nova York: Clarkson N. Potter.

Bell, Harold W.
1932 *Sherlock Holmes and Dr. Watson: The Chronology of Their Adventures*. Londres: Constable.
1934 *Baker Street Studies*. Londres: Constable.

Bell, Joseph
1893 "Mr. Sherlock Holmes." Introdução à Quarta Edição de Um Estudo em Vermelho. Londres: Ward, Lock & Bowden. (Previamente publicado em *Bookman* [Londres].)

Bell, Whitfield J., Jr.
1947 "Holmes and History." *The Baker Street Journal*, o.s., 2 (Out.): 447-456.
1955 *Angelus novus: ausegwählte Schriften*, 2. Frankfurt Suhrkamp, 1966.
1969 "The Work of Art in the Age of Mechanical Reproduction." In *Illuminations*. Nova York: Schocken Books.

Berg, Stanton O.
1970 "Sherlock Holmes: Father of Scientific Crime Detection." *Journal of Criminal Law, Criminology and Police Science* 61:446-452.

Bernoulli, Jacques
1713 *Ars Conjectand*. Basil: Impensis Thurnisiorum.

Bernstein, Richard J.
1964 (ed.) *Perspectives on Peirce*. New Haven, Conn.: Yale University Press.

Bertillon, Alphonse
1883 *L'identité des récidivistes et la loi de relégation*. Paris: G. Masson.
1893a *Album*. Melun.
1893b *Identification anthropométrique; instructions signalétique*. Melun.

Beth, E. W.
1955 "Semantic Entailment and Formal Derivability." *Mededilingen van de Koninklijke Nederlandse Akademie van Wetenschappen, Afd. Letterkunde*, N. R., 18. (13):309-342.

Bigelow, S. Tupper
1959 *An Irregular Anglo-American Glossary of More or Less Familiar Words,*

Terms and Phrases in the Sherlock Holmes Saga. Toronto: Castalotte and Zamba.

Bignami-Odier, Jeanne
1973 *La Bibliothèque vaticane de Sixte IV à Pie XI.* Vaticano: Biblioteca Apostolica Vaticana.

Black, Max
1967 "Induction" In *The Encyclopedia of Philosophy*, ed. por Paul Edwards et al., 4:169-181. Nova York: Macmillan and Free Press.

Blakeney, Thomas S.
1932 *Sherlock Holmes: Fact or Fiction?* Londres: John Murray.

Bloch, Marc L.B.
1953 *The Historian's Craft.* Nova York: Knopf.
1973 *The Royal Touch: Sacred Monarchy and Scrofula in England and France.* Londres: Routledge & Kegan Paul.

Bonfantini, Massino A., and Marco Macciò
1977 *La neutralità impossibile.* Milão Mazzotta.

Bottéro, I.
1974 "Symptômes, signes, écritures." In *Divination et Rationalité*, ed. por J. P. Vernant et al. Paris: Seuil.

Bozza, Tommaso
1949 *Scrittori politici italiani dal 1550 al 1650.* Roma.

Bremer, R.
1976 "Freud and Michelangelo's Moses." *American Image* 33.

Brend, Gavin
1951 *My Dear Holmes, A Study in Sherlock.* Londres: Allen and Unwin.

Brown, Francis C.
1969 "The Case of the Man Who Was Wanted." *The Vermissa Herald: A Journal of Sherlockian Affairs* 3 (Abril):12. (Publicado por Scowrers, São Francisco, Calif.)

Buchler, Justus
1955 (ed.) *Philosophical Writings of Peirce.* Nova York: Dover. (Primeira edição em 1940 como *The Philosophy of Peirce: Selected Writings.*)

Butler, Christopher
1970 *Number Symbolism.* Nova York: Barnes & Noble.

Cabanis, Pierre Jean Georges
1823 *Oeuvres Complètes.* Paris: Thurot. *An Essay on the Certainty of Medicine*, trad. por R. LaRoche. Filadelfia: R. Desilver. (Original title: *Du degré de certitude en médicine.*)

Caldera, A
1924 *L'indicazione dei connotati nei documenti papiracei dell'Egito greco-romano.* Milão

Campana, A.
1967 "Paleografia oggi. Rapporti, problemi e prospettive de una 'coraggiosa

disciplina." In *Studi urbinati* 41, n.s. B, Studi in onore de Arturo Massolo. Vol. II.

Campbell, Maurice
1935 *Sherlock Holmes and Dr. Watson: A Medical Digression*. Londres: Ash.

Canini, G.
1625 *Aforismi politici cavati dall'Historia d'Italia di Francesco Guicciardini*. Veneza.

Carr, John Dickson
1949 *The Life of Sir Arthur Conan Doyle*. Nova York: Harper & Bros.

Casamassina, Emanuele
1964 "Per una storia delle dottrine paleografiche dall'Umanesimo a Jean Mabillon." In *Studi medievali* s. III, no. 9.

Castañeda Calderón, Héctor Neri
1978 "Philosophical Method and the Theory of Predication and Identity." *Nous* 12:189-210.

Castelnuovo, Enrico
1968 "Attribution." In *Encylcopaedia Universalis* II.

Cavina, A. Ottani
1976 "On the theme of landscape II: Elsheimer and Galileo. *The Burlington Magazine*.

Cawelti, John G.
1976 *Adventure, Mystery, and Romance: Formula Stories as Art and Popular Culture*. Chicago, Ill.: University of Chicago Press.

Cazade, E., and Ch. Thomas
1977 "Alfabeto." In *Enciclopedia* I. Turin: Einaudi.

Cerulli, E.
1975 "Una raccolta persiana di novelle tradotte a Venezia nel 1557." In *Atti dell'Academia Nazionale dei Lincei 372*. Memorie della classe di scienze morali..., s. VIII, Vol. XVIII, no. 4.

Chomsky, Noam
1979 *Language and Responsibility*. Nova York: Pantheon Books.

Christ, Jay Finley
1947a *An Irregular Chronology of Sherlock Holmes of Baker Street*. Ann Arbor, Mich.: Fanlight House.
1947b *An Irregular Guide to Sherlock Holmes of Baker Street*. Nova York: The Pamphlet House and Argus Books.

Christie, Winifred M.
1955 "Sherlock Holmes and Graphology." *The Sherlock Holmes Journal* 2:28-31.

Cohen, Morris R.
1949 (ed.)*Chance, Love and Logic* by Charles Sanders Peirce. Magnolia, Mass.: Peter Smith. (First Published in 1923)

Contini, Gianfranco
1972 "Longhi prosatore." In *Altri esercizi (1942-1971)*. Turin: Einaudi.

Cooper, Peter
1976 "Holmesian Chemistry." In *Beyond Baker Street: A Sherlockian Anthology*, ed. by Michael Harrison. 67-73. Indianapolis, Ind.: Bobbs-Merrill.

Copi, Irving M.
1953 *Introduction to Logic*. Nova York: Macmillan.

Couturat, Louis
1903 *Opuscules et fragments inédits de Leibniz* Paris: Alcan.

Craig, William
1957 "Linear Reasoning: A New Form of the Herbrand-Gentzen Theorem." *Journal of Symbolic Logic* 22:250-285.

Cresci, G. F.
1622 *L'Idea*. Milão: Naua.

Croce, Benedetto
1946 *La critica e la storia delle arti figurative; questioni di metodo*. Bari: Laterza.

Crocker, Stephen F.
1964 "Sherlock Holmes Recommends Winwood Reade." *The Baker Street Journal*, n.s., 14 (Setembro): 142-144.

Damisch, Hubert
1970 "La partie et le tout." *Revue d'esthétique* 2.
1977 "Le gardien de l'interprétation." *Tel Quel* 44 (Inverno).

De Giustino, David
1975 *Conquest of Mind: Phrenology and Victorian Social Thought*. Londres: Croom Helm.

Derrida, Jacques
1975 "Le facteur de la vérité." *Poétique* 21:96-147.

De Sanctis, Francesco
1938 *Lettere dall'esilio 1853-1860*, ed. by Benedetto Croce. Bari: Laterza.

Detienne, Marcel, and Jean Pierre Vernant
1978 *Cunning Intelligence in Greek Culture and Society*, trad. por J. Lloyd. Atlantic Highlands, N.J.: Humanities Press. (Título original: *Les ruses de l'intelligence. La mètis des grecs*. Paris, 1974).

Diaconis, Persi
1978 "Statistical Problems in ESP Research." *Science* 201:131-136.

Dickens, Charles
1843 *A Christmas Carol*. Londres: Chapman & Hall.

Diller, H.
1932 *Hermes* 67:14-42.

Doyle, Adrian M. Conan
1945 *The True Conan Doyle*. Londres: John Murray.

Doyle, Adrian M. Conan, and John Dickson Carr
1954 *The Exploits of Sherlock Holmes*. Nova York: Random House.

Doyle, Sir Arthur Conan

1942 *Memories and Adventures*. Boston: Little, Brown. (Doubleday, Doran, Crowborough edition, 1930.)
1948 "The Case of the Man Who Was Wanted." *Cosmopolitan* 125 (Agosto): 48-51. 92-99.
1952 "The Complete Sherlock Holmes. Edição I vol. (edição 2 vol., 1953.) Garden City, N.Y.: Doubleday.
1968 *The Sherlockian Doyle*. Culver City, Calif.: Luther Norris.

Dubos, Jean Baptiste
1733 *Reflexions critiques sur la poésie et sur le peinture*. Vol. II. Paris: Mariette.

Eco, Umberto
1976 *A Theory of Semiotics*. Bloomington: Indiana University Press.
1979 *The Role of the Reader*. Bloomington: Indiana University Press.
1980 "Il cane e il cavallo: un testo visivo e alcuni equivoci verbali." *Versus* 25.

Eisele, Carolyn
1976 (ed.) *The New Elements of Mathematics by Charles S. Peirce*. 4 vols. The Hague: Mouton.

Eritreo, J. N. (Gian Vittorio Rossi)
1692 *Pinacotheca imaginum illustrium*. Vol. II. Lipsiane: Gleditschi.

Esposito, Joseph L.
1980 *Evolutionary Metaphysics*. Athens, Ohio: Ohio University Press.

Étiemble, René
1973 *L'écriture*. Paris: Gallimard.

Fann, K. T.
1970 *Peirce's Theory of Abduction*. The Hague: Martinus Nijhoff.

Feibleman, James
1946 *An Introduction to Peirce's Philosophy, Interpreted as a System*. Nova York: Harper & Bros.

Ferriani, M.
1978 "Storia e 'priestoria' del concetto di probabilita nell'età moderna." *Rivista de filosofia* 10 (Fevereiro).

Feyerabend, Paul K.
1971 *I problemi dell'empirismo*. Milano
1975 *Against Method*. Londres: NLB.

Fisch, Max H.
1964 "Was There a Metaphysical Club in Cambridge?" In *Studies in the Philosophy of Charles Sanders Peirce*, 2ª série, ed. por Edward C. Moore and Richard S. Robin, 3-32. Amherst: University of Massachusetts Press.
1982 "The Range of Peice's Relevance." *The Monist* 65(2): 124-141.

Folsom, Henry T.
1964 *Through the Years at Baker Street: A Chronology of Sherlock Holmes*. Washington, N.J.: Edição privada.

Foucault, Michel
1973 *Birth of the Clinic*. Nova York: Pantheon.

1977a *Discipline and Punish: The Birth of the Prison*. Nova York: Pantheon.
1977b *Microfisica del potere. Interventi politici*. Turim: Einaudi.

Freud, Sigmund
1961 [1923] *The Ego and the Id*. Vol. 19. *The Standard Edition of the Complete Psychological Works of Sigmund Freud*. Londres: Hogarth Press and The Institute of Psycho-Analysis, 1953-1974.
1965 [1914] "The Moses of Michelangelo." In *Totem and Taboo and Other Works*. Vol.13. *The Standard Edition of the Complete Psychological Works of Sigmund Freud*.
1953 *The Interpretation of Dreams I*, e *The Interpretation of Dreams II* e *On Dreams*. Vols. 4, 5. *The Standard Edition of the Complete Psychological Works of Sigmund Freud*.

Gaboriau, Émile
1869 *Monsieur Lecoq*. Vol. I, *L'Enquête*. Paris: Fayard.

Galilei, Galileo
1935 *Opere*. Vol. XIII. Florença
1965 *Il Saggiatore*, edited by libero Sosio. Milano: Feltrinelli.

Galton, Sir Francis
1892 *Finger Prints*. Londres e Nova York: Macmillan.

Gamow, George
1947 *One, Two, Three... Infinity: Facts & Speculations of Sciense*. Nova York: The New American Library.

Gardiner, Muriel
1971 (ed.) *The Wolf-Man*. Nova York: Basic Books.

Gardner, Martin
1957 *Fads and Fallacies in the Name of Science*. Nova York: Dover. (Título original: *In the Name of Science*.)
1976 "The Irrelevance of Conan Doyle." In *Beyond Baker Street: A Sherlockian Anthology*, ed. por Michael Harrison, 123-135. Indianapolis, Ind.: Bobbs-Merrill.
1978 *Encyclopedia of Impromptu Magic*. Chicago, Ill.: Magic, Inc.
1981 *Science: Good, Bad, and Bogus*. Buffalo, Nova York.: Prometheus Books.

Garin, Eugenio
1961 "La nuova scienze e il simbolismo del 'libro' ". In *la Cultura filosofica del Rinascimento italiano: richerche e documenti*. Florença: Sansoni.

Gerhardr, Karl Immanuel
1875-1890 *Die philosophischen Schiften ron G. W. Leibniz*. 7 vols. Berlim.

Gilson, Étienne
1958 *Peinture et réalité*. Paris: Vrin.

Ginoulhiac, M.
1940 "Giovanni Morelli. La Vita." *Bergomum* 34.

Ginzburg, Carlo
1979 "Spie. Radici di un paradigma indiziario." In *Crisi della vagione*, ed. por Aldo Gargani, 57-106 Turim: Einaudi.

1980 *The Cheese and the Worms*. Baltimore, Md.: Johns Hopkins University Press. (Original title: *Il formaggio e i vermi*. Turim: Einaudi, 1976.)
1980 "Morelli, Freud and Sherlock Holmes: Clues and Scientific Method." *History Workshop* 9:7-36.

Giuntini, Francesco
1573 *Speculum astrologiae*. Lugduni: Tinghi.

Gombrich, E. H.
1966 "Freud's Aesthetics." *Encounter* 26.
1969 "The Evidence of Images." In *Interpretation: Theory and Practice*, ed. por Charles S. Singleton. Baltimore, Md.: Johns Hopkins University Press.

Goody, Jack
1977 *The Domestication of the Savage Mind*. Cambridge: Cambridge University Press.

Goody, J., and I. Watt
1962-1963 *The Consequences of Literacy." In Comparative Studies in Society and History* 5.

Goudge, Thomas A.
1950 *The Thought of. C. S. Peirce*. Toronto: University of Toronto Press.

Gould, Stephen Jay
1978 "Morton's Ranking of Races by Cranial Capacity." *Scince 200:503-509*.

Granger, Gilles G.
1960 Pensée formelle et sciences de l'homme. Paris: Montaigne.

Grenet, Jacques
1963 "La Chine: aspects et fonctions psychologiques de l'écriture." In *L'Écriture et la psychologie des peuples*. Paris.
1974 "Petits écarts et grands écarts." In *Divination et Rationalité*, ed. por J. P. Vernant et al. Paris: Seuil.

Hacking, Ian
1975 *The Emergence of Probability: A Philosophical Study of Early Ideas about Probability, Induction and Statistical Inference*. Londres e Nova York: Cambridge University Press.

Hall, Trevor H.
1978 *Sherlock Holmes and His Creator*. Londres: Duckworth.

Hammett, Dashiell
1930 *The Maltese Falcon*. Nova York: Knopf.
1934 *The Thin Man*. Nova York: Knopf.

Hardiwick, Charles S.
1977 (ed.) *Semiotic and Significs: The Correspondence between Charles Charles S. Peirce and Victoria Lady Welby*. Bloomington: Indiana University Press.

Hardiwick, Michael, and Mollie Hardwick
1962 *The Sherlock Holmes Companion*. Londres: John Murray.
1964 *The Man Who Was Sherlock Holmes*. Londres: John Murray.

Harrison, Michael

1958 *In the Footsteps of Sherlock Holmes*. Londres Cassell.
1971 "A Study in Surmise." *Ellery Queen's Mystery Magazine* 57 (Fev.) 60-79.

Hart, Archibald
1948 "The Effects of Trades Upon Hands." *The Baker Street Journal*, o.s., 3 (Out.) 418-420.

Haskell, Francis
1963 *Patrons and Painters: A Study in the Relations between Italian Art and Society in the Age of the Baroque*. Nova York: Knopf.

Hauser, Arnold
1959 *The Philosophy of Art History*. Nova York: Knopf.

Havelock, Eric A.
1973 *Cultura orale e civaltà della scritura. Da Omera a Platone*. Bari: Laterza.

Haycraft, Howard
1941 *Murder for Pleasure: The Life and Times of the Detective Story*. Nova York: D. Appleton-Century.
1946 (ed.) *The Art of the Mystery Story: A Collection of Critical Essays*. Nova York: Simon and Schuster.

Heckscher, Willian S.
1967 "Genesis of Iconology." In *Stil und Ueberlieferung*. Vol. III. Berlim.
1974 "Petites Perceptions: An Account of Sortes Warburgianae." *The Journal of Mediaeval and Renaissance Studies* 4.

Hess, J.
1968 "Norte Manciniane." In *Münchener Johrbuch der bildenden Kunst*, Série 3. Vol. XIX.

Hilton, George W.
1968 *The Night Boat*. Berkeley, Calif.: Howell-North Books.

Hintikka, Jaakko
1976 "The Semantics of Questions and the Questions of Semantics." *Acta Philosophica Fennica*. Vol. 28(4). Amsterdam: North-Holland.
1979 "Information-Seeking Dialogue: Some of Their Logical Properties." *Studia Logica* 32:355-363.
Forthcoming. "Sherlock Holmes Meets Modern Logic: Toward a Theory of Information-Seeking through Questioning." In *Proceedings of the 1978 Groningen Colloquium*.

Hitchings, J. L.
1946 "Sherlock Holmes the Logician." *The Baker Street Journal*, o.s., 1(-2):113-117.

Hoffman, Daniel
1972 *Poe Poe Poe Poe Poe Poe Poe*. Nova York: Doubleday.

Hogan, John C., e Mortimer D. Schwartz
1964 "The Manly Art of Observation and Deduction." *Journal of Criminal Law, Criminology and Police Science* 55:157-164.

Holroyd, James Edward
1967 *Seventeen Steps to 221B*. Londres: George Allen and Unwin.

Horan, James D.
1967 *The Pinkertons: The Detective Dynasty that Made History*. Nova York: Crown.

How, Harry
1892 "A Day with Dr. Conan Doyle." *Strand Magazine* (Ago.).

Huxley, Thomas
1881 "On the Method of Zadig: Retrospective Prophecy as a Function of Science." In *Science and Culture*. Londres: Macmillan.

Ingram, David
1978 "Typology and Universals of Personal Pronouns". In *Universals of Human Language*, ed. by Joseph H. Greenberg, 3:213-247. Stanford, Calif.: Stanford University Press.

Jakobson, Roman, e Morris Halle
1956 *Fundamentals of Language*. The Hague: Mouton.

Jakobson, Roman, e Linda R. Waugh
1979 *The Sound Shape of Language*. Bloomington: Indiana University Press.

James, William
1907 *Pragmatism*. Nova York: Longmans, Green.

Johnson, Barbara
1980 *The Critical Difference: Essays in the Contemporary Rhetoric of Reading*. Baltimore. Md.: The Johns Hopkins University Press.

Jones, Ernest
1953-1960 *The Life and Work of Sigmund Freud*. Nova York: Basic Books.

Kejci-Graf, Karl
1967 "Sherlock Holmes, Scientist, Including Some Unpopular Opinions." *The Sherlock Holmes Journal* 8(3):72-78.

Kenney, E. J.
1974 *The Classical Text: Aspects of Editing in the Age of Printed Books*. Berkeley: University of California Press.

Ketner, Kenneeth L. e James E. Cook
1975 (eds.) *Charles Sanders Peirce: Contributions to* The Nation. *Part One: 1869-1893.* (Graduate Studies, Texas Tech University, No. 10.) Lubbock: Texas Tech Press.

Kloesel, Christian J. W.
1979 "Charles Peirce and the Secret of the Harvard O.K." *The New England Quarterly* 52(I).

Kofman, Sarah
1975 *L'enfance de l'art. Une interpretation de l'esthétique freudienne*. Paris: Payot.

Koselleck, Reinhart
1969 *kritik und Krise: ein Beitrag zur Pathogenese der bürgerlichen Welt*. Freiberg: K. Alber.

Kuhn, Thomas S.

1962 *The Structure of Scientific Revolutions*. Chicago, Ill.: University of Chicago Press.
1974 "Postscript 1969." In *The Structure of Scientific Revolutions*. (2nd enlarged edition.) Chicago, Ill.: University of Chigado Press.
1975 "Tradition mathématique et tradition expérimentale dans le développement de la physique." *Annales ESC* 30:975-998.

Lacan, Jacques
1966 *Écrits*. Paris: Seuil.

Lacassagne, Alexandre
1914 *Alphonse Bertillon: L'homme, le savant, la pensée philosophique*. Lyon: A. Rey.

Lacassin, Francis
1974 Mythologie du roman policier. Vol. I. Paris: Union Générale d'éditions.

Lamond, John
1931 *Arthur Conan Doyle: A Memoir*. Londres: John Murray.

Lanzi, Luigi A.
1968 *Storia pittorica dell'Italia*, ed. by Martino Capucci. Vol. I. Florença: Sansoni.

Larsen, Svend Erik
1980 "La structure productrice du mot d'ésprit et de la semiosis. Essai sur Freud et Peirce." *Degrés* 8(21): dr-18.

Leavitt, R. K.
1940 "Nummi in Arca or The Fiscal Holmes." In *221B: Studies in Sherlock Holmes*, ed. by Vincent Starrett, 16-36. Nova York: Macmillan.

Lermolieff, Ivan (pseud. de Giovanni Morelli)
1880 *Die Werke italiemischer Meister in den Galerien von München, Dresden und Berlin. Ein kritischer Versuch*. Leipzig: Seemann.

Levinson, Boris M.
1966 "Some Observations on the Use of Pets in Psychodiagnosis." *Pediatrics Digest* 8:81-85.

Lévi-Strauss, Claude, et al.
1977 *L'Identité, Seminaire interdisciplinaire dirigé par Claude Lévi-Strauss*. Paris.

Locard, Edmond
1909 *L'identification des récidivistes*. Paris: A. Maloine.
1914 "L'Oeuvre" *Alphonse Bertillon*. Loyon: A. Rey.

Locke, Harold
1928 *A Bibliographical Catalogue of the Writings of Sir Arthur Conam Doyle, M. D., LL. D., 1879-1928*. Tunbridge Wells: D. Webster.

Locke, John
1975 *An Essay Concerning Human Understanding*, ed. por Peter H. Nidditch. Oxford: Clarendon Press.

Longhi, Roberto
1967 *Saggi e ricerche: 1925-1928*. Florença: Sansoni.

Lotz, János
1976 "A személy, szám, viszonyítás és tárgyhatározottság kategóriái magyarban." In *Szonettkoszorú a nyelvröl*. Budapeste: Gondolat.

Lotz, John
1962 "Thoughts on Phonology as Applied to the Turkish Vowels." In *American Studies on Altatic Linguistics*. ed. por Nicholas Poppe, 13:343-351. Bloomington: Indiana University.

Lynceo, Ioanne Terrentio (Francisco Hernandez)
1651 *Rerum medicarum Novae Hispaniae Thesaurus*. Roma: Vitalis Mascardi.

Mackenzie, J. B.
1956 "Sherlock Holmes' Plots and Strategies." In *Baker Street Journal Christimas Annual*, 56-61.

Mahon, Denis
1947 *Studies in Seincento Art and Theory*. Londres: London University-Warburg Institue.

Mancini, Giulio
1956-1957 *Considerazioni sulla pittura*, ed. by A. Marucchi. 2 vols. Roma: Accademia Nazionale dei Lincei.

Marcus, Steven
1976 "Introduction." *The Adventures of Sherlock Holmes"*. Nova York: Shocken Books.

Martinez, J. A.
1974 "Galileo on Primary and Secondary Qualities." *Journal of the History of Behavioral Sciences 10:160-169*.

Marx, Karl
1872 Das Kapital: Kritik der politischen aekonomie. Hamburgo: O. Meisner.

May, Luke S.
1936 *Crime's Nemests*. Nova York: Macmillan.

Meyer, Nicholas
1974 *The Seven Percent Solution: Being a Reprint from the Reminiscences of John Watson, M. D*. Nova York: Dutton.

Melandri, Enzo
1968 *La linea e il circolo. Studio logico-filosofico sull'analogia*. Bolonha: Mulino.

Mercati, Giovanni, Cardinal
1952 *Note per la storia di alcune biblioteche romane nei secoli*. XVI-XIX. Vaticano.

Merton, Robert K.
1957 *Social Theory and Social Structure*. Glencoe, III.: Free Press. Publicado originalmente em 1949.)

Messac, Régis
1929 *La "Détective Novel" et l'influente de la pensée scientifique*. Paris: Libraire Ancienne Honoré Champion.

Millar, Kenneth (pseud. Ross MacDonald)
1969 *The Goodbye Look*. Nova York: Knopf.

Momigliano, Arnaldo
1975 "Storiographica greca." *Rivista storica italiana* 87.

Morelli, Giovanni
1897 *Della pittura italiana: Studii storico critici-Le gallerie Borghese e Doria Pamphili in Roma*. Milão: Treves.

Morris, Charles W.
1971 *Writings on the General Theory of Sings*. The Hague: Mouton.

Mourad, Youssef
1939 (ed. e trad.) *La physionomie arabe et le Kitāb alf-Firāsa de Fakhr al-Din al-Rāzī*. Paris: P. Geuthner.

Murch, Alma Elizabeth
1958 *The Development of the Detective Novel*. Londres: Peter Owen.

Nelson, Benjamin N.
1958 (ed.) *Freud and the Twentieth Century*. Gloucester, Mass.: Peter Smith.

Nolen, Willian A.
1974 *Healing: A Doctor in Search of a Miracle*. Nova York: Random House. (Greenwich, Conn.: Fawcett, 1975.)

Nordon, Pierre
1966 *Conan Doyle*. Londres: John Murray.
1967 *Conan Doyle: A Biography*, trad. por Frances Partridge. Nova York: Holt, Rinenhart and Winston.

Pagels, Heinz R.
1982 *The Cosmic Cade: Quantum Physics as the Language of Nature*. Nova York: Simon and Schuster.

Park, Orlando
1962 *Sherlock Holmes, Esq. and John H. Watson, M. D.: An Encyclopedia of Their Affairs*. Evanston, III.: Northwestern University Press.

Pearson, Hesketh
1943 *Coman Doyle, His Life and Art*. Londres: Methuen.

Peirce, Charles Sanders
1923 *Chance, Love, and Logic*. Nova York: Harcourt, Brace.
1929 "Guessing." *The Hound and Horn* 2:267-282.
1955 "Abduction and Induction." In *Philosophical Writings of Peirce* ed. by Justus Buchler. Nova York: Dover.
1956 "Deduction, Induction, and Hypothesis." In *Chance, Love, and Logic*. Nova York: Braziller.
1935-1966 *Collected Papers of Charles Sanders Peirce*, ed. por Charles Hartshorne, Paul Weiss, e Arthur W. Burks. 8 vols. Cambridge, Mass.: Harvad University Press.
1982 *Writings of Charles S. Peirce: A Chronological Edition. Vol. I: 1857-1866*, ed. por Max H. Fisch, et al. Bloomington: Indiana University Press.

Pelc, Jerzy
1977 "On the Prospects of Research in the History of Semiotics." *Semiotic Scene* 1(3):1-12.

Perrot, M.
1975 "Délinquance et systéme pénitentiare en France au XIXe siècle". *Annales ESC* 30:67-91.

Peterson, Svend
1956 *A Sherlock Holmes Almanac*. Washington. D.C.: Privately printed.

Pintard, René
1943 *Le libertinage-érudit dans la premiere moitié du XVIIe siècle*. Vol. I. Paris: Boivin.

Poe, Edgar Allan
1927 "A Descent into a Mealstrom." In *Collected Works*. Nova York: Walter J. Black.

Pomian, Krzysztof
1975 "L'histoire des sciences et l'histoire de l'histoire." *Annales ESC* 30:935-952.

Popper, Karl R.
1962 *Conjectures and Refutations: The Growth of Scientific Knowledge*. Nova York: Basic Books.
1979 *Objective Knowledge: An Evolutionary Approach*. Oxford: Clarendon Press.

Potter, Vincent G.
1967 *Charles S. Peirce on Norms & Ideals*. Amherst: University of Massachusetts Press.

Pratt, Fletcher
1955 "Very Little Murder." *The Baker Street Journal*, n.s., 2 (Abr.) 69-76.

Previtali, Giovanni
1978 "À propos de Morelli." *Revue de L'Art* 42.

Propp, Vladimir I.
1946 *Istoriceskie Korni Volsebnoi Skazki*. Leningrado: State University.

Purkyné, Jan E.
1948 *Opera Selecta*. Praga: Spolek Ceskych Lékaru.

Queen, Ellery
1944 (ed.) *Misadventures of Sherlock Holmes*. Boston, Mass.: Little, Brown.

Raimondi, E.
1974 *Il romanzo senza idillio. Saggio sui Promessi Sposi*. Turim: Einaudi.

Ransdell, Joseph
1977 "Some Leading Ideas of Peirce's Semiotic." *Semiotica* 19:157-158.

Reed, John Shelton
1970 "The Other Side." MS., Department of Sociology, University of North Carolina at Chapel Hill.

Reik, Theodor
 1931 *Ritual; Psychoanalytic Studies.* Londres Hogarth Press.

Remer, Theodore G.
 1965 (ed.) *Serendipity and the Three Princes: From the Peregrinaggio of 1557.* Norman: University of Oklahoma Press.

Revzin, Isaak I.
 1964 "K semioticiskomu analizu detektivov (na primere romanov Agaty Kristi)." *Programma i tezisy dokladov v letnej skole po vtoricnym modelirujuscim sistemam.* 16-26 avg., 38-40. Tartu.

Richter, Jean Paul
 1960 *Italienische Malerei der Renaissance in Briefwechsel von Giovanni* Morelli *und Jean Paul Richter* - 1876-1891. Baden-Baden: Grimm.

Robert, Marthe
 1966 *The Psychoanalytic Revolution: Sigmund Freud's Life and Achievement.* Nova York: Harcourt, Brace & World.

Roberts, Sir Sydney C.
 1931 *Doctor Watson: Prolegomena to the Study of a Biographical Problem.* Londres: Faber and Faber.

Robin, Richard S.
 1967 *Annotated Catalogue of the Papers of Charles S. Peirce.* Amherst: University of Massachusetts Press.

Rossi, Paolo
 1977 *Immagini della scienza.* Roma. Editori riuniti.

Scalzini, Marcello
 1585 *Il secretario.* Veneza: D. Nicolini.

Scheglov, Yuri K.
 1975 [1968] "Toward a Description of Detective Story Structure." *Russian Poetics in Translation* 1:51-77.

Scheibe, Karl E.
 1978 "The Psychologist's Advantage and Its Nullification: Limits of Human Predictability." *American Psychologist* 33:869-881.
 1979 *Mirrors, Masks, Lies, and Secrets: The Limits of Human Predictability.* Nova York: Praeger.

Schenck, Remsen Ten Eyck
 1948 *Occupation Marks.* Nova York: Grune and Stratton.
 1953 "The Effect of Trades upon the Body." *The Baker Street Journal,* n.s., 3 (Jan.) 31-36.

Schlosser Magnino, Julius
 1924 *Die Kunstliteratur.* Wien: Schroll.

Schoenau, Walter
 1968 *Sigmund Freud Prosa. Literarische Elemente seines Stils.* Stuttgart: Metzler.

Schorske, Carl E.

1980 "Politics and Parricides in Freud's Interpretation of Dreams." In *Finde-Siècle Vienna: Politics and Culture*. Nova York Knopf.

Sebeok, Thomas A.
1951 "Aymara 'Little Riding Hood' with Morphological Analysis." *Archivum Linguisticum* 3:53-69.
1976 *Contributions to the Doctrine of Signs*. Lisse: Peter de Ridder Press.
1977 (ed.) *A Perfussion of Signs*. Bloomington: Indiana University Press.
1979 *The Sign & Its Masters*. Austin: University of Texas Press.
1981 *The Play of Musement*. Bloomington: Indiana University Press.
1984 "The Role of the Observer." In *I Think I Am A Verb*, Ch. 10 Nova York: Plenum.
Forthcoming. "Symptom." *Zeitschrift für Semiotik 5 (Semiotik und Medizin)*.

Sebeok, Thomas A., e Jean Umiker-Sebeok
1979 "You Know My Method: A Juxtaposition of Charles S. Pierce and Sherlock Holmes." *Semiotica* 26(2/3):203-250.

Segre, E.
1975 "La gerarchia dei segni." In *Psicanalisi e semiotica*, ed. por A. Verdiglione. Milan: Feltrinelli.

Seppilli, Anita
1971 *Poesia e magia*. Turim: Einaudi.

Shklovskii, Viktor B.
1925 *O Teorii prozy*. Moscou: Federacija.

Smith, Edgar W.
1940 *Baker Street and Beyond: A Sherlockian Gazeteer*. Nova York: Pamphlet House.
1944 Profile by Galight: An Irregular Reader about the Private Life of Sherlock Holmes. Nova York: Simon and Schuster.

Spector, J. J.
1969 "Les méthodes de la critique de l'art et la psychanalyse freudienne." *Diogenes 66*.

Spini, Giorgio
1956 Risorgimento e protestanti. Nápoles: Edzioni Scientifiche Italiane.

Spinoza, Benedictus de [Baruch]
1924-1925 "Ethica ordine geometrico demonstrata." In *Opera*, ed. por C. Gebhardt. 4 vols. Auftrag der Heidelberger Akademie der Wissenschaften. Heidelberg: Universitätschhandlung.

Spitzer, Leo
1910 *Die Wortbildung als stilistisches Mittel exemplifiziert an Rabelais*. Halle: Neimeyer.

Starrett, Vincent
1940 *221B: Studies in Sherlock Holmes*. Nova York: Macmillan.
1971 [1934] *The Private Life of Sherlock Holmes*. Nova York: Haskell House.

Stendhal
1948 *Souvenirs d'égotisme*, ed. por H. Martineau. Paris.

Steward-Gordon, James
1961 "Real-Life Sherlock Holmes." *Reader's Digest* 79 (November): 281-288.

Stone, Gregory P., and Harvey A. Farberman
1970 (eds.) *Social Psychology through Symbolic Interaction*. Waltcham, Mass.: Ginn-Blaisdell.

Stout, Rex
1938 *Too Many Cooks*. Londres: Collins.

Swanson, Martin J.
1962 "Graphologists in the Canon." *The Baker Street Journal*, n.s., 12 (jun.):73-80.

Symons, Julian
1972 *Bloody Murder; From the Detective Story to the Crime Novel: A History*. Londres: Faber & Faber.
1978 *The Tell-Tale Heart: The Life and Works of Edgar Allan Poe*. Nova York: Harper & Row.

Thagard, Paul R.
1978 "Semiosis and Hypothetic Inference in Ch. S. Peirce." *Versus* 19-20.

Thom, René
1972 *Stabilité structurelle et morphogénèse*. Reading, Mass.: W. A. Benjamin. (*Structural Stability and Morphogenesis: An Outline of a General Theory of Models*. Reading: W. A. Benjamin, 1975.)
1980 *Modèles mathématiques de la morphogenèse*. Paris: Christian Bourgois.

Thomas, Lewis
1983 *The Youngest Science: Notes of a Medicine-Watcher*. Nova York: The Viking Press.

Thompson, E. P.
1975 *Whigs and Hunters: The Origin of the Black Act*. Londres: Aleen Lane.

Timpanaro, Sebastiano
1963 *La genesi del motodo del Lachmann*. Florença: F. Le Monnier.
1976 *The Freudian Slip*. London: NLB.

Timpanaro Cardini, Maria
1958 (ed.) *Pitagorici: Testimonianze e frammenti*. Vol. I. Florença: "La Nuova Italia."

Tracy, Jack
1977 (ed.) *The Encyclopedia Sherlockiana, or A Universal Dictionary of the State of Knowledge of Sherlock Holmes and His Biographer, John H. Watson, M. D.* Garden City, Nova York: Doubleday.

Traube, L.
1965 "Geschichte der Palaeographie." In *Zur Palaeographie und Handschriftenkunde*, ed. por P. Lehmann. Munique.

Tronti, M.
1963 "Bladi." In *Dizionario biografico degli italiani*. Vol. 5, 465-467. Roma.

Truzzi, Marcello

1973 "Sherlock Holmes: Applied Social Psychologist." In *The Humanities as Sociology, An Introductory Reader*, ed. por Marcello Truzzi, 93-126. Columbus, Ohio: Charles E. Merrill.

Vandermeersch, L.

1974 "De la tortue à l'Achilée." *Divination et Rationalité*, Ed. por J. P. Vernant et al. Paris: Seuil.

Vegetti, Mario

1965 (ed.) "Introduction." *Opere di Ippocrate*. Turim: U.T.E.T.

1978 *Il coltello e lo stilo*. Milão: Il Saggiatore.

Vernant, Jean Pierre

1974 "Paroles et signes muets." In *Divination et Rationalité*, ed. por J. P. Vernant et al. Paris: Seuil.

Vasselofsky, A.

1886 "Eine Märchengruppe." In *Archiv für slavische Philologie* 9.

Victorius, K.

1956 "Der 'Moses des Michelangelo' von Sigmund Freud." In *Entfaltung der Psychoanalyse*, ed. por Alexander Mitscherlich. Stuttgart: E. Klett.

Voltaire

1926 *Zadig and Other Romances*, trad. por H. I. Woolf and W. S. Jackson. Nova York: Dodd, Mead.

1961 "Zadig ou la destinée." In *Contes et Romans*, ed. por R. Pomeau. Florença: Sansoni.

Walsh, F. Michael

1972 "Review of Fann (1970)." *Philosophy* 47:377-379.

Warburg, Aby

1932 *Gesammelte Schriften*. Leipzig: Teubner.

Webb, Eugene J.

1966 (et al.) *Unobtrusive Measures: Non-Reactive Research in the Social Sciences*. Chicago: Rand McNally.

Winch, R. F.

1955 "The Theory of Complementary Needs in Mate Selection: Final Results on the Test of the General Hypothesis." *American Sociological Review* 20:552-555.

Winckelmann, J. J.

1952-1954 *Briefe*, ed. por H. Diepolder and W. Rehm. 2 vols. Berlim: W. de Gruyter.

Wind, Edgar

1964 *Art and Anarchy*. Nova York: Knopf.

Wolff, Julian

1952 *The Sherlockian Atlas*. Nova York: Edição privada.

1955 *Practical Handbook of Sherlockian Heraldry*. Nova York: Edição Privada.

Wollheim, Richard

1973 "Freud and the Understanding of Art." In *On Art and the Mind*. Londres: Allen Lane.

Yellen, Sherman
 1965 "Sir Arthur Conan Doyle: Sherlock Holmes in Spiritland." *International Journal of Parapsychology* 7:33-57.

Zeisler, Ernest B.
 1953 *Baker Street Chronology: Commentaries on the Sacred Writings of Dr. John H. Watson*. Chicago, Ill.: Alexander J. Isaacs.

Zerner, H.
 1978 "Giovanni Morelli et la science de l'art." *Revue de l'Art*, 40-41.

SEMIOLOGIA E SEMIÓTICA NA PERSPECTIVA

O Sistema dos Objetos – Jean Baudrillard (D070)
Introdução à Semanálise – Julia Kristeva (D084)
Semiótica Russa – Boris Schnaiderman (D162)
Semiótica, Informação e Comunicação – J. Teixeira Coelho Netto (D168)
Morfologia e Estrutura no Conto Folclórico – Alan Dundes (D252)
Semiótica – Charles S. Peirce (E046)
Tratado Geral de Semiótica – Umberto Eco (E073)
A Estratégia dos Signos – Lucrécia D'Aléssio Ferrara (E079)
Lector in Fabula – Umberto Eco (E089)
Poética em Ação – Roman Jakobson (E092)
Tradução Intersemiótica – Julio Plaza (E093)
O Signo de Três – Umberto Eco e Thomas A. Sebeok (E121)
O Significado do Ídiche – Benjamin Harshav (E134)
Os Limites da Interpretação – Umberto Eco (E135)
A Teoria Geral dos Signos – Elisabeth Walther-Bense (E164)
Imaginários Urbanos – Armando Silva (E173)
Presenças do Outro – Eric Landowski (E183)
Poética e Estruturalismo em Israel – Ziva Ben-Porat e Benjamin Hrushovski (El28)